現場から福祉の課題を考える

ソーシャル・キャピタルを活かした社会的孤立への支援

ソーシャルワーク実践を通して

牧田満知子/立花直樹
[編著]

SOCIAL CAPITAL

ミネルヴァ書房

はじめに

　人が亡くなり，死後気づかれることなく何日も過ぎ，ある日偶然に，その人がいないという事実ではなく異臭によって確認される死がある。「孤独死」，あるいは「孤立死」といわれる。この匿名性が投げかける事実に，私たちはその「人」の社会における存在の希薄さを感じ取り慄然とさせられるのだ。「人」の存在とはかくも小さなものだったのかと。おそらくそうした「死」のあり様はずっと昔からあっただろう。しかし，今，私たちが暮らす社会は人里離れた山中でも絶海の孤島でもなく，人口1億2500万人が狭い大地にひしめきあって暮らす人に溢れた社会，ないしはスマホやタブレット端末で容易に安否を確認できる社会である。そんな社会において，今日もどこかで助けを求める術もなく，助けてくれる人もなく，人知れず息絶えようとしている人々がいる。この事実に私たちは日本社会のもつ病理構造を感じ取らざるを得ない。

　「孤独死」ということばがメディア上に頻繁に取りあげられるきっかけとなったのは，阪神・淡路大震災による仮設住宅での「死」である。まだ40代，50代という働き盛りの被災者が，近隣関係の全くない仮設住宅で人との接触の機会を失い，生きる術を失い，希望を失い，持病を悪化させて亡くなっていく様が明らかにされ世間を震撼させた。しかし，さらに人々を驚かせたのは，亡くなった後も引き取り手のいない遺体の存在であった。「無縁死」といわれる。NHKが放映した「無縁社会」というドキュメンタリー番組では，まだ元気な若者たちが登場し，独り身であること，仕事もなく社会から隔絶していること，病気になった際のことを不安げにつぶやく様が報じられ大きな反響を呼んだ。つまり生きている時からすでに彼らは社会とは「無縁」で，おそらく亡くなっても異臭によって発見されるまでは気づかれず，その遺体も人知れず荼毘に付されるだろうことがこの一連の流れから浮かび上がってくるのである。

同様のテーマを朝日新聞は「孤族の国」という特集を組んで連載し，これも大きな反響をよんだ。一人であること，孤独であることの警鐘は，多くの人々に身近な存在の絆，「家族」の大切さを今さらながら再認識させることとなった。2011年3月11日に起きた東日本大震災以降はいっそう家族の絆が強調されることになった。未曾有の天災によって村ごと，町ごとが失われたのだから，頼れるのは血縁のみと考えるのは当然のなりゆきであったかもしれない。私たちも敢えてこれを否定するものではない。しかし，一歩引いて「孤立死（孤独死）」の問題を考えてみた時，家族という最少の集団にのみ依拠して社会を捉えることの怖さをやはり考えざるをえないのである。

　こんな事件があった。就寝中の息子の胸を刃物で刺し，殺害した父親がいた。息子とはともにプラモデル作りが好きで，二人三脚で大学受験に臨むほど仲が良い親子だったという。しかし息子は高校の時に精神障害と診断され，大学に進学はするが，卒業後は職を転々とし，事件の前の年からは家族への暴力が絶えなくなった。母親に肋骨を骨折するほどの怪我を負わせたりすることもあった。父親は警察や保健所，医師への相談を重ねたが，三者三様のまちまちの対応で措置入院もかなわず，息子は家に居つづけた。そんなある日，息子はいつも以上に両親に激しく暴力をふるった。父親は警察に通報し，再度，措置入院を懇願した。しかし警察官が駆けつけると息子はおとなしくなった。「措置入院は難しい」と警察官は立ち去った。もしまた息子が暴れたらひざの悪い母親は逃げられない。同居する娘も暴力におびえ追いつめられている。その夜，父親は就寝中の息子の左胸を包丁で突き刺した。そして父親は息子の死体に添い寝し，翌朝自首した。父親は法廷で言った。「主治医や警察に入院をお願いしたができなかった。今の精神医療の社会的仕組みでは，私たち家族は救えないのではないか」「私は妻と娘を守る義務がある。警察や病院で対応できることには限界があるが，暴力を受ける側は悠長なことは言っていられない。私は夫として，父として，こうするしか思いつかなかった」。

　「こうするしか思いつかなかった」と悄然と語る父親の姿は，この社会のもつ脆弱な人間関係，かたちだけの制度・政策，福祉サービスの実態を思い知ら

せてくれる。この父親は自ら思いつく限りの手段は講じていた。助けてほしいと声を発していた。それにもかかわらずその声は届かなかった。この事件は法廷で裁かれることで明るみに出たが，事件には至らないまでも同様の，救済へとつながらないケースはおそらく相当数あるにちがいない。公助という機能の粗末な現状に改めて憤りを覚えるのは私たちだけではないだろう。

　公助が抑止力にもならないのは繰り返されるいじめ自殺を見ても明らかである。いじめを受けている被害者はさまざまな方法でSOSを発信し，助けを求める。しかしどこに行ってもその声は届かず，あるいは木で鼻をくくったような綺麗ごとで片づけられることで（「もう少し，君も明るくみんなとコミュニケーションするとまわりの反応もきっと違ってくるよ」など），彼（彼女）は苛立ち，だんだん絶望的になる。今の日本のシステムでは，結局自分に本気で向き合ってくれるところなどない，しょせん状況は変えられないのだと彼（彼女）は考えるようになる。その結果，彼（彼女）は自殺を選ぶ。すると必ずその後，新聞紙上には判で押したように次のようなコメントが掲載される。「いじめられている様子はなかった」「悩みがあれば相談してくれればよかったのに」。そうだろうか。

　本書はこうした社会がもつ「病理構造」を，ソーシャル・キャピタルという考え方に依拠して，あるいはその方法を援用して再考し，解決の方法をともに模索していくことを目的に編集されたものである。もとより社会病理はありとあらゆる社会的孤立を伴って現れる。その全ての課題をソーシャル・キャピタルで解明できるとは考えてはいないが，そこにソーシャルワークという外部からの働きかけが得られれば，化学反応で物質が大きく変化を遂げるように，その融合は解決に向けての有効な力となるにちがいない。いく度かの研究会を重ねていく中から私たちはそのような確信をもつに至った。それが本書の執筆の動機でもある。

　ところでソーシャル・キャピタルということばは，私たちの日常生活においてまだあまり馴染みのあることばではないかもしれないが，古来からある地縁・血縁，村落共同体と聞けばおよその見当はつくのではないだろうか。現代

社会でも，町内会，自治会などに見られる地域の結束（運動会など）や共同作業，近隣での相互扶助，家族・親族間の援助活動は活発に行われており，こうした結びつきを私たちは違和感なく受け入れ，また受け継いできている。その絆の大切さ，そこに内在化された思いやりといった人間本来の美徳を再確認することがこの概念の理解につながる。そして単に緊密な人間関係に留まらず，キャピタル（資本）ということばが示すように，その関係性が富に代わる働きをするところにこの概念のもつ意義と面白さがある。もっとも，ソーシャル・キャピタルにはネガティブな面があることも否定できない。村八分ということばに代表されるような排除性は，紐帯を形成するソーシャル・キャピタルにとっての両刃の剣ともなる。さらに，家族・親族の絆の美徳を強調し過ぎると，生活保護政策に見られるような，本来は国が行うべき福祉課題を家族・親族によるサポートへと転化させ，逆に家族などへの過大な負担を強いる結果を招くなどの懸念材料も残されている。最近では『家族という病』（下重暁子，2015，幻冬舎）という本がベストセラーになるなど，家族イデオロギー（本書では絆イデオロギーと論じている）への根強い反発も見られ，潜在的に人間関係の「密度」に対する忌避感，嫌悪感がくすぶっているようにも思われる。だからこそそうした煩わしさを嫌って，あえて「一人であること」を選ぶという生き方もあり得る。それはそれでいいだろう。しかし，もしそれが選択ではなかったとしたらどうか。助けを求め，追いつめられた結果であったとしたらどうだろうか。

　むろん全ての人がつながる社会を夢想しているのではない。そうではなく「つながりたい」と思った時，「助けてほしい」と声をあげた時に，手がとどく社会の実現を考えているのだ。なぜならソーシャル・キャピタルは，元来「そこにある」「善意を基盤とした」人間の関係性を指すものであり，自ら紡ぎ出し，発展させ，また自ら改編しながら広がり続ける動く組織体であるのだから。

　本書は３部から構成されている。第Ⅰ部では「社会的孤立」を歴史的，制度

的な面から捉え直し，現代社会におけるさまざまな社会病理を分析する視点を提示した。また「ソーシャル・キャピタル」概念の多面的な解釈について事例を挙げて説明し，読者にとって第Ⅱ部以下の各章の展開が理解しやすくなるよう解説している。第Ⅱ部では，「社会的孤立」を分野ごとに取り上げ，具体的な事例を提示し，法や制度に照らして検証し，その解決策を模索した。取り上げられる事例はどれも深刻なものであるが，決して性急に結論を求めず，個別の事例一つひとつについてその背景にまで立ち返って考察を深めているところに特徴がある。さらに，日々その救済に取り組んでいる人々の活動と，社会的救済装置（施設，NPO，地域のグループ等）を紹介し，その救済策について，ソーシャル・キャピタルの力動性をどのように活かしていくことができるのかを検討した。そして第Ⅲ部では，第Ⅱ部での課題を，法的，地域社会という枠組みから検証した。さらに，ソーシャル・キャピタルをソーシャルワーカーとの関わりという切り口から再考し，地域社会における両者のつながりが多面的なネットとなって孤立者につながるよう，その相互関係に焦点を当てて検証している。

　本書全体を通していえることは，私たちは無意識のうちに多様なソーシャル・キャピタルとつながりあって生きているということ，そしてもし今，本書を手に取られたあなたが社会的孤立に悩む人々の支援にいきづまって，どのように支援していくべきなのか方法を模索しているなら，あるいはあなた自身が孤立，孤独を深めているなら，決してあきらめないでほしいということである。それこそが本書の執筆者全員の願いでもある。

編著者を代表して　牧田満知子

現場から福祉の課題を考える
ソーシャル・キャピタルを活かした社会的孤立への支援
―― ソーシャルワーク実践を通して ――

目　次

はじめに

第Ⅰ部　現代における社会的孤立

第1章　社会的孤立の歴史……3
第1節　近代化と社会的弱者　3
第2節　福祉国家と社会的排除　5
第3節　現代社会の「孤立」「孤独」　9
第4節　私たちの抱える課題　12

第2章　ソーシャル・キャピタルの考え方と社会的孤立……19
第1節　ソーシャル・キャピタルの概要　19
第2節　さまざまなソーシャル・キャピタル　22
第3節　ソーシャル・キャピタルの課題　28
第4節　豊かな社会の構築とソーシャル・キャピタル　30

第Ⅱ部　社会的孤立の現状と課題

第3章　子育てをする保護者の孤立……37
　　　　――子育て中の誰もが利用できる支援，"寄り添い・伴走型"支援を
第1節　子育て領域における社会的孤立とは　37
第2節　事例にみる子育て領域の社会的孤立　42
第3節　保護者の社会的孤立を解消するために　48

第4章　児童生徒の孤立……55
　　　　――声をすくい上げるソーシャルサポート・ネットワーク
第1節　学校における児童生徒の課題　55

目　次

　第2節　児童生徒と孤立の事例　58
　第3節　児童生徒の孤立をどう支えるか　65

第5章　学生の孤立 …………………………………………………… 69
　　　　──社会的自立を支える多様な支援
　第1節　今日の若者を取り巻く高等教育機関の現状　69
　第2節　高等教育機関における多様な学生像　71
　第3節　高等教育機関における多様な学生が抱える困難　77
　第4節　若者の社会的孤立を軽減・緩和するために　81

第6章　若者を取り巻く雇用環境と社会的孤立 ………………… 87
　　　　──非熟練・低所得・無職の若者の孤立と就労支援
　第1節　働いていないと孤立する社会　87
　第2節　学校から仕事への接続の問題　90
　第3節　「ソーシャル・キャピタル」の発想で意識・行動変革を　101

第7章　高齢者の孤立 ……………………………………………… 107
　　　　──孤独死を出さない見守りネットワーク
　第1節　高齢者の孤立の現状　107
　第2節　孤独死の捉え方の再検討と住民組織のみの見守りネットワークの厳しさ　111
　第3節　「地域包括ケアシステム」における孤立問題への対策　112
　第4節　地域包括ケアシステム構築過程におけるソーシャル・キャピタルの蓄積　117

第8章　介護者の孤立 ……………………………………………… 125
　　　　──家族介護者の孤立を防ぐ地域コミュニティ支援
　第1節　要介護者が増加する社会　125

第2節　家族介護者の状況　127
　第3節　家族介護者の苦悩と問題　129
　第4節　家族介護者の孤立を防ぐために　139

第9章　障害者の孤立 ……………………………………………… 145
　　　　――障害当事者の孤立と社会的自立支援
　第1節　障害者の概要　145
　第2節　障害者の孤立の現状　148
　第3節　障害者とサービス利用　153
　第4節　社会的包摂の実現に向けて　156

第10章　難病ある人々の孤立 ……………………………………… 163
　　　　――難病を取り巻く社会の困難性とその支援
　第1節　データで見る難病患者の現状　163
　第2節　難病ある人々の孤立　164
　第3節　難病ある人々の孤立の改善に向けて　171

第11章　セルフ・ネグレクトによる孤立 ………………………… 179
　　　　――ごみ屋敷問題における援助「拒否」への対応と取り組みから
　第1節　社会福祉におけるセルフ・ネグレクトへの関心　179
　第2節　セルフ・ネグレクトケースにおける多様な「拒否」　181
　第3節　セルフ・ネグレクトにおける生活の後退のプロセス　186
　第4節　セルフ・ネグレクトへのはたらきかけ　190

第12章　生活困窮者の孤立 ………………………………………… 197
　　　　――日雇労働者の社会的孤立と支援策
　第1節　日雇労働者の社会的孤立の要因　198
　第2節　あいりん地域における日雇労働者を取り巻く社会的孤立の現状　204

第3節　日雇労働者への社会的孤立に対する支援とは　206

第13章　矯正施設退所者と孤立 ……………………………… 213
　　　　　──再犯を防ぐ社会的支援
　第1節　犯罪者と社会的孤立　213
　第2節　犯罪要因としての社会的孤立　215
　第3節　矯正施設退所者に対する孤立防止の取り組み　217
　第4節　矯正施設収容者，退所者の社会的孤立を考える視点　221

第14章　被災地の人々の孤立 ……………………………… 225
　　　　　──分断された絆を再び紡ぐ支援
　第1節　被災地における孤立死の状況　225
　第2節　災害と孤立死との関連　227
　第3節　被災地における孤立に対する支援　231

第Ⅲ部　社会的孤立に対する社会福祉の挑戦

第15章　個人情報の保護と共有のジレンマ ……………………… 245
　第1節　個人情報保護法　246
　第2節　事例にみる個人情報保護とそれを乗り越える動き　252

第16章　地域のつながりと連携，協働による孤立の防止に向けて‥261
　第1節　地域社会のつながりの希薄化と基礎構造改革により発生した新たな課題への対応　262
　第2節　地域の福祉活動者と福祉や介護の専門職との連携によるセーフティネット強化に向けた実践　264
　第3節　地域福祉の活性化に向けたソーシャル・キャピタルの培養　269

第17章　ソーシャル・キャピタルとソーシャルワークの共生……277
　　第1節　リスクと持続可能な地域社会　278
　　第2節　地域社会の発展とソーシャル・キャピタル　283
　　第3節　地域社会におけるソーシャルワークの役割　286
　　第4節　ソーシャル・キャピタルとソーシャルワークの共生をめざして　290

おわりに　293
索　　引　295

第Ⅰ部
現代における社会的孤立

第1章
社会的孤立の歴史

牧田満知子

「社会的孤立」はいつごろから顕在化するようになったのだろうか。歴史をひもとくまでもなく，人が集団で生活を始めるようになって以来，集団になじめない者，排除される者はおり，彼らは社会的孤立者として生活していかざるを得なかった。社会が複雑化してくると，集団内であるか否かを問わずさまざまな社会階層，年齢層で孤立が生じることになった。とりわけ近年，孤立問題は，家族・地域の崩壊の結果生み出される問題としてだけでなく，低所得・貧困問題としての性格を強めるようになってきている。したがって対象も生活困窮者，独居高齢者，ひとり親家庭，障害者，低所得労働者，非正規雇用若年労働者へと拡大しつつある。しかし，何よりも「社会的孤立」の大きな課題は，それが「孤独死」「無縁死」「ゴミ屋敷」といった社会病理と深くかかわっているところにある。本章では中世から近世，そして近代へと至る歴史の中でどのように人が排除されてきたのかを概観し，近代化による個の確立と「社会的孤立」の形成および展開に焦点を当てこの問題を検証する。

第1節　近代化と社会的弱者

（1）無告の窮民の誕生

社会的孤立の歴史は生活困窮者救済の歴史であるともいえる。なぜなら，救済の対象は生活困窮者のうちでも，とりわけ家族や地域などの血縁・地縁から切り離された「孤立者」であったためである。日本最初の社会救済制度である恤救規則は，1871年の廃藩置県によって旧廃が否定され，各藩ごとに行われていた救済政策までもが廃止される結果となったことを受けて，1874年に明治政

府によって発令されたものであるが，血縁，地縁という共同体から脱落した極貧の70歳以上の老衰者，廃疾者，病人，13歳以下の児童らが救済の対象者であった。彼らは「無告の窮民」と呼ばれた。ここに「社会的孤立」者の原初的な姿を見ることができる。

　恤救規則は1929年に救護法として改正され，救済の内容にも改良が加えられたが，被救済者は保護を受けるかわりに選挙権が剥奪されるなど処罰的な処遇が課された。また，当時は日清・日露戦争による負傷者も多かったが，軍人も戦争で負傷すると，軍事保護院ができる昭和の始めまでは廃兵として社会から切り捨てられた。このように生活困窮者，傷病者を救済するはずの制度は，わずかな現物を給付することで，逆に困窮者，障害者にスティグマを負わせ，集団から孤立させる懲罰的な制度となっていったのである。

（2）戦後の社会福祉と家族観

　戦後，連合国軍最高司令官総司令部（以下GHQ）の下で日本の社会福祉は整備されていくことになったが，そこで弱者とされたのも生活困窮者，高齢者，孤児，身体障害者などであった。これら弱者は全てが孤立者ではないが，社会全体が貧しく相互扶助が期待できない中にあっては，国の施策がなければ地域で生活してくこともできなかった。また家族単位で孤立する状況も多く見られるなど，社会的弱者，孤立者への法的な枠組みの必要性が広く認識されることとなった。こうして生活保護法，児童福祉法，身体障害者福祉法の福祉三法が成立したが，いかに法で規定されたとしても，貧困から，あるいは孤立から具体的に救済される方法が示されなければ問題の解決には至らない。このため政府は厚生省社会局に対し社会福祉事業の基本となる法案作成を命じ，1951年に社会福祉事業法（2000年に社会福祉法と改称）を成立させた。

　しかし，現実には「朝日訴訟」などに見られるように，生存権保障とはほど遠い低福祉の再編がなされただけであった（高島進，1989：8-13）。そして，この低福祉の再編・継承を支えたのが，家族，地域，企業であった。当時の日本では，家制度の廃止と農地改革にもかかわらず，労働力人口の半数を占める

農村の生産単位は依然として家族であった。そして家族の集合体は村であった。しかし村は国による官僚的な介入を受け，住民たちからの民主的な要求は抑圧されるなど，福祉とは名ばかりの貧しい社会環境のもとで，人々は生活の困難への対応を，結局は家，村，そして地域社会に求める他になかったのである。

　企業内福祉も，労働者の諸権利の拡充と労働運動が前進する中で，その恩恵性はなくなりつつあった。しかし，労働者の低賃金が続く中で，企業内福祉は低賃金への不満を解消するための飴としての役割を果たしていった。こうして企業をひとつの家族になぞらえる企業共同体意識が形成再編されていく一方，家族，地域社会，企業内に福祉的基盤を求められない層は孤立を余儀なくされていった。現在に通じる「社会的孤立」がここに盤石なものとなっていったのである。

第2節　福祉国家と社会的排除

（1）福祉国家への道のり

　1951年の朝鮮戦争勃発は日本に戦争特需という幸運をもたらし，日本は急速に国力を回復していった。1955年には戦後の不況を脱却し，以後高度産業化社会へと邁進していくことになった。産業社会の興隆は都市を活性化し，農村から都市へと大規模な人口流動が引き起こされた。地方都市は衰退し，村社会は過疎化し，村社会を形成していた地縁・血縁は崩壊していった。高度経済成長期になると，都市化，核家族化の進行とともに，今度は相互扶助を基盤とした地域社会の活性化が重要な政策課題となり，日本の社会構造そのものが大きく変容することになった。賃金格差，公害問題，高齢化問題など新たな社会問題が発生し，こうした問題に対応するために新たな法律の制定が必要となった。福祉六法が整い，社会福祉制度の基礎が確立し，国民所得倍増計画に代表される経済計画と国土利用をはかる全国総合開発計画が動き出し，国や地方自治体ではさまざまな社会福祉制度や自治体独自の政策が拡大していった。そして

1973年,「福祉国家」宣言をした日本は,同年老人医療費の無料化制度を発足させるなど,急速な高齢化社会に向けての対策に乗り出していった。しかし「福祉国家」日本が想定していたのは,「男性稼ぎ手」「夫婦と子ども2人」という標準世帯モデルに加え,介護や保育を女性の無償労働で行い,生活困窮に対しては家族・親族に責任を求める日本型福祉であった。そこでは家族の存在が前提とされ,このモデルから外れた層は福祉制度にアクセスすらできないまま置き去りにされていったのである。

(2) 新しい貧困

1980年代の社会福祉拡大期になると,高度化する資本主義体制の下での「新しい貧困」の問題が議論されるようになった。すでに貧困の研究は70年代後半には社会福祉の分野ではマイナーな領域になりつつあり,貧困をとりあげる際にも,生活面における経済的ニード(貨幣的)から非経済的ニード(非貨幣的)への移行というように,貧困からの脱却が主流になっていた[3]。その一方で,社会福祉の対象は,社会,経済の構造変化,都市化や国民生活の変容などによって,貧困問題ばかりではなく,自殺,疎外,アパシー[4],麻薬中毒,非行,不安等の社会病理や,住宅,生活環境問題あるいは老人問題など,多様化と拡大化の傾向をたどるようになっていった。これが「新しい貧困」と呼ばれる社会現象である。

「新しい貧困」の発見は,これまで経済的視点からのみ語られ整備されてきた福祉の脆さ,福祉問題の底の深さを思い知らせてくれるものであったが,その契機となったのもやはり経済問題であった。先にみたように,日本は福祉国家宣言はしたが,オイルショックによる財政悪化が発端となって反福祉国家の動きが起こり,そのために政府は福祉見直しの必要に迫られていた。社会福祉関係法等の再編等が行われるなど,福祉国家の脆弱さを見直すべく議論が重ねられたが,結局政府が選んだのは,失業という国民への犠牲を強いながら,逆に減量経営を正当化し,国際競争力を高め,その閉塞性を打開していくという方向であった。

オイルショック後の国の減量経営の背景には，福祉国家宣言をし，高齢者の医療費を無料化するなどの手厚い福祉政策を施行したものの，急速な高齢化の波を読み切れなかった日本政府の失態があった。この内圧に加え，外圧として，北欧のノーマライゼーションの理念の導入も大きな要因となった。低予算で福祉の質を保証するという難題をクリアするために，政府は高齢者に対する福祉政策の目標を，福祉サービスの多様化・高度化を視野に入れつつ，在宅福祉の充実，地域福祉の活性化に向けて舵を切っていくことになったのである。

しかし，ここで大きな誤算があった。日本の家族構成は戦後60年の間に大きく変容し，三世代世帯数の激減と単独世帯数の激増という逆転現象が起こっていたからである。その結果，在宅福祉が前提とする介護者（多くの場合家族）を確保できない世帯，孤立せざるを得ない世帯が多数生み出されることになった。頼みの地縁としての地域社会は，地域住民を組織化し住民相互の関係性を活性化させるにはまだ脆弱であった。ボランティア活動も十分とは言い難かった。地域社会が近代の村社会の延長として存続している地域などでは，むしろ地域内の生活困窮者，孤立者に対して，排除や差別という逆作用現象さえ起きることもあった。

（3）ヨーロッパにおける社会的排除と社会的包摂

先進欧米諸国においても経済の低迷と高齢化問題，失業問題などは深刻な福祉課題であったが，加えて1970年代の不況は経済的困窮者に一層の打撃を与え，これまで水面下でくすぶっていた移民労働者の排斥問題を顕在化させることになった。これが「社会的排除」の発端である。この問題は，植民地宗主国として多くの移民労働者を受け入れてきたフランス，イギリスにおいて，とりわけ深刻な社会問題となっていった。

「社会的排除」が初めて言語として概念化されたのはフランスである。すでにフランスでは，1970年代から「豊かな社会の新しい貧困」という概念は知られ，取り残された層の社会への参入を促す政策が模索され始めていた。参入は排除と対になったことばで，排除された人々の社会的なコミュニケーションや

ネットワークの回復に社会の側が責任をもつことが意味されている（岩田正美，2009）。フランスで萌芽したこの参入と排除は，「社会的排除」「社会的包摂」として1980年代から西ヨーロッパ諸国でさかんにその対策が議論されてきたが，1980年代ごろからの慢性的な不況により階級格差や雇用不安が広がり，その原因を移民に求める傾向が出はじめ，極右の国民戦線が勢力を強めるなど排外主義が高まっていた。その非難の矛先は，フランス国内で増加しつつあったイスラム系移民に向けられ，イスラムの習慣や戒律が自由主義・民主主義に反するという名目で排外主義に利用されるようになった。イスラム嫌悪の蔓延は，ムスリムの孤立を深めていき，2015年1月にはシャルリー・エブド襲撃事件に見られるような大規模なテロが引き起こされたが，過激派のテロはその後も止むことがない。現在もバンリューと呼ばれるフランスの郊外地域には，フランス社会からはじき出された多くの移民二世，三世ら無職の若者が日中から町なかで行くあてもなくたむろする姿が報告されるなど（朝日新聞，2016），「社会的包摂」「連帯（ソリダリテ）」の理念に対する重い問いが残されている。

　イギリスも植民地宗主国として多くの移民労働者を受け入れてきており，すでに多数の移民労働者がイギリス国籍を取得して労働に就いているが，「社会的排除」問題にはイギリス政府も苦慮してきた。すでに1979年に保守党のサッチャーが政権を掌握後，財政困難を理由に「福祉切捨政策」が施行され，そのしわよせはとりわけ脆弱な移民労働者を直撃し，各地で暴動やテロを誘発し社会不安が高まっていた。その後，政権を握った労働党のブレア政権は，与えられる福祉から働いて得る福祉へという標語にみられるように，市民の積極的な社会への関与（アクティブ・シティズンシップ）を前提とした福祉社会の実現を提唱し，「第三の道」路線を展開していった。この政策は世界的にも広く共感をよび，「ワーク・フェア」の考え方は福祉政策の要として現在も生活保護政策などに生かされている。

　しかし，全ての国民が政府の期待するような積極的な行動がとれるのだろうか。そうした積極性，行動力，そしてそれを可能にする社会環境が整っていたら，そもそも「社会的孤立」など発生しないのではないだろうか。実は「第三

の道」の誤算は，何よりも支援を必要とする社会的弱者層，生活困窮者，移民労働者の行動様式を正しく把握し切れなかったところにあった。そして意図とは逆に，彼らを社会から取り残してしまう結果を招いたことだった。ブレア政権のこうした無作為は，2005年7月のロンドン同時爆破事件をはじめ一連の暴動の引きがねとなり，ブレア労働党政権を退陣へと向かわせることになった。皮肉にも過激な一連のテロを通して，はからずもイギリス国民は，まだ多くの「与えられる福祉」を必要とする社会的弱者が存在するということを思い知らされることになったのである。今，イギリスではこれまで以上にコミュニティ政策に力を入れ，生活困窮者への雇用の斡旋や就労プログラムの構築，また貧困街の再開発を行うなど困難な課題に向き合うべく模索を続けている。しかし，年間30万人にも及ぶ難民の受け入れをめぐって，イギリスの一般国民の間にはすでに修復できない亀裂が生まれていた。EUの構成国として難民の受け入れに柔軟な姿勢を示すキャメロン政権は，これを承服できない多くの国民の声をもはや無視することはできず，EUへの残留か離脱かという選択を国民投票にもち込んだ。結果は大方の予想に反するものであった。2016年6月23日，国民投票によってイギリスはEU離脱の道を選んだのである。

　このことは，民族の「連帯」「共存」ということがいかに困難な作業であるかということを私たちに問いかけるものであろう。それでもEUはこの難題に取り組みつづけるのか，それともドミノ現象を許してしまうのか，それを決めるのは国民一人ひとりの選択に委ねられている。

第3節　現代社会の「孤立」「孤独」

　「孤独死」の問題は，一人暮らし高齢者が死後かなり経過して発見される現象として，1980年代後半あたりからマスコミなどに報道されてきたが，この問題を一気に社会問題化させたのは，1995年の阪神・淡路大震災であった。震災はボランティア活動の大きなうねりを呼び起こし，1998年の特定非営利活動促進法（通称，NPO法）の成立など社会福祉のサービスや制度に画期的な展開を

もたらしたが，同時に悲惨な後遺症も残した。それが仮設住宅で頻出した「孤独死」の問題である。そこで報道されたのは，住居があり，衣食はまかなえ，経済的にも困窮という状態ではなく，望めば集団活動も可能な環境にありながら，一人で死んでゆく人の姿だった。多くの場合は遺体の引き取り手もなかった。その非情さが多くの人の心に衝撃を与えたのだった。このように地縁・血縁，そして社会的なかかわりも一切なくひっそりと暮らす人々を指すことばとして，朝日新聞社は「孤族の国」と題するシリーズを連載した。おそらく彼らが亡くなれば「孤独死」「孤立死」「無縁死」と呼ばれるのだろう。それを防ぐことはできないのだろうか。

（1）「孤独死」「孤立死」の実態

　厚生労働省は，社会から孤立した結果，死後，長時間放置されるような死を「孤立死」と定義し，「孤立者」のキーワードとして「男性」「一人暮らし」「低所得」「身寄りがない」を挙げている。しかし「孤独死」としている文献，研究者等も多く，両者の使い分けに明確な定義は存在しない（河合克義他，2013）。本書では，結果としての死より，その人の生前のあり様に重点を置き，「生きていようが死んでいようが，全く顧みられることもない人生」がそこにあったという事実に着目する。そしてそれを「社会的孤立」と位置づけ，その死を「孤独死」「孤立死」，あるいは「無縁死」と呼ぶことにしたい。

　ところで「孤独死」の実態はどう把握されているのだろうか。厚労省「人口動態統計」にも警察庁の統計にも「孤独死（孤立死）者数」が明らかにされた統計はない。一方，東京都や大阪府，千葉県などのいくつかの地方自治体，都市再生機構や都道府県警察といった諸団体では，独自に「孤立死」「孤独死」に関する統計を発表している（株式会社ニッセイ基礎研究所，2011）。それによると，「孤立死」「孤独死」の操作的な定義が異なり，都市の人口規模や対象者数も大きく異なるため，単純に比較することはできないとしつつも，東京都23区内では年間2000人程度が孤立死・孤独死に該当し，都市再生機構の賃貸住宅居住者に限定しても年間470人程度の高齢者が誰にも看取られずに死亡してい

表1-1　東京23区内で死亡した65歳以上の一人暮らしの者

(人)

2002年	2003年	2004年	2005年	2006年	2007年	2008年	2009年	2010年
1,364	1,451	1,669	1,860	1,892	2,361	2,211	2,194	2,913

出所：厚生労働省（2012）『平成24年厚生労働白書』をもとに筆者作成。

るという結果が明らかにされた。

　表1-1は，東京23区内で死亡した65歳以上の一人暮らしの者の数である（厚生労働省，2012）。むろん「孤独死」は一人暮らしであること，高齢者であることに限定はされない。しかし発生頻度は高いと理解されるためニッセイ基礎研究所の調査研究班（以下基礎研）はまずこれを基に，発見されるまでの日数を「死後4日以上」として，これを「孤独死」の一つの目安とした。そして広く可能性も含めて「孤独死」を把握するため，「死後2日以上」「死後8日以上」という基準値も設けた。その結果，東京23区においては年間968人が「死後4日以上」に該当し，「孤独死」と推定された。「死後2日以上」は1644人，「死後8日以上」は540人であった（岸恵美子，2011）。

　仮に東京都23区での発生確率が全国都道府県においてもほぼ同水準とするならば，全国において年間1万5603人の高齢者が，死後「4日以上」を経て発見される状態で亡くなっていることになる。そのうち，男性が1万621人，女性が4981人である。同様に，死後発見までの経過期間が「8日以上」という基準（下位推計）でみると，年間8604人（男性＝6311人，女性＝2293人），「2日以上」という基準（上位推計）でみると，年間2万6821人（男性＝1万6616人，女性＝1万204人）の高齢者が「孤立死」と想定されるような状態で亡くなっているという結果である。当該報告書は，東京都監察医務院の検案・解剖データに基づく東京都23区における高齢者の孤立死発生確率が，全国市町村の死亡者数に当てはめて算出されており，推定「孤立死者数」と考えることはできよう。

（2）絆イデオロギー

　2011年3月11日，東北地方をマグニチュード9.0の大地震が襲い，次いで波

高10m以上，最大遡上高40.1m にも上る巨大な津波が，東北地方と関東地方の太平洋沿岸部に壊滅的な被害をもたらした。東日本大震災である。この未曾有の大災害によって多くの家族が被災し，また多くの人々が家族を失った。残された人々は残された家族とともに悲しみを乗り越え，絆を深めていった。これまで以上に強い結びつきが，失ってしまったもののあまりの大きさゆえに求められた。この家族の絆は，その時代を象徴するキーワードとして長くメディアに登場することになり，家族愛，絆は社会現象となっていった。時あたかも「無縁死」「孤立死」が新聞紙上をにぎわしていたころでもあり，絆ということばのもたらす強さ・温かさは多くの日本人を家族へと回帰させることになった。この原初的なソーシャル・キャピタルに大きな期待が寄せられたことは，その後ソーシャル・キャピタルをキーワードとした多くの類書が出版されたことからも明らかである。

　しかし，翻ってみると，震災では多くの命が失われ，逆に多くの家族を亡くした人，孤立した人が取り残されていたのである。さらに，大震災の悲劇を経て，「震災離婚」という現象が報道されるようにもなった。失われた家族に対する感情のすれ違いや，震災によってはじめて顕在化した夫婦間の価値観の相違などによって絆が解体された人々である。つまり絆は強固な縛りをもつと同時に，それを維持できなかった人にとっては重荷となり，孤立感を深める要因ともなったのである。しかし何よりも恐ろしいのは，絆イデオロギーが福祉課題の解決をことごとく家族内の協力に求める強制力となり，他者とのつながりや地域社会における連携を排除し，地方自治体や国からの支援体制に背を向けて孤立家族化していく人々を生み出すところにある。私たちはこうした絆のもつアンビバレントな面を十分に理解し，絆が網の目のように絡み合う社会の構造をめざしていかなければならないのではないだろうか。

第4節　私たちの抱える課題

　本章では社会的孤立の発祥と展開を日本の近代以降の社会福祉の歴史の中に

概観してきた。「社会的孤立」に限っていえば，時代を問わず連綿と生み出される，共同生活上の所産のひとつであったといえる。しかし「社会的孤立」に貧困，失業，病，一人暮らしという要素が加わることで，それは救い難い闇を見せる。では，救いはあるのだろうか。それには包括的な取り組みが必要とされる。包括的な取り組みの外枠を担保するのは社会政策などの国の取り組みである。

(1) 全体を構成する「個人」という認識

日本にはもともと人のつながりを醸成する場があったのだろうか。阿部はそれをヨーロッパの広場の例と比較して次のように語っている。

「ヨーロッパのパターンは最初に街の中心部に教会を建てる。教会の前には広場があり，広場を中心にして向き合うように役所が配置されている。これは昔，広場に街の人達が集まって政治などを論じた名残である。これが民主主義の基盤であった」（阿部士郎，2001：23-28）。

そして阿部は日本の鎮守の森という空間をひきあいに出して，安易な日本の「コミュニティ」再生政策を批判する。

「鎮守の杜は単なる物理空間ではなく，災害時の避難所であり，相互交流の場であり，子どもの遊び場であり，祭祀がおこなわれる聖なる場であった。こうしたムラ社会のシンボルが共同体の解体とともに失われ，それにかわるものとしてコミュニティーが浮上してくることになった」（阿部士郎，2001：23-28）。

民主主義を議論しながら相互理解を醸成してきたヨーロッパのコミュニティは今も健在である。しかし「コミュニティ」ということばだけが独り歩きした日本の空洞の地域社会には，相互扶助も民主主義もない。「鎮守の杜」という象徴を挙げ，私たちが失ってしまったかもしれない人のつながりを論じる阿部の指摘は鋭いが，果たして私たち日本人は大切なものとしてのつながり，公的な視点というものをもっていたのだろうか。

コミュニティよりは小規模であるが，マンションの管理組合と住民との確執はこの問題を考えるうえで興味深い示唆を与えてくれる（朝日新聞，2015）。マ

ンションを購入するということは，他者と大きな不動産を共有するという私的でありかつ公的な所有形態を承諾するものであり，心理的にも，偶然ではあるがあたかもひとつの家族のようにつながる集団の構成員を承諾することでもある。そして管理組合は日常のメンテナンスや大規模な修復作業などに関して，マンション住民の総意をまとめていく大きな役割がある。そこには単なる善意のつながりを超えた，「共同の利益」を護る共同体という使命が託されている。しかし一旦メンテナンス上の大規模工事の案件が浮上し，区分に応じた支払いの必要性が出てくると，一心同体であったはずの住民の歩調はバラバラになる。高齢などで支払い能力のない人や費用負担を惜しむ人，自分一代で住みきればいいという考え方の人が現れると，全員の合意によって工事が行われるのが前提のマンションの管理は立ち行かなくなる。結果はマンションのスラム化である。私利私欲が公益性，公共性にまで影響を与えるのである。

(2) ソーシャルワーカーのジレンマ

　無縁化する社会への処方箋は有縁化である。社会福祉問題にかかわる従事者の多くは有縁化社会の実現に向けてさまざまな事例と向き合い，解決策を模索しているが，困難をきわめるのが現状である。

　困難のひとつが孤独を抱えて生きる人々の激しい拒絶，「援助拒否」である[6] (詳細本書第11章参照)。多く場合，ソーシャルワーカー (以下，SWer) や市町村の福祉関係者は，通信手段さえもたない孤立した人の自宅を「突然」訪問することになる。訪問された側は，その唐突さへの驚きや戸惑い，怒りの感情を抱き，激しい「援助拒否」を起こす。ゴミの散乱する室内を見られること，「標準的な快適さ」を認識してもらうためという理由で清掃されること，こうした介入は，たとえ「善意」から出た申し出であっても，被援助者の自尊心を著しく傷つける行為であるかもしれない。

　では，孤独者（孤立者）はなぜそれほど外部からの援助を警戒するのだろうか。2008年に実施された東京都葛飾区の一人暮しの高齢者へのアンケート調査では，「近隣の人々にゴミ出しや家事手伝いを依頼することに抵抗があるか否

か」という問に,「非常に抵抗を感じる (17.5%)」「やや抵抗を感じる (35.8%)」と答えた率を合わせると「抵抗を感じる」人は50%以上おり,「まったく抵抗を感じない (15.7%)」「あまり抵抗を感じない (17.4%)」の合計 33.1%をはるかに上回っている。さらに「抵抗を感じる」と答えた人にその理由を尋ねたところ,「人に迷惑をかけたくない (81.2%)」が大部分を占めるという結果になった (中沢卓実・結城康博, 2012)。「迷惑をかけたくない」という本人の意思は尊重されるべきだろう。しかし,同時に積極的に弱者にかかわるという行動もSWerの仕事である。これがSWerの抱えるジレンマである。

以上からはSWerのジレンマに対する2つの答えが導き出される。ひとつは,困った時に容易に人に頼ることのできる環境の構築である。市民税の納税者はむろん,今税金を納めていなくても住民登録をしている限り,その恩恵を受ける権利があることを孤独者に確認することである。2つ目は,SWerが地域でソーシャル・キャピタルを構築できるよう働きかけることである。孤独に暮らしている人々はボンディング(主に血縁関係などを軸につながる)なソーシャル・キャピタルをもっていない場合が多い。ましてブリッジング(アソシエーションを通してつながる)なソーシャル・キャピタルの手段をもっているとはいいがたい。しかし,そこにSWerが介入すれば,地域での人のつながりを作り出していくことができるのではないか。

社会的排除リスク調査チームの調査結果によれば,「社会的排除」には①「生まれつきの本人のもつ生きづらさ」(本人が有する障害などが原因),②「家庭環境の問題」(貧困や虐待などが原因),③「学校や職場の環境の問題」(劣悪な学校・職場環境などが原因)の3つのキー・リスクがあるとされ,そして解決策として,それぞれのキー・リスクに対するセーフティネットを整備することが重要であるとされる (厚生労働省, 2012a)。上記3つのキー・リスクは相互に連関しあっているが,SWerの主力分野である対人援助が,まず何をおいても早急に取り組まれなければならない中心部分であるだろう。本人支援を行いつつ,その環境へと働きかけていくこれまでのSWerの支援方法を丁寧に積み上げ,結果として長期的な政策への提言に至るような関与のあり方が望まれ

る。そうすることによって，包括的な支援が求められる「社会的孤立」に初めて対応できるといえるのではないだろうか。

　2012年に提出された「生活支援戦略」中間まとめでは，地域において教育関係機関と福祉関係機関等が連携して，幼児期・学齢期の子どもや高校中退者，不登校および課題を抱える家庭等に対する養育相談や学び直しの機会の提供も含めた学習支援を積極的に展開するというシナリオが提示されている。これはひとつの方法であるが，これからの世代に向けた教育という要素のもつ意味は大きいといえる。こうした方法で「貧困の連鎖」の防止や相互連携の強化が打ち出されていけば，お仕着せのコミュニティではない，理解にもとづいた人間関係の構築が期待できるのではないだろうか。

　注
(1) 高島（1995）は「恤救規則」をイギリスの「救貧法」と比較して，イギリスでは救貧政策が「労働能力貧民」への対策の必要から生まれたのに対し，日本の場合は，「僅かでも労働能力のある者は対象」としない，その制限主義的傾向の強さを指摘している（高島，1995，8-13）。
(2) 朝日訴訟とは，1957年，入院患者に認められる日用品費600円の基準額が，生活保護法の規定する「健康で文化的な最低限度の生活」水準を維持するに足りない違法なものであるという主張で，朝日茂氏が厚生大臣（当時）を被告として起こした訴訟であり，「人間裁判」とも呼ばれた。一審は原告が勝訴したが1963年の二審では敗訴となり，最高裁への上告中原告が死亡したことにより訴訟が終了した。しかしこの訴訟をきっかけに，1961年以降，大幅な保護基準の引き上げが毎年行われるようになった。
(3) 三浦（2005）は「社会福祉拡大期」をどう捉えるべきかという点に関して，高度化する資本主義体制の下での「新しい貧困」の発祥をその特徴のひとつに挙げている。日本語版の出版にあたり，3年の遅れはあったが，バウマン.Z（2008）も同様の指摘をしている（三浦，2005，62-66）。
(4) アパシーとは，政治的に無関心で意欲が乏しく，無気力なこと（広辞苑第6版）と定義されており，1960年代の学生運動のころに，一部の無気力な学生を表すのに用いられ，スチューデント・アパシーなどという表現を生んだ。
(5) 2015年1月7日にパリ11区にある風刺週刊誌を発行している「シャルリー・エブド」本社に覆面をした複数の武装した犯人が襲撃し，12人を殺害した事件。さらに同年，パリ市中心部のコンサートホールや北部のサッカー場などを標的とした同時多発テロ事件が起きるなど，止むところを知らないテロリズムはフランスのみならず世界を震撼させた。
(6) 小口（2013）によれば，ホームヘルパーの活動は，援助拒否に対していかに介入し，

親和関係を構築していくかにあるという。

引用・参考文献
阿部志郎(2001)「日本の社会福祉制度の変遷と基礎構造改革」『生活と福祉』全国社会福祉協議会，No.546。
バウマン，Z./伊藤茂訳(2008)『新しい貧困——労働，消費者主義，ニュープア』青土社。
稲葉陽二(2011)『ソーシャル・キャピタル入門——孤立から絆へ』中央公論新社。
岩田正美(2009)『社会的排除——参加の欠如・不確かな帰属』有斐閣。
カシオポ J. T.・ウィリアム・パトリック/柴田裕之訳(2010)『孤独の科学——人はなぜ寂しくなるのか』河出書房新社。
加藤典洋(1997)『敗戦後論』講談社。
河合克義・菅野道生・板倉香子編著(2013)『社会的孤立問題への挑戦——分析の視座と福祉実践』法律文化社。
岸恵美子(代表者)(2011)「平成22年度老人保健健康増進等事業「セルフ・ネグレクトと孤立死に関する実態把握と地域支援のあり方に関する調査研究報告書」ニッセイ基礎研究所，2011．3．。
厚生労働省(2010)「セルフ・ネグレクトと孤立死に関する実態把握と地域支援のあり方に関する調査研究報告書　平成22年度」厚生労働省老人保健健康増進等事業，ニッセイ基礎研究所。
厚生労働省(2012)厚生労働省「平成25年度地域若者サポートステーション事業実施要領」社会的排除リスク調査チーム「社会的排除に至るプロセス」。
厚生労働省(2012)『平成24年度版　厚生労働白書』日経印刷。
国立社会保障・人口問題研究所　2008年統計資料。
三浦文夫監修・宇山勝儀編(2005)『新しい社会福祉の焦点』光生館。
中下大樹(2013)『あなたならどうする孤立死』三省堂。
中沢卓実・結城康博編著(2012)『孤独死を防ぐ——支援の実際と政策の動向』ミネルヴァ書房。
小口将典(2013)キリスト教ミード社会舘・地域福祉サービス研究所の研究会発表。
総務省統計局(2013)「人口動態調査」(http://www.e-stat.go.jp)。
橘木俊詔(2011)『無縁社会の正体——血縁・地縁・社縁はいかに崩壊したか』PHP研究所。
高島進(1986)『社会福祉の理論と政策——現代社会福祉政策批判』ミネルヴァ書房。
高島進(1995)『社会福祉の歴史——慈善事業・救貧法から現代まで』ミネルヴァ書房。
湯浅誠・茂木健一郎(2012)『貧困についてとことん考えてみた』NHK出版。

第2章
ソーシャル・キャピタルの考え方と社会的孤立

牧田満知子

　現代社会はネット社会でもある。PC はむろん端末ひとつあれば人は瞬時に多くの「人」とつながることができる。その点のみに着目すれば「社会的孤立」はあり得ないことになる。なぜなら，ひとたび SOS を発信すれば，多くの支援の手が差し伸べられるはずだからだ。しかし，果たしてそうだろうか。そのつながりはまた，瞬時にして失われる脆さをも包含している。ボタンひとつでつながったように，人はボタンひとつで関係性を閉じることもできるからだ。ここには人と人が向き合い，互いを理解し合い，信頼を育んでいくという人間本来のコミュニケーションのもつ直接性が欠如している。現代社会が抱えるこの脆弱な人間関係が社会的「孤立」を引き起こす背景にある。本章では，この社会的「孤立」をいかに強い社会的「つながり」に転化することができるのか，そのひとつの手がかりとしてソーシャル・キャピタル（Social Capital, 社会関係資本）に焦点を当て，その多面性を検証する。

第1節　ソーシャル・キャピタルの概要

　私たちは企業や学校，地域などさまざまな場で他者と交流している。そこで働く人々，学ぶ人々の表情が明るければ，自ずとその会社（学校）の業績（評判や成果）も良いにちがいないだろうと考える。なぜならそこには良好な人間関係が読み取れるからだ。そしてこの良好な人間関係がもたらす「力」は，目に見えるかたちでの業績，つまり経済財を生み出している。さらに，この「力」は経済財だけでなく，人のやる気，幸福感という，人間の本質的な部分にも影響を与えているのである。このように社会における人間の良好なつなが

りが有形無形の財を生み出すというメカニズムがソーシャル・キャピタルである。

（1）ソーシャル・キャピタルの定義の変遷

　ソーシャル・キャピタルは，一般的に「人やグループ間の信頼・規範・ネットワークというソフトな社会関係資本」（Putnam, R. D., 2001：167），「グループ内，ないしはグループ間の協力を容易にさせる規範・価値観・理解の共有を伴ったネットワーク」（OECD, 2001：41）と定義される。いずれも人と人，人とグループ，人と社会によって紡がれる関係性に着目する考え方であり，一人の人間が複数の関係性をもつとすればその広がりは無限である。しかしソーシャル・キャピタルということばが使われるようになったのは比較的近年であり，1916年，アメリカの学校内地域センターでの議論で使われたのが最初であるといわれている（コーエン，D.・プルサック，L., 2003）。そこでは緊密な近隣関係の社交ネットワークを表す概念と考えられており，ソーシャル・キャピタルのもつ可能性にまではその理解は至っていない。その後さまざまな社会変動，格差問題などが生起してくる中で，社会学者の中からも人間と社会関係のダイナミズムを説明する概念の必要がいわれるようになり，ブルデューによって現在の定義に近い社会関係資本という考え方が提起されたが，ソーシャル・キャピタルのもたらす「信頼」や「規範」「ネットワーク」などの豊かな可能については触れられていなかった（Bourdieu, P., 1986）。1990年代になると，開発途上国などでもさまざまなソーシャル・キャピタルの可能性が報告されるようになり，世界銀行内にワーキンググループが組織され，おびただしい数の論文が蓄積されるようになった。同じころ，コールマンらも，社会における「人々の結びつきを強める」（Coleman, J., 1990）ものという今日理解されているソーシャル・キャピタルの定義に近い概念でこれを説明し，ソーシャル・キャピタルの展開に拍車がかけられるようになった。2000年に入ってからは情報化社会の急速な発展を背景に，表現に微妙な相違は見られるが，ソーシャル・キャピタルの定義として「特定目的の行為においてアクセスされたり，活用される社会構

造の中に埋め込まれた資源」(Lin, N., 2001：29),「協調行動を容易にさせる規範・ネットワーク」(Woolcock, M., 2000：5) という新しいアプローチが台頭するようになり今日に至っている。

(2) ソーシャル・キャピタルの機能と外部性

ソーシャル・キャピタルにはボンディング (結束型) な機能とブリッジング (接合型) な機能がある。ボンディングなソーシャル・キャピタルは, 地縁・血縁に根差した自生的な関係である。親族や大学の同窓会, 地域の商店会も地縁などのつながりを基盤とするものがこれに当たる。一方, ブリッジングなソーシャル・キャピタルは, 異質なもの同士を結びつけるものであり, 趣味のサークルや NPO など, 自らの興味や関心等を通してつながる意図的な関係である (稲葉陽二, 2008)。

このように 2 つの機能をもつソーシャル・キャピタルは, いずれもそれが形成されると必ずその外部との関係性のあり方, すなわち「外部性」が問題となる。「外部性」とはミクロ経済学の外部性にそのルーツがあり, 例えば個人または企業がある行動をとるときに, 全ての費用を負担しない (負の外部性) か, あるいは全ての便益を享受しない (正の外部性) 場合に, 外部性が存在すると考える (スティグリッツ, J. E.・ウォルシュ, K. E., 2006)。情報産業分野の技術革新により, それに想を得てより新規で発展的な技術が展開される場合などの波及効果は「正の外部性」の例である。iPS 細胞の発見を契機としたさまざまな臓器の細胞の作成もこれに当たる。あるいは遺跡などが世界遺産に登録されることで辺境だった地が瞬く間に活性化していく例なども「正の外部性」である。このように市場を通じないで便益を与える「正の外部性」は「外部経済」と呼ばれる。これに対し「負の外部性」は, 公害や地球温暖化問題などに見られるように, 他者に迷惑となり, その防御のために多大な負担を強いることになる外部性である。これは「外部不経済」と呼ばれる。

一方で目に見えない外部性もある。これは「心の外部性」といわれる。正の「心の外部性」には地域でのボランティア活動などの相互扶助, 何気ない親切

や気配り,「ありがとう」「お互い様」という思いやりの慣習などがある。そうした好意はそのまま素直に受け取り,そこに何ら経済的な効果を見出すべきではないというのがこの考え方である。ただし,もしこの考え方を家族間介護にまで敷衍していくとどうだろうか。自然な思いやりが「当たり前」という暗黙の強制力へと転化される構造をイリイチはシャドウワークと呼んだが(イリイチ,イヴァン,1982),社会構成,家族構成の変容等によって,介護が確かな「労働」と認識される現在,ソーシャル・キャピタルのもつこうした暗黙の強制力に十分留意しなければならないだろう。

これに対して負の「心の外部性」は,学校や職場などで,当事者たちのみが認識することができる陰湿ないじめなどに見られるものである。無視,それとない仲間はずし,聞こえないふりといった行為は,関係のない他者にはなかなか気づかれない。「認識」のみであるから被害者が訴えても「考えすぎではないか」ととりあってもらえず,被害者の苦しみは立証が困難となる。いじめがあったことを周りの人間が認識できていないケースは,負の心の外部性のパターンであると考えられよう。

第2節　さまざまなソーシャル・キャピタル

(1) 財としてのソーシャル・キャピタル

ソーシャル・キャピタルの本質は,人間同士のつながりが目に見えない「財」を生み出していると捉え,それに対する投資(人間関係の構築にさまざまな工夫と努力をすること)がリターンを生み出す(さらなる強い絆と新たな人間関係の広がり)という資本の役割を果たすところにある。したがってソーシャル・キャピタルは「金融資本」「物的資本」などと同様に,実証,分析が可能で,投資したり蓄積していくことでメリットを生み出すことができる。例えば社会でのインフォーマルな規範や信頼関係などが,フォーマルな取引や契約執行に代わって取引コストを軽減(低減)することは,ソーシャル・キャピタルの効果としてよく言及される。

身近な例では，子育て中の人がグループ内で順番に子育てを担当するように決め，自由になる自分たちの時間を生み出すことで，保育や子育て支援にかかる公費は削減されるといった活動が挙げられるだろう。一方，司法による経費の削減と実質的な効果を生み出す働きとしては，リストラティブ・ジャスティス（以下 RJ）も興味深い例として挙げられよう。RJ は修復的司法と訳され，少年犯罪において，被害者の救済と加害者の社会復帰を同時にめざす考え方である（大前有貴子，2005）。これまで少年院等で更生生活を送る非行少年たちが，結局再犯を繰り返すというケースが多く見られたことから，懲罰を科す従来の司法のあり方を疑問視する声はあった。そこで注目されたのが，ニュージーランドのマオリ族の紛争解決手段である RJ であった。マオリ族社会では，犯罪の加害者の少年とその所属するクラン、そして被害者の少年とその所属するクランが向き合い，話し合いを重ね，お互いに納得のいく結論を得て和解へと歩を進める。この過程を経て立ち直った少年たちはクランの名誉のためにも再犯には走らないという（コンセディーン，J.・ボーエン，H., 2001）。クランはボンディングなソーシャル・キャピタルである。

しかし，社会関係の形成や維持にはコストも伴う。場合によっては，社会関係への投資が効率的ともいえない例は多い。例えば，仕事においては強く結ばれたプロジェクトチームの方が，過剰な情報の処理や関係維持にコストがかかり，弱い結びつきのチームよりも仕事が遅くなることもある（コーエン，D.・プルサック，J., 2003）。絆の強さが互いを過度に拘束したり，内部で疑心暗鬼にさせてしまう結果である。

（2）性別・人間関係によって変わるソーシャル・キャピタル

ソーシャル・キャピタルは人間関係によって成り立つと同時に，人間関係によって閉じられる面がある。稲葉（2011）は，A さんという一人の人間が，彼を好意的に受け止める集団では活発で意欲的な人物と思われる一方，彼を評価しないないしは低い評価しか与えない集団ではただ寡黙な人物と思われているという二面性を取り上げ，次のように分析する。A さんが，地縁という自生

的な集団では人間関係を波風立てるのを恐れて寡黙にふるまっているが，自分が選んで交流するNPOでは，指導力を発揮し中心人物として活躍するからであると。この事例は，自分にとって抜けられない集団（会社などの雇用契約が結ばれている集団や地縁集団など）では，良好なソーシャル・キャピタルを維持するために，自分を殺してまわりの環境に同化せざるを得ないというソーシャル・キャピタルの拘束性，あるいは宿命ともいえる一面を彷彿とさせる。

　一方，ソーシャル・キャピタルにはジェンダーによる相違も見られる。一般に女性の平均寿命が男性に比べ世界的にも長い傾向があるが，これは社会環境への適応力が女性の方が高いからであると考えられるかもしれない。その社会環境適応力はソーシャル・キャピタルを育む大きな要因でもある。以下にこの相違をよく示していると思われる事例を挙げる。

　低所得労働者や生活保護者が多く居住する大阪市西成区のあいりん地区では，地域のつながりを意図して，市民館で週に1度昼の食事会がもたれている。主婦を中心としたボランティアが食事をつくり，10畳ほどの広さの部屋には長テーブルが並べられ，知らない者同士が食事を介して仲良くなれるようにと配慮されている。あいりん地区の居住者の9割が独身男性なので，1食100円の栄養に富んだメニューは魅力的で，ここにやってくるのはほとんどが男性である。しかし主催者側の意図とは裏腹に，彼らは一人長テーブルの隅に人目を避けるように座り，ただ黙々と食事を済ませると足早に帰っていく。人と会話するのが嫌いなのかできないのか，この傾向は変わらないという。一方，あいりん地区で働く女性たちは全く逆の反応を示す。その多くは主にあいりん地区で店を出しており元来コミュニケーション力は高い。そのため，この食事会でもすぐに打ち解けて友達になり，食後もおしゃべりが絶えず，さらにここでの関係を仕事にも活かしているのである。

（3）ソーシャル・キャピタルと健康

　人間関係が豊かで，コミュニティのまとまりがよく，また地域の資源（病院・施設・保健所など）が整っていて，さまざまな情報が広く共有されている

地域ほど，その地域の住民の健康度が高い（平均寿命が長いなど）という調査研究が多く報告されるようになり，ソーシャル・キャピタルと健康が注目されるようになって久しい。カワチらはその解明に4つの視点を提示している（Kawachi, L.& Berkman, I., 2000）

　第1に，ソーシャル・キャピタルが健康に望ましい行動を促していることである。健康診断の結果や市民検診の話，サプリメントやジムの話題などが親しい仲間で共有されると，それが健康志向の活動を一層促す結果となる。千葉大学の近藤克則の研究グループは，運動やボランティアなど多彩な社会活動に参加しているお年寄りほど要介護になるリスクが低くなり，個々の活動に限れば，運動が34％減，趣味が25％減，町内会活動が15％減と，何もしなかった人に比べリスク減の効果が大きかったという興味深い研究結果を発表した（朝日新聞，2014）。ここから近藤は，高齢者の社会活動の参加の重要性が確認できたこと，さらに一人よりもグループで運動に取り組むのが効果的だという結論を導き出している。この知見はカワチの次の第2の視点とも重なり，個人の問題意識の高さも大きな要素となる。

　第2に，住民のまとまりのよさが，健康によい環境をつくることである。自治会活動が活発な地域であれば，住民が主体となって社会福祉協議会などに働きかけ，高齢者のための「いこいの家」，認知症の徘徊に向けた「地域見守り隊」，子どもや子育て中の母親を支援する「子育てサロン」等，さまざまな活動が行われている。こうした環境は，自然に人に地域でのかかわりを容易にさせ，豊かな人間関係を築かせることにつながっていくと考えられる。

　第3に，心理社会的プロセスである。居住する市区町村が安全で安心できる場所であれば，住民は不安なく暮らせ，ひいてはそれが健康につながる。パットナム，R. (2006)の「ロゼトの奇跡」はその好例である。ペンシルヴェニア州（アメリカ合衆国）のロゼトという町は1950～1960年代にかけての健康調査の結果，心臓疾患による死亡率が他の地域と比較して極端に低いことがわかった。その理由は，労働環境，食事，運動などでは説明がつかなかった。そこで，村の共通の目的意識，仲間意識などの人間関係性が，災害や困難に対する

安心と保険の機能となったのではないかと推測されたのである。この推論を立証するように，1960年代以降の高度成長に伴い町民の多くが引っ越しなどで町を離れてしまい，町の一体感，価値観が薄れていくにつれ死亡率は上昇したのである。

　そして第4に，地域レベルの政策の影響である。現在，多くの市区町村では住民の安全と健康の増進に向けてさまざまな地域政策が執られているが，地方議員選挙などでの投票率の高さはその地域住民の地方政治への積極的なかかわりを示すものであり，そうした熱心な働きかけは保育所や医療関係施設等の充実を促すのである。さらに，国の政策が地域レベルでうまく引き継がれ，ソーシャル・キャピタルを効果的に動かした例として，タイのＢ村でのヘルス・プロモーションが挙げられる。筆者は2001年から3年間，Ｂ村でこの調査を行った。その3年間に30バーツ政策(2)の施行に合わせて各町村にはヘルスセンターがつくられ，町民村民には健康保険証が配布され，それに基づいてヘルスセンターで健康相談や簡単なヘルスチェックができるシステムが整えられた。各家庭から一人ずつボランティアのヘルスワーカーが集められ（家庭の主婦が多い），彼女らが家族の健康を管理し（ヘルスチェック），ヘルスセンターにつなげる役割を果たすのである。その結果，2005年に再度調査で村を訪れた時，ヘルスセンターの医師から，子どもなどの死亡率が激減しているという話を聞かされた。この理由として，その間に健康保険が完備され医療費が無料になったことが大きいが，ヘルスボランティア制度が機能し，早いうちから適切な医療につながったことも見逃せないと思われる。

　以上4つの視点からソーシャル・キャピタルと健康の関連が確認できるだろう。

（4）ネット社会とソーシャル・キャピタル

　現代のようなネット社会において，これまでの対面での信頼と同様の質をソーシャル・キャピタルは得られるのだろうか。ウェブでは情報はあふれているが人の顔が見えないため，人との間に「信頼」が育ちにくいとされる。ビジ

ネスシーンにおいて，ネット上でどういう人物に信頼を置くかというアンケート調査の結果によれば，「あるビジネスにおいて，個人的利害を明確に表明している人」が信頼されやすい傾向があるという結果が報告されている（コーエン，D.・プルサック，L., 2003）。利益ばかりを謳うのではなく，損益の部分も隠さず提示し，その過程を明確に示す姿勢が信頼をもたらすことになる。ここにソーシャル・キャピタルの本質である「信頼性」を読み取ることができる。現在ではこの知見は広く共有されており，アマゾンやブッキング・ドットコム，また通販業界でも，使用者の「評価」をマイナス面も含めて開示しており，その開示性ゆえに製品や企業への信頼性が高まるなどソーシャル・キャピタルのプラス循環を見ることができる。

　ネットの強さは何といっても世界規模のつながりを可能にしたことだろう。その無限の広がりを力に，貴重で豊富な情報網を確立した興味深い事例として，グローバル・アライアンス（以下 GA）を挙げておこう。GA は希少性難病の情報共有を目的にカナダで立ち上げられた団体で，治療法がみえず孤立化する患者や家族に適切な情報（医療機関や最新技術なども）を提供し，併せて患者からの個人的なデータも提供してもらい，それらを医療機関等と共有し，より良い治療法，治験へと結びつけていく画期的な役割を果たしている。希少性難病は一国内では十分な情報が得られにくいが，グローバルということばが示すように世界各地に活動網を張りめぐらせれば，メンバーとはネットを通して緊密なつながりをもつことができ，希少ではあっても一人ではないという仲間意識を共有できるという強みがある。ネット上に個人のデータが提供されるため「個人情報保護」をどう担保するのかという課題は残るが，そうしたリスクを勘案してもなお意義のある活動と利用者（情報提供者）らが判断しているため，現在もその規模は拡大し続けている。この間に，データを得たい医療従事者はむろん，さまざまな分野の研究者も加わるなど，参加者の幅も広がりをみせている。対面でのソーシャル・キャピタルでは得られない国際的で幅の広い職域を網羅するつながりは，ソーシャル・キャピタルの新しい方向性を示すものといえよう。

一方，ネットを通したつながりに疑問を呈する見方もやはり根強くある。就活生の実態を現代の学生生活の中で描いた『何者』という小説は，就活なんて馬鹿のすることとうそぶく自称芸術家肌のキャラクターを登場させてその欺瞞を暴くが，実はそれを非難している主人公自身も，批判的な眼差しの女性学生も，同じように就活に明け暮れながら空虚な言葉をネット上に並べて人を欺いているという実態をあぶりだし，次のように締めくくられる。「……ほんとうに大切なことは，ツイッターにもフェイスブックにもメールにも，どこにも書かない……」「……なんでもないような事を気軽に発信できるようになったからこそ，ほんとうに大切なことは，その中にどんどん埋もれて，隠されてゆく」（朝井リョウ，2013）。そうであるとすれば，果たしてネットという膨大な広がりの中で私たちの何人が「信頼」をもって関係性を築けると考えているのだろうか。

第3節　ソーシャル・キャピタルの課題

（1）排　除

　ソーシャル・キャピタルは相互間の結束を強める働きがあるが，「結束を強化する」ことは両刃の剣でもあり，外部者に対し「排除」というかたちをとることにもつながる。ソーシャル・キャピタルの孕む負の要因でもあるこの「排除」性こそが，1980年代からヨーロッパ諸国で頻発した民族問題の元凶であった。しかし，私たちの日常生活に目を転じても，ソーシャル・キャピタルが形成されるところには必ずといっていいほど「排除」性が見られる。このことに関してはパットナムも，ソーシャル・キャピタルの基盤となるコミュニティは「自由を制約し，不寛容を促進する」（パットナム，R., 2001）と指摘している。

　筆者は2014年3月に水俣地域の聞き取り調査を行った。この事例は，公害がもたらした排除性と，その過去を見直し意図的に再構築を模索したものである。水俣病は高度成長期の日本が各地にもたらした代表的な公害病として知られ，私たちの多くは，国とチッソ工業を相手に闘い続けた水俣の漁民の苦難の

歴史をそこに思い浮かべる。しかし，実際には被害者は同じ地域に住む仲間の漁民たちと対峙しなければならなかったのである。「(水俣病という)病より人の心が恐ろしい」という水俣の被害者のことばは，この奇病の発生と同時に地域でのすさまじい仲間はずし，いじめが顕在化していた事実を浮かび上がらせる。チッソ工業で働く子どもと被害にあった漁民の親という，家庭内での対立もあった。ひとつの公害が相互扶助でつながる平穏な漁村を2分したのである。[3]

　ひとつの集団の中での排除の事例もソーシャル・キャピタルを説明するうえで避けられない。近年では頻発する学校でのいじめ問題に見られるように，排除された者がその集団から外れるまで執拗に続けられる例も多い。結果として自殺につながってしまうこともある。さらに外部の目がとどきにくいという難点もある。ひとたび事件が起これば口裏を合わせる，情報を秘匿するなどによって排除の事実そのものを隠蔽してしまうなど，この問題のもつ集団病理の深さには解決の糸口が見えない。

　反モラル的な家族主義をもつイタリアのマフィアの場合も同様である。ここでは規範が強く共有されるが，それがその社会関係資本を損なう面をもつのである。マフィアの社会では，厳しい管理によって利益のタダ乗りを防ぎ，メンバーの保護や規則を執行する役割をもつが，それには暴力と情報の独占が伴う。マフィア内でのこのような役割をめぐっての競争が，暴力の多発や裏切り行為をもたらし，それが信頼関係を損なうことにもなっているのである（粟野晴子，2001：4）。

（2）公共の利益を害する場合

　ソーシャル・キャピタルの偏在が格差を助長する可能性も重要な負の要素である。政治家家系にはよく見られる親のカバン（財源），看板，地盤を2世，3世がそのまま引き継ぐ体制がこれに当たる。政治は自営業ではなく，本来なら目的意識と知的能力があり，意欲のある者が選挙という公的手段で選ばれなければならないが，選挙戦に相当のコストがかかるうえ，ソーシャル・キャピ

タルのもつ人脈の広がりの確かさが,本来の機会の平等を封じ込める例になっている。同様の例は,「情」の経済として知られるアフリカには多く見られる。血族や親族のような親和的関係に基づく扶養や意思疎通のネットワークが密に構築されているアフリカ諸国では,メンバー間で利益が共有されるべきという互酬性の原則をもつことで知られている。このような社会では,こうした考え方が,身内びいきや汚職などの根源になることが指摘されている(粟野晴子,2001:4)。そしてひとたび一族から政府高官などが輩出されると,その関係部署が全てその一族に占領され,欠員があっても一族から補填されるため,組織が浄化されないという不経済が生み出されるのである。

第4節 豊かな社会の構築とソーシャル・キャピタル

ソーシャル・キャピタルは複雑な人間の関係性を整理し説明する概念である。およそ私たちの社会は人間関係の網の目によって構築されているので,この関係性,つまりソーシャル・キャピタルが基盤とする「信頼」を伴った関係性を生活や仕事に活かしていけば,はるかに効率のいい結果が得られるに違いない。しかしソーシャル・キャピタルの特徴は,そうした経済活動のパフォーマンスを支配しているという結論を超えて,蓄積,投資,減却ということばで社会制度の形成,変化や制度間の補完関係などが説明できるところにある。本章では,このソーシャル・キャピタルのもつ「社会制度の形成,変化や制度間の補完関係」の説明を,マイナス面も含めて多面的に議論してきた。効用という面では多くの知見が得られたが,とりわけ,ソーシャル・キャピタルが地域社会にうまく根ざしたところでは健康との相関関係が見られるなど,多くの好循環が理解された。一方,マイナス面では,ソーシャル・キャピタルのもつ「排除性」が大きな障害となることが再確認された。絆イデオロギーにも見られるこうした排除性は,ソーシャル・キャピタルを成り立たせてきた大きな要素でもあり,組織を結束させようとすればするほどこうした外部性が強く現れてしまうという難点がある。安易に否定はできないが,公共の利害に反する場

合には国の政策による規制が必要だろう。

　では豊かな社会の実現にソーシャル・キャピタルはどのような意義をもつのだろうか。本章でも明らかにしたように，ソーシャル・キャピタルは生き物のように強まり拡大もするが，逆に弱まり解体してしまうものでもある。したがって，もしソーシャル・キャピタルの力を活かして意味のある展開を望むなら，まずその萌芽を大切にし，それを育んでいく積極的な姿勢が求められるだろう。おそらく「孤独」に置かれている多くの人々にとって，積極的に関係性を育んでいく姿勢という点がもっとも難しいところかもしれない。むろん外部からソーシャルワーカーの支援を得ることはできるが，それは永続的なものではない。いつかは自分の力で，自分を支える力の存在を得て，人は社会と向き合っていかなければならないのだ。その，人としての強さは，おそらく自己をどれだけ肯定的に評価できるかにかかっているのではないだろうか。そうであれば，その自己肯定の基礎を育む期間こそがソーシャル・キャピタル形成期とも呼べる修道の期間となる。何も大げさなプログラムなどいらない。生まれてから家を出るまでの間，家庭という安心できる場所で愛されて育ちながら，人は自我に目覚め，他者の存在を知り，その関係性をつくり上げる方法を学んでいく。その環境さえ整っていれば，おそらく自然に人は正義感，倫理観，人との接触を臆さないコミュニケーション力を習得していくにちがいない。そして成長した子どもたちはさらに広い世界で共助を知り，社会的なつながりを無限大に拡大してゆくことができるだろう。私たちに求められているのは，そうした環境を提供する責務にすぎないのではないだろうか。

注
(1) 氏族と訳される。スコットランドの家系ごとにまとまった勢力の呼称であり，同様の制度・構造をもつ社会（土着的な国など）でもこのことばが用いられる。
(2) 30バーツ政策とは2002年にタイで導入された医療保険制度である。町村単位で住民を番号化して登録，30バーツ（2016年12月現在約100円）という安価な保険料で医療機関への受診を容易にし，全国民の病の重症化を防ぐことを狙いとした。
(3) 水俣では，2013年「もやい直し」というプログラムが行われた。多くが語り部を通してしか水俣病を知らなくなった今，地域の人々の心をつなげようという，まさにソー

シャル・キャピタルの構築に当たる試みであるが，花田昌宣は，そんなきれいごとで葬り去っていいのかと強く問いかける。「もやい直し」をしようという提起は，被害者の側からのものでなければならないと彼はいう。筆者も賛同する。被害者の苦しみの深さを想像する時，「もう過去のことは忘れて仲良くこれからのことを考えましょう」などという発想はあまりにも安直すぎると思われるからだ。しかし，ソーシャル・キャピタルのプラス面についても言及しておきたい。それは，メディアを通じて全国から被害者の支援団体が構築され支援の輪が広がっていったことである。無理解に苦しみながら粘り強く闘い続けた被害者たちを多くの外部からの支援者たちが支え，一部は水俣に移り住んでまでその体験を共有しようとした。ブリッジングなソーシャル・キャピタルが構築され，それが水俣を勝利（裁判での勝訴）へと導く原動力にもなっている。

引用・参考文献

『朝日新聞』（2012）「孤族の国」取材班『孤族の国』朝日新聞社。
『朝日新聞』（2014）「社会活動参加で要介護リスク減」8月13日付朝刊。
朝井リョウ（2013）『何者』新潮社。
粟野晴子（2001）『アジ研ワールドトレンド』No.67, アジア経済研究所。
Bourdieu, P. (1986) "The forms of capital", in J.G. Richardson (ed.), *Handbook of Theory and Research for the Sociology of Education*, Westport, Connecticut : Greenwood Press, 241-258.
コーエン，D.・プルサック，L.／沢崎冬日訳（2003）『人と人の「つながり」に投資する企業──ソーシャル・キャピタルが信頼を育む』ダイヤモンド社。
Coleman, J. (1990) *Foundation of Social Theory 2*, Cambridge, Massachusetts : Harvard University Press.
コンセディーン，J.，ボーエン，H.（2001）『修復的司法現代的課題と実践』前野育三・高橋貞彦監訳，関西学院大学出版会。
イリイチ，イヴァン／玉野井芳郎・栗原彬訳（1982）『シャドウ・ワーク──生活のあり方を問う』岩波書店。
今村晴彦・園田紫乃・金子郁容（2010）『コミュニティのちから──遠慮がちなソーシャルキャピタルの発見』慶応義塾大学出版会。
稲葉陽二（2011）『ソーシャル・キャピタル入門──孤立から絆へ』中央公論新社。
稲葉陽二編（2008）『ソーシャルキャピタルの潜在力』日本評論社。
岩田正美（2009）『社会的排除──参加の欠如・不確かな帰属』有斐閣。
小谷野敦（2011）『友達がいないということ』筑摩書房。
Kawachi. L. & Berkman, I. (2000) "Social Cohesion, Social Capital, and Health", in L. Berkman, & I, Kawachi (eds), *Social Epidemiology*, 174-190, USA., Oxford University Press.
Lin, N. (2001) *Social Capital: A Theory of Social Structure and Action*, New York : Cambridge University Press.
牧田満知子（2003）「タイにおける医療保障制度」『社会福祉学』44（1），日本社会福祉学

会。
OECD (2000) *Helping Prevent Violent Conflict*.
OECD (2001) *The Well-being of Nations: The Role of Human and Social Capital*, Paris: OECD.
OECD (2002) *Development Co-operation Report* 2001.
大前有貴子(2005)「リストラティブ・ジャスティスの理念とその実践モデル」『立命館法政論集』第3号，1-30，立命館大学。
Putnam, R. D.(1993) *Making Democracy Work: Civic Transitions in Modern Italy*, Princeton, New Jersey : Princeton University Press. (＝2001，河田潤一訳『哲学する民主主義——伝統と改革の市民的構造』NTT出版。)
Putnam, R. D.(1995) Bowling Alone: America's declining social capital, *Journal of Democracy* 6 (1) : 65-78.
Putnam, R. D.(2000) "Bowling Alon:The Collapse and Revival of American Community", New York. (＝2006，柴内康文訳『孤独なボウリング——米国コミュニティの崩壊と再生』柏書房。)
佐藤寛(2001)「社会関係資本概念の有用性と限界」佐藤寛編『援助と社会関係資本——ソーシャルキャピタル論の可能性』アジア経済研究所，3-10。
坂田正三(2001)「社会関係資本概念の系譜」『アジ研ワールドトレンド』アジア経済研究所，4-7。
坂田正三(2007)「社会関係資本と開発」佐藤寛編『援助と社会関係資本——ソーシャルキャピタル論の可能性』日本貿易振興会アジア経済研究所。
スティグリッツ，ジョセフ.E.・カール.E.ウォルシュ／藪下史郎ほか訳(2006)『ミクロ経済学』東洋経済新聞社。
橘木俊詔(2011)『無縁社会の正体——血縁・地縁・社縁はいかに崩壊したか』PHP研究所。
橘木俊昭・宮本太郎監修，坪郷實編著(2015)『ソーシャル・キャピタル』ミネルヴァ書房。
Woolcock, M. (1998) Social capital and economic development: Toward a theoretical synthesis and policy framework, *Theory and Society* 27 : 151-208.
World Bank (2000a) *A Country Assistance Strategy for the Kingdom of Cambodia*. Washington D.C. : The World Bank.
World Bank (2000b) *World Development Report 2000/ 2001*. Washington D.C. : The World Bank.

第Ⅱ部
社会的孤立の現状と課題

第3章
子育てをする保護者の孤立
―― 子育て中の誰もが利用できる支援，"寄り添い・伴走型"支援を ――

丸目満弓

2015年から始まった新制度の名称が「子ども・子育て支援新制度」であることからも，子育て領域において，子どものみならず，保護者支援の重要性に対する認識は，近年ますます強まっている。しかしながら保護者による子育てが十分に行えず，虐待死に至るなどの痛ましいニュースを目にすることも決して珍しくはない。それらの背景には必ずといってよいほど，子どもを育てる保護者が抱える状況の厳しさと周囲のサポートの希薄さが浮き彫りになっている。言い換えれば保護者の孤立に対し，効果的な支援がどこからも得られなかった結果ともいえよう。本章では，まずわが国の子育て支援の現状を概観し，次に保護者の抱える多様な孤立のケースについてふれた後，わが国の子育て支援のあり方についての提案を行いたい。

第1節　子育て領域における社会的孤立とは

(1) 子育てにおける孤独と孤立が招くもの

子育てにおける孤独や孤立を招く要因のひとつとなる育児不安は，1980年代ころから注目されるようになった。すなわち核家族化がすすんだ結果，家庭における子育て経験や知識が不足することで育児不安は高まるという現象がみられるようになったのである。「母親を取り巻く社会的要因に注目」した牧野カツ子をはじめ，育児不安に対する研究が多く行われた。

「1.57ショック」[1]を契機として，国が少子化対策に取り組み始めたのは1990年代であり，取り組みのひとつとして保護者支援や子育て支援の概念が出現した経緯がある。育児不安を軽減するための対策もそのひとつに含まれる。事

実，育児不安と出生率との関係については，既婚夫婦を対象とした研究において，母親の育児不安が高いと追加出産意欲が低くなり，出生率の低下につながることが確認されており（松田茂樹，2007），保育対策や子育てに関する経済的負担の軽減策と合わせ，育児不安に対する取り組みもまた，少子化対策に有効であると考えられる。しかしながら，一連の少子化対策は有効に機能しているとはいえず，合計特殊出生率はその後も下がり続け，2005年には過去最低である1.26まで落ち込んだ。その後，ゆるやかな上昇傾向に転じ，2014年には1.42まで回復しているものの，出生数は依然として低い値を維持している。「平成27年厚生労働白書」によると，子育てをしていて負担・不安に思うことや悩みがある人は男性の7割弱，女性の8割弱に上り，育児不安は現在もなお，子育てにおける大きな課題であるということができる。

一方，子育てを行ううえでの「孤立」が招く，最悪かつ深刻な事象は虐待であろう。児童虐待が社会問題として取り上げられ始めたのは1990年代である。約10年後の2000年に「児童虐待の防止等に関する法」（以下，児童虐待防止法）が施行され，さらに10年余りが経過している現在，児童相談所における相談対応件数は1990年の1101件から，2014年度の8万8931件と，実に80倍を超える爆発的な増加を続けている。児童虐待防止法の周知が進んだ結果，通報が増加したのであり，虐待そのものが増えているのではないという意見（広井夕鶴子，2012：42）もあるが，虐待死の件数は2009年4月から2010年3月の時点でいったん減少したものの，その後増加に転じ，2012年4月～2013年3月のデータで85人となっている。また，1年以上居所不明児童生徒の児童も2012年で1491件と，決して楽観視できる状態でないことは明白である。

つまり子育てに対する「孤独」と「孤立」によって生じると考えられる事象に対して，これといった効果的な対策や支援を見出すことができないまま，約20年が経過しているのである。

（2）脆弱な子育て支援の現状

① 福祉予算配分にみる子育て支援

わが国の福祉予算配分において，高齢者に対する支出が多く，子どもや子育て世代に対する支出が少ないことは，周知の事実である。2013年における「高齢者及び児童・家族関係給付費」では，前者が75兆6422億円，後者が5兆4811億円と，その差は約14倍である。さらにOECDによると，社会的支出に関する政府支出の内訳において，OECD平均で高齢者が21％，家族を含む現役世代が14％であるのに対し，日本は前者が32％（約1.5倍），後者が7％（約0.5倍）と，著しくアンバランスな状態といわざるをえない。

近年，子どもの貧困が注目されているが，「平成27年子ども・若者白書」によると，子どもの相対的貧困率は15.7％（2006年），16.0％（2009年），16.3％（2012年）と悪化し続けている。今や6人に1人の子どもが抱える貧困は，子どもを育てる保護者の貧困をも意味しており，貧困がもたらす金銭的・物質的な欠乏は，「資源の不足そのものだけを問題視するのではなく，その資源の不足をきっかけに，徐々に社会における仕組み（例えば社会保障や町内会など）から脱落し，人間関係が希薄になり，社会の一員としての存在価値を奪われていく」という問題を招く（阿部彩，2011：93）。つまり貧困は社会的孤立に直結しているといえるのである。

② 施策にみる子育て支援

• 社会資源の乏しさ

財政的な乏しさに関連し，高齢者と比較すると，子育て領域の社会資源の乏しさも，一目瞭然である。例えば高齢者と子育てに関するホームヘルプサービスを比較し，整理したものが表3-1である。高齢者の場合は要介護認定を受けるなど，一定の手続きを経る必要はあるが，「高齢である」ことだけでサービスを受ける要件を満たしている。しかし子育て領域においては，「子育てをしている」こと自体がサービスを受ける要件にはならない。産前産後という期間限定や，ひとり親家庭という，ごく限定された対象しかサービスを受けることができないばかりか，産前・産後ホームヘルパー派遣事業の場合は，「体調

表3-1　A市における高齢者と子育て世帯のホームヘルプサービスに関する制度の比較

	高齢者	子育て
人　数	65歳以上 59,662人	0〜18歳未満の子ども 50,785人
ホームヘルプサービス を受ける要件	高齢であること	・産前産後期の「体調不良」時 ・母子家庭等の「自立促進」 「社会的事由」による時
ホームヘルパーの 派遣回数	303,960回	265回 (26件)

出所：筆者作成。

不良のため家事や育児が困難」な場合，母子家庭等日常生活支援事業は，「自立促進（技能習得のための通学，就職活動等）」「社会的事由（疾病，出産，看護，事故，冠婚葬祭，残業，転勤，出張及び学校等の公的行事への参加等）」と，さらに利用できる条件が定められている。

　サービス利用に対する「敷居の高さ」の違いが利用実績に影響するのは，ある意味で当然である。大阪府内にあるA市では，65歳以上の高齢者は5万9662人，その中で要支援・要介護認定者は9681人である。子育て領域では，0歳から18歳までの子どもは5万785人，6歳未満の子どもがいる世帯で1万2354世帯，18歳未満の子どもがいる世帯で2万7808世帯となっている。その中でホームヘルプサービスの利用は，高齢者で1か月2万5330回，年間で換算すると30万3960回である。それに対して子育て領域における産前産後ヘルパーは，年間で26件265回と高齢者の実施件数の0.01%である。ひとり親家庭等日常生活支援事業のホームヘルプサービス利用に至っては3年連続して0件であった。

　ちなみにニーズ調査によると，産前・産後ホームヘルパー派遣事業を知っている人は，49.9%と約半数を占め，14.4%の人が利用したいと考えていたにもかかわらず，実際の利用は1.8%にとどまっている。つまりニーズがないからではなく，何らかの事情により「利用したいのに利用できない」のである。

第3章　子育てをする保護者の孤立

表3-2　A市における子育て相談体制

	専門領域	専門職	相談できる内容	対応方法	継続的な相談	ケアマネジメント機能	アウトリーチ機能
子育て相談	保育士・看護師・保健師・心理判定員・総合相談員等	保育士・看護師・心理判定員・総合相談員等	全般的な相談	電話・面接・メール	△	△	×
保健相談	保健	保健師	身体計測や育児等に関する相談	電話・面接	×	×	×
出前型乳幼児保健相談	保健	保健師	サークルなどのグループが対象 身体計測や育児等に関する相談	面接	×	×	○
栄養相談（電話）	栄養	栄養士	乳幼児期の食事や栄養面に関する相談	電話	×	×	×
栄養相談（面接）	栄養	栄養士	食生活に関する相談	面接	×	×	×

出所：筆者作成。

・相談支援体制の乏しさ

　社会資源さえ満足にない子育て領域であるが，さらに乏しいのが保護者の悩みや困りごとをともに考える存在，つまり「相談体制」である。表3-2は前出のA市が「子育て相談」として行っている内容の一覧である。

　一見すると，保健（医療），保育，心理，教育などさまざまな領域における専門家が保護者の不安や悩み，困りごとについて対応する体制が整い，充実しているようにみえる。しかし概して相談は単発的なもの，1回，多くても数回のアドバイスを得て解決することを想定しているものが多い。高齢者分野におけるケアマネジャーのように，当事者が抱える問題に寄り添い，継続的かつケアマネジメントまで行える機関は存在せず，またアウトリーチ機能もないため，当事者が問題を意識し，支援を求めない限り，ケースの存在が把握できない可能性は高い。

第2節　事例にみる子育て領域の社会的孤立

(1) 子育てにおける孤独と孤立の関係

「『社会的孤立』は客観的な概念であり，『孤独』は主観的な概念である」（後藤広史，2009：8）と，両者は全く異なるものではあるが，子育てにおける孤立と孤独は密接に関連している。両者の関係性について整理したものが図3-1である。保護者の置かれている状況として，①孤立しており，孤独も感じている，②孤立はしていないが，孤独を感じている，③孤立しているが孤独は感じていない，④孤立しておらず，孤独も感じていないという4つのパターンが考えられる。そして④の「孤立しておらず，孤独も感じていない」というパターン以外の，①～③については，何らかの援助が必要である。

まず，①の「孤立しており，孤独も感じている」パターンは，本来援助につながりやすいにもかかわらず，何の支援やかかわりも得られていない状態である。当事者の行動力の問題はもちろんあるが，後述するように，支援側のサービスのアクセスのしにくさ，サービスそのものの乏しさ，または使いづらさなど，その要因はさまざまに考えられる。次項で述べる，わが国の脆弱な子育て支援の実情を考え合わせると，この部分に該当する保護者が多いのではないかと予想される。

次に②の「孤立はしていないが，孤独を感じている」パターンは，フォーマル・インフォーマルを問わず，何らかの支援やネットワークにはつながっているため孤立している状態ではないにもかかわらず，本人は孤独を感じている。つまり，当事者の望む支援と，実際に得られているサービスやかかわりに「ずれ」やギャップが生じている状態である。本人が積極的に，そのずれやギャップについての意思表示をしたり，改善のために行動できない場合，またサポートする側の現状認識が乏しい場合，問題によっては深刻化したり，①や③に移行する可能性もある。

そして，③の「孤立しているが，孤独は感じていない」パターンは，他者の

第3章 子育てをする保護者の孤立

図3-1 子育て中の保護者による「孤立」「孤独」との関係

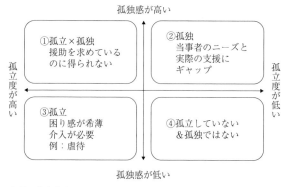

出所：筆者作成。

かかわりや支援がなくても，保護者が孤独感を感じず，子育てが問題なくできていれば問題はないように見えるが，本来子育ては親子のみで完結するとは考えにくい。その一部は虐待のように，養育が適切ではない，十分ではないにもかかわらず当事者の困り感がない，または支援や介入を拒否する結果，本来必要な支援につながっていないケースが存在すると予想される。もっとも介入が必要な領域である。

（2）多様な「孤立」のパターン

前項では，子育てにおける孤独と孤立の関係について述べたが，以下では，さらに孤立をその要因ごとに，いくつかのパターンに分類する。

複数の要因が重なり合い，影響しあっていることが多いものの，孤立の要因はおおむね，①子どものライフサイクルに関係するもの，②保護者のライフサイクルに関係するもの，③子どもに要因があるもの，④保護者に要因があるもの，⑤家族形態，家族が抱える事情に要因があるもの，⑥その他，の中に見出すことができる。

①「子どものライフサイクルに関係するもの」では，胎児期，未就学期，学童期，思春期など，それぞれ子育て上の問題は異なる。例えば保護者の孤立

は，子どもが胎内に宿った時点から始まる。事例として次項で詳述するが，未受診の妊婦による駆け込み出産などは，妊娠，出産について誰にも相談できず，保護者が孤立した結果といえる。反対に子育て支援といえば，多くの人は「小さな子ども」をもつ保護者へのサポートを思い浮かべるが，児童福祉法上の児童は0歳から18歳未満であり，さらに年齢を超えて子育ては長期間行われるものである。実際は子どもが成長する過程において，より複雑かつ困難な問題が起こることも多い。高校生など義務教育を終えた思春期の子どもをもつ親が気軽に相談できる場所は限られており，孤立しやすい状況にある。

②「保護者のライフサイクルに関係するもの」では，おおむね年齢に比例して，社会における保護者の位置づけが異なる。例えば若年で出産した保護者は，就学・就労が制限され，子育て以外の社会的活動も制限される結果，孤立を招きやすい。一方で医療技術の進歩等により，40代で第一子を出産するケースも増えている。保護者の両親が高齢であり，育児サポートが期待しにくい，また他の母親との年齢差などから「ママ友」づくりに困難を感じるなど，孤立のリスクが高まる可能性がある。また母親が就労している場合は，例えば就労時間が長い，責任あるポジションにあるなど，子育てと仕事の両立に課題を感じる場合もある。

③「子どもに要因があるもの」については，子どもに病気や障害がある場合，またはいわゆる「育てにくさ」のある子どもをもつ保護者の場合である。発達障害は，小中学生全体の6.5％にあるとされる時代である。子育てを行ううえで，精神的にも，実質的にも孤立しやすい可能性が高い。

④の「保護者に要因があるもの」についても，保護者に病気や障害がある場合など，③同様のリスクがある。特に保育現場，教育現場の実感として，治療の有無を問わず，最近は保護者のメンタル不調が子育てを行ううえでの困難となっている場合が多く，中には支援を必要とするケースは増加しているように感じられる。また，身近にサポートしてくれる存在がなく，保護者のみで子育てを行っている場合，普段は健康な保護者が突然の病気やけがなどで一時的にせよ子育てができなくなった場合も，たちまち孤立する可能性が高い。

⑤「家族形態，家族が抱える事情に要因があるもの」では，前者については，母子，父子などのひとり親世帯のほか，例えば父親の多忙な仕事，単身赴任などにより，実質的に母子のみで生活しているパターンも含まれる。また昨今は再婚によるステップファミリー，内縁や事実婚などによる家族関係なども増加している。また後者については，夫婦，嫁姑を含む祖父母など，家族同士の関係性が要因となっているものである。「関係性」に問題を抱えることは，孤立に陥りやすい。

⑥「その他」については，①から⑤以外に要因がある場合である。例えば貧困は，就労意欲の欠如など，要因が保護者に属する場合もあるが，昨今のワーキングプアという現象は，個人の努力を超えたところに問題が存在する。しかし理由はどうであれ，貧困が社会的な孤立につながることはすでに述べた通りである。

（3）事例からみる保護者の「孤立」と「孤独」

以下では図3-1で提示した「子育て中の保護者による『孤立』『孤独』との関係」のうち，まず妊娠中に孤立するケース，次に育児を主に担っていた母親の突然の入院に際し，父親が孤立や孤独に陥るケースを取り上げる。

① 妊娠中に孤立するケース——医療ソーシャルワーカーの取り組み

Fさん（20代，初産）は泊っていたホテルでお腹が痛くなったと救急車を呼び，搬送後すぐに出産となった。本人は，5年前ぐらいから1人で暮らしており，妊娠したことには気づいていたが，どうしたらいいかわからないまま過ごしていた。パートナーとはすでに別れており連絡も取れず，お腹も目立ちアルバイトができなくなったため，友人宅や安いホテルを移りながら生活していた。実家とも疎遠で，援助を頼めるような関係ではなかった。

出産後に医療ソーシャルワーカーが面談し話を聞いたところ，産まれるのはもう少し先だと思っていたと言い，お金も住む場所もない状況であるが，子どもと一緒に暮らしていきたいとの希望を語った。医療費の相談は救急搬送時の窓口へ，入院助産制度・施設入所の相談は発生地の相談窓口へ相談と調整を行

い、病院での本人と担当者との面接、本人の外出による申請手続きをすすめた。育児練習の状況では、ぎこちなさは残るが熱心に取り組む様子を確認できた。

　生活保護の受給が決定し、緊急母子一時保護事業を利用するかたちで退院となり、病院から施設担当者へ養育に関する申し送りを行った。子どもへの愛着や養育の意思は感じられるが、適切な行動に移せなかった経緯や家族との関係など、この先の養育を危惧する点は多く残るため、医療ソーシャルワーカーは関係機関での見守りを継続してもらうように依頼した。

　その後、母子生活支援施設に正式に入所となり、居住地での生活保護も開始された。施設の相談員や地区担当保健師の支援を受けながら、育児を行うことができる状況となった。

　後日、本人から、生活が落ち着いたので、疎遠であった家族とも連絡を取れるようになり、施設に会いに来てもらうことができたと報告があった。

　この事例は、2013年発表の大阪府産婦人科医会による「未受診や飛び込みによる出産等実態調査報告書」より一部改変したものである。母親が妊娠に気づいていながらも、家族関係も疎遠な状況に加え、友人も頼れず、公的な相談機関にも援助を求めることなく、結果的に出産に至ってしまったケースである。かかわった医療ソーシャルワーカーの所感も交えて振り返ってみると、「多くの危惧とともに始まる生活を支える視点」から、医療ソーシャルワーカーが介入し、保護者と子どもを支える制度を活用したことが孤立状態の打破につながっている。安定した生活環境の確保に加え、施設の相談員や保健師といった「母児を支えられる人的資源」が得られた点も大きく、母親と援助者側の良好な関係性が、最終的には自らの力による家族関係の修復、つまりソーシャル・キャピタルの再生に結びついたと推察される（「　」内は医療ソーシャルワーカーの所感）。

② 孤立はしていないが，孤独を感じているケース——未就学児童を抱える父親の孤独と孤立

　Aさんは30代後半の男性で，妻のBさんと保育所に通所する3歳の長男，Cくんとの3人暮らしである。Aさん，Bさんの両親ともに遠方であり，身近に子育てをサポートしてくれる存在はない。Aさん一家は，都市部近郊にあるベッドタウンのマンションに住んでおり，共働きのAさん夫妻が日常的に親しくしている近所の住民はほとんどいない。Aさんの帰宅は22時過ぎと遅く，Bさんは出産を機に，フルタイムの仕事をやめ，パート勤務をしながら子育てをしていた。

　Bさんが妊娠8か月の時，切迫早産により，救急搬送され入院となった。幸い症状は治まったが，子宮収縮を抑制する点滴をしながら安静を保つ必要があり，結果として入院期間は出産までの2か月にわたった。

　家庭内の育児を一手に担っていたBさんが入院したことで，"実質上の父子家庭"となり，AさんがCくんの子育てを1人で行うことになった。週日は保育所に通所しているものの，仕事と両立しながら，平日夜間と週末のCくんの育児をAさん1人で担えるかどうか，大きな不安を感じていた。Bさんが入院する病院には，患者や家族が抱える病気に関連する不安や困りごとの相談に応じる医療ソーシャルワーカーが勤務しており，一方でCくんが通う保育所には，子育て相談に加え，子育て相談以外のさまざまな悩みや問題に対する相談活動や支援，行政の担当窓口や専門機関への橋渡しなど問題解決に向けた，都道府県レベルで独自の取り組みを行う「地域貢献支援員（スマイルサポーター）」が在籍していた。Aさんはその両方に相談したが，医療ソーシャルワーカーからは「利用できそうな公的サービスはほとんど存在しない」と言われ，保育所の支援員も「父親が疲れた時には保育所の土曜保育が利用できる」旨が伝えられたのみで，実質的なサポートや相談支援は得られなかった。

　この事例は，筆者の把握しているケースから，本人の了承を得て掲載したものである。母親の突然の入院に際して，一人で未就学児童の子育てを余儀なく

された父親の孤独と孤立に関するケースである。もともとソーシャル・キャピタルが豊かとはいえない子育て環境である。父親は保育所やBさんの入院先の病院とは日常的・継続的に関係をもっているので孤立はしていないものの，病院のソーシャルワーカーや保育士のかかわりによって不安や実際の困りごとが解決されたわけではなく，孤独が解消されたわけでもなかった。第1節で述べた通り，まさに当事者の望む支援と，実際に得られているサービスやかかわりにずれやギャップが生じている状態である。

第3節　保護者の社会的孤立を解消するために

（1）家事・育児サービスの支援拡充

　繰り返し述べてきたように，いくつかのリスク要因に基づき，対象者や期間を限定した既存の支援から，全ての子育て世帯を対象とした「現象」「現状」に対する支援のあり方へと転換する時期にきている。

　児童虐待におけるネグレクトは，「児童の心身の正常な発達を妨げるような著しい減食又は長時間の放置（中略）その他の保護者としての監護を著しく怠ること」（児童虐待の防止等に関する法律第2条第3項）を指す。まさに日常的なケアが得られていない状況であり，2014年度の時点で，児童虐待相談の対応件数8万8931件のうちネグレクトは2万2455件と児童虐待全体の約4分の1を占めている。また，通告までには至らないものの，実質的なネグレクト状態であり，保育・教育現場の関係者が，保護者と子どもに生活支援，育児支援が必要であると判断するケースを合わせると，全子育て世帯中に占める割合は少なくないと予想される。しかし家庭に何らかの育児支援，生活支援が必要であると関係者が切実に感じていても，現状では「産前産後」や，「ひとり親家庭」もしくは「保護者，子どもがともに障害」がある場合以外に，家事援助，育児援助を受ける方法はない。

　保護者のサービス利用に対する意思確認など，クリアしなければならない課題があるとしても，ホームヘルプサービスの利用対象を全ての子育て世帯に対

象拡大することには大きな意義がある。サービスを導入することは，実際の生活をサポートする以外に，子どもや保護者の孤立を防ぐという意味で，大きく状況改善につながるであろう。高齢者領域において，「要介護度（サービスを受ける必要性と必要な度合い）」によって支援が受けられるように，子育て領域においては，保護者の「養育能力の度合い」を判断基準とした支援が行われるべきである。

（2）パーソナル・サポート型支援の導入

本章のひとつ目の事例では，孤立状態に陥っている保護者がソーシャルワーカーに出会い，援助を受けることで改善に向けた第一歩が踏み出せるパターンについて取り上げた。しかし2つ目の事例のように，ソーシャルワーカーがかかわれる範囲や役割が限定されることにより，援助が必要なクライエントに十分なかかわりができない可能性もある。このようにソーシャルワーカーがどのような範囲を，どのような役割をもって支援ができるかという体制の構築が重要である。

その観点から，2010年より貧困に対する取り組みとして内閣府が行っているパーソナル・サポート・サービス事業は「当事者の抱える問題の全体を構造的に把握した上で，支援策を当事者の支援ニーズに合わせてオーダーメイドでコーディネートして継続的に行うしくみ」「寄り添い型・伴走型の支援」であり，注目に値する。つまり，制度横断的にソーシャルワーカーが動ける点，そして前述した「関係性の困窮」を解消すべく，当事者と社会資源を結ぶ「絆支援」を行う点において，従来のソーシャルワークにない新しい支援のかたちが可能となっている。

子育て領域において，保護者自身と子ども・子育てに関する問題という異なる領域にわたる問題を解決できる，また子どもの月齢・年齢や，保護者の状況などにより刻々と変化する問題に対して，保護者が信頼できるソーシャルワーカーの援助を得ながら主体的に解決できる支援のあり方は，ぜひ取り入れるべきである。

（3）保育ソーシャルワーカーの制度創設

　前項で述べたパーソナル・サポート型支援をどのように制度の中で位置づけていくかを考えた場合，全ての年代における子どもや保護者がいつでもソーシャルワークサービスにアクセスできるシステムが必要である。

　すでに学齢期においては，2008年に文部科学省がスクールソーシャルワーカー活用事業を開始し，現在は全国で1008人のスクールソーシャルワーカーが児童やその保護者を支援している。さらに2014年8月に閣議決定された「子供の貧困対策に関する大綱について」の中で，スクールソーシャルワーカーを5年後には約1万人に増員する方向性が示されるなど，さらなる拡充が予想される。

　一方で，未就学期の児童や保護者がソーシャルワークサービスにアクセスできる機会は制度上存在しない（図3-2）。保育士が2003年に国家資格化された際，従来の「児童の保育」に加え，新たに「児童の保護者に対する保育に関する指導」が加わったことで，ソーシャルワーク的役割を担うことが期待されているが，保護者が抱えている問題は「保育に関する」ことだけではない。経済的問題，家族関係など，さまざまに絡み合った要因の中で起こっている事象に関して，一部だけにかかわるということは現実味がなく，効果も期待できない。

　また虐待を受けている子どもの年齢は，学齢期前が43.4%と高い割合を占めている実情があることから考えても，この時期からきめ細やかなかかわりを行うことは，保護者の孤立を防ぎ，さまざまな問題の予防的効果にもつながる。スクールソーシャルワーカーと同じく，未就学領域にも外部人材による専門職ソーシャルワーカーを導入し，複雑かつ困難なケースにも対応できるよう制度設計を考えることが望ましい。

（4）保護者の社会的孤立解消につながるキー概念

　欧米では1970年代から研究が行われている「レジリエンス」という概念が，2000年代ごろから，日本でも医療や心理，教育など複数の学問領域で取り入れ

第3章　子育てをする保護者の孤立

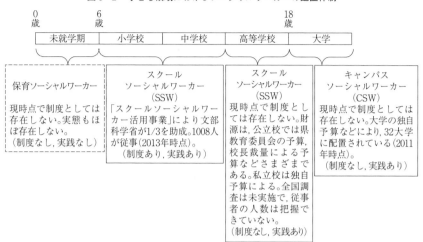

図3-2　子ども領域におけるソーシャルワーカーの配置体制

出所：筆者作成。

られるようになった。レジリエンスとは，「困難で脅威的な状況にもかかわらず，うまく適応する過程・能力・結果」を指し，リスクとともにレジリエンスを構成する要因・条件を明らかにする研究が行われ，福祉領域においても注目されている。

　子ども領域におけるレジリエンス研究の起源のひとつとされる，発達心理学者のエミー・ワーナー（Emmy Werner）が行った，ハワイ・カウアイ島で1955年に出生した全ての赤ん坊698人の40年間にわたる追跡調査では，「未熟児として生まれたことや精神疾患の親，不安定な家庭環境など，さまざまなリスクが子どもの精神保健の問題の率を高めるが，そのようなリスクをもった子どもの1/3が良好な発達，適応をとげたのであり，それは親以外の養育者（おば，ベビーシッター，教師）などとの強い絆や，教会やYMCAなどのコミュニティ活動への関与が重要であることを示した」（庄司順一，2009）ことからも，ソーシャル・キャピタルがレジリエンスと関連していることは間違いなさそうである。

　一方でソーシャル・キャピタルの再生や醸成をめざす鍵となるのがソーシャ

ルワーカーである。つまり，ソーシャル・キャピタルが希薄であるがゆえに孤立状態にあるクライエントは，問題を抱えることで「パワーレス」な状態に陥り，困難な状況の中で，自らソーシャル・キャピタルを醸成することは極めて難しい。そこでソーシャルワーカーが介入し，社会資源の活用を通して問題解決をはかることになるが，可能な限りインフォーマルな社会資源活用の可能性を探るなど，ソーシャル・キャピタルの視点をもって援助を行うことが大切である。問題の解決のみならず，孤立を解消し，再発防止に影響を与えることは間違いない。

　これらのキー概念を活用しながら，子育て支援領域においても保護者の社会的孤立を解消するための取り組みや研究がいっそう行われることが必要である。

注
⑴　1.57ショックとは，「丙午（ひのえうま）」の年に生まれる女の子は気性が荒いという言い伝えから，出産を避ける人が多かった1966年の合計特殊出生率1.58よりも，1989（平成元）年の合計特殊出生率が1.57と下回ったことが判明した時の衝撃をさしたものである。

引用・参考文献
阿部彩(2011)『弱者の居場所がない社会——貧困・格差と社会的包摂』講談社。
後藤広史(2009)「社会福祉援助課題としての「社会的孤立」」東洋大学福祉社会開発研究センター編『福祉社会開発研究』(2)，8。
広井多鶴子(2012)「児童虐待をめぐる言説と政策——児童虐待防止法は何をもたらしたか」『日本教育政策学会年報』(19)，40-57。
茨木市(2012)「茨木市総合保健福祉計画《総括》分野別計画　茨木市高齢者保健福祉計画（第6次）・茨木市介護保険事業計画（第5期）概要版」5-6。
茨木市(2014a)「茨木市次世代育成支援に関するニーズ調査結果報告書」62-64。
茨木市(2014b)「茨木市統計書　平成25年版（2013年版）」20。
茨木市(2009)「高齢者保健福祉等に関する実態調査報告書」128。
岩田美香(1997)「「育児不安」研究の限界——現代の育児構造と母親の位置」『教育福祉研究』3，27-34。
国立社会保障・人口問題研究所 (2015)「平成25年度社会保障費用統計」第18表，第19表。
厚生労働省(2013)「子ども虐待による死亡事例等の検証結果等について（第9次報告）」。
厚生労働省(2013)「平成24年度福祉行政報告例の概況」8。

厚生労働省(2014)「平成25年国民生活基礎調査の概況」。
厚生労働省(2015)「児童相談所での児童虐待相談対応件数」。
厚生労働省(2015)「平成26年人口動態統計月報年計（概数）の概況」参考　合計特殊出生率について。
厚生労働省(2015)「平成27年厚生労働白書（概要）」10。
牧野カツコ(1982)「乳幼児をもつ母親の生活と〈育児不安〉」『家庭教育研究所紀要』No.3。
松田茂樹(2007)「育児不安が出産意欲に与える影響」人口学研究（40）。
文部科学省(2012)「通常の学級に在籍する発達障害の可能性のある特別な教育的支援を必要とする児童生徒に関する調査結果について」3。
文部科学省(2013)「（別紙1）居所不明児童生徒に関する教育委員会の対応等の実態調査結果概要」。
文部科学省(2013)「平成24年度スクールソーシャルワーカー実践活動事例集」51。
内閣府(2014)「子供の貧困対策に関する大綱について」8。
内閣府(2015)「平成27年版子ども・若者白書（全体版）」30。
OECD（2014）「Society at a Glance」Distribution of Government expenditure by function, 2011。
奥田知志(2011)「『絆支援の制度化——第3の困窮としての関係の困窮』に対するPSP（パーソナル・サポート・パーソン）の可能性」『ホームレスと社会』4，105。
大阪産婦人科医会(2013)「未受診や飛び込みによる出産等実態調査報告書」14。
総務省統計局「第63回日本統計年鑑　平成26年」表20-4。
資料(2010)「当事者への寄添い型・伴走型支援をどうつくる——パーソナル・サポート・サービス，モデル・プロジェクトへ」『賃金と社会保障』(1528)，19-40。
庄司順一(2009)「レジリエンスについて」『人間福祉学研究』2（1）。
たくましい子供・明るい家庭・活力とやさしさに満ちた地域社会をめざす21プラン研究会(1993)「たくましい子供・明るい家庭・活力とやさしさに満ちた地域社会をめざす21プラン研究会（子供の未来別プラン研究会）」報告書『月刊福祉』76（14），60-63。

第4章
児童生徒の孤立
―― 声をすくい上げるソーシャルサポート・ネットワーク ――

木村淳也

　本章では，不登校の児童生徒の事例を取り上げるが，例えば不登校児童生徒の事例であったとしても，「不登校」のみが課題である場合は少ない。貧困，虐待，障害，離婚，DV，いじめなど，「不登校」の多くは児童生徒を取り巻く暮らしにおいて，何らかの重複した生活課題が生じ「生きづらさ」を感じた結果，立ち現れるメッセージでもあるとも考えられる。「不登校」の理由はひとつではない。

　このような事例に対して，本章では，不登校の児童生徒を取り巻く暮らしの一部である「他者 / 他所とのつながり」に関心を寄せ，「つながり」の縮小による孤立と社会的排除の観点から「不登校」の問題について考察する。特に，近年，教育領域における福祉援助の専門職として関心を集めているスクールソーシャルワーカーの実践事例を取り上げ，ソーシャルサポート・ネットワークの再構築による孤立の解消にどのように寄与することが可能であるのか本事例から考えてみたい。

第1節　学校における児童生徒の課題

　「平成26年児童生徒の問題行動等生徒指導上の諸問題に関する調査」（文部科学省，2015）によれば児童生徒の問題行動として，暴力行為，いじめ，出席停止，不登校，高等学校の中途退学，自殺が列挙されている。2014年度におけるそれぞれの項目の認知数は，暴力行為5万4242件，いじめ18万8057件，小・中学校における不登校12万2902人，高等学校における不登校5万3154人，高等学校における中途退学5万3403人，小・中・高等学校における自殺230人であ

る。少子化の影響により児童生徒数は減少傾向であるが，いじめの認知発生率は前年比増である（図4-1，図4-2）。これらは，児童生徒が学校に「生きづらさ」を感じる表れのひとつと考えられる。さらに，学校総数における不登校児童生徒在籍学校が占める割合は，小学校では約50％，中学校・高等学校では約80％である。

　このほかには，子ども期に発生したとされる孤立をもたらす潜在的なリスクとして，①本人の障害（発達障害，知的障害等），②出身家庭の環境（出身家庭の貧困，ひとり親や親のいない世帯，児童虐待・家庭内暴力，親の精神疾患・知的障害，親の自殺，親からの分離，早すぎる離家），③教育関係（いじめ，不登校・ひきこもり，学校中退，低学歴，学齢期の疾患）を挙げている調査もある。調査対象は，特に社会的排除状態と考えられる青年（18歳から39歳）である。その内訳は，(1) 高校中退者（学校からの排除）(2) ホームレス（住居からの排除）(3) 非正規就労者（就労からの排除）(4) 生活保護受給者（貧困）(5) シングル・マザー（機会からの排除）(6) 自殺者（生からの排除）(7) 薬物・アルコール依存症（機会からの排除）となっている（内閣府，2012）。この調査は，18歳未満を対象としていないため，児童生徒の孤立の要因に直結するわけではないが，学齢期に経験したリスクが青年期以降の孤立に何らかの影響を与えていることを示唆している。

　以上のような「生きづらさ」を抱える児童生徒を支える仕組みは，「教育相談」[(1)]など学校にも数多ある。また，1995年からは心理臨床の専門家としてスクールカウンセラーが，2008年からは相談援助の専門家としてスクールソーシャルワーカーが導入されている。本章では，2008年度から導入されたスクールソーシャルワーカーを取り上げる。スクールソーシャルワーカーとは，「学校」を拠点にソーシャルワークを実践する者である。1980年代から試験的かつ地域的に実施されてきてはいたが，2000年以降その活動の範囲を全国的に広めてきた。2008年には，文部科学省がスクールソーシャルワーカー活用事業を開始した。ソーシャルワーカーが関連する事業の多くが厚生労働省所管であるのに対して，スクールソーシャルワーカー事業は文部科学省が所管している。主

第4章　児童生徒の孤立

図4-1　不登校児童生徒の割合の推移

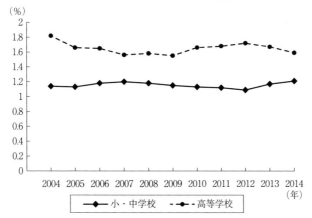

出所：文部科学省（2015）「平成26年度『児童生徒の問題行動等生徒指導上の諸問題に関する調査』について」をもとに筆者作成。

図4-2　いじめの認知発生率の推移

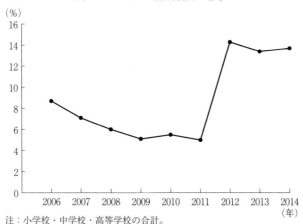

注：小学校・中学校・高等学校の合計。
出所：文部科学省（2015）「平成26年度『児童生徒の問題行動等生徒指導上の諸問題に関する調査』における『いじめ』に関する調査結果について」をもとに筆者作成。

に県や市町村の教育委員会に配置され，学校からの依頼に応じケース対応する派遣型と主に小学校や中学校などの学校に配置され学校内のケースに対応する学校配置型がある。本事例で取り上げたスクールソーシャルワーク実践は，派遣型のスクールソーシャルワーカーによる実践である。

第2節　児童生徒と孤立の事例

（1）不登校による孤立の事例

　小学5年生から不登校気味になったAくん。スクールソーシャルワーカーに支援依頼が来るまでの間，小学校の関係者が対応したがそれに応えることはなかった。

　小学6年生の時に，スクールソーシャルワーカーと出会うことで少しずつ暮らしに変化が生じる。

　Aくんの両親は離婚しており，母子家庭である。住まいは，持ち家であったが，戸や窓の類はないひどく朽ちた平屋であった。同居家族である母は体調を悪くし無職であった。暮らしぶりは貧しい。近所とのかかわりもない。Aくんの父親と交流はない。祖母とは多少の交流があり，金銭的援助はないものの，時々，野菜や米などの現物による援助があった。

　Aくんが小学6年生の時，スクールソーシャルワーカーが介入した。生活環境を変えることを狙いに生活保護の受給について母親と話した。しかし，祖母から何を言われるかわからないと言い，受給を拒んだ。中学校は入学式に出たきりになった。小学校6年生から1年以上，定期的な訪問と声掛けを継続したが事態は進展せず，アウトリーチによる家庭訪問を継続した。不登校のまま時は過ぎ，Aくんは中学2年生になった。

　ある日，Aくん宅へ訪問したスクールソーシャルワーカーが，Aくんの関心事について情報を得た。Aくんを取り巻く関係機関に働きかけ，Aくんの関心事を契機に適応指導教室に通う計画を立てた。Aくんの生活リズム，思いを尊重しながら焦らずにかかわることでAくんは適応指導教室に足を運ん

だ。スクールソーシャルワーカーが介入し，足掛け4年。小学5年生だったAくんは，中学3年生になっていた。

Aくんの母親にも変化があった。近くにできた大型商業施設へパートに出た。服装も明るい装いに色味が変わり，笑顔が増え，雰囲気が変わった。

その後，Aくんは高校に進学し，現在は社会人として日々を送っている。

（2）不登校による孤立の事例の解説と考察

図4-3を見ると，Aくんが閉じた関係性の中で生活しているのがわかる。学校や父親とは関係が弱く，祖母も，母親のみでAくんとは結びつきがない。長引く不登校により関係が切断され，ソーシャル・キャピタルを剥奪され孤立している。母親とも関係は希薄である。中学生の男子であれば，母親との関係が対立しても不思議はない。さらに，母親は健康上の課題を抱え，Aくんが頼れる大人として，十分とはいえなかったかもしれない。頼れる友人もなく，頼れる大人もいない。Aくんは，不登校という行動によって，自らの状況を表現していたと考えることができる。

スクールソーシャルワーカーは，Aくんの不登校や生活を，単に彼の弱さとは捉えていない。むしろ，Aくんの良さを引き出すためのかかわりに多くの時間を費やす支援を展開している。小学6年生から中学3年生までの約4年間，無理強いせず，タイミングを見計らいAくんの関心ある事柄をきっかけにして，スクールソーシャルワーカーとの信頼関係を築いている。

スクールソーシャルワーカーは，Aくんとの信頼関係を育みながら，徐々に適応指導教室の通学へとつなげた。その間，Aくんを取り巻くソーシャルサポート・ネットワークの形成にも取り組んでいる。最終的にAくんは再スタートを切るためのソーシャルサポート・ネットワークを得ることができたといえよう（図4-4）。

小学校や中学校，適応指導教室の関係者との支援会議を繰り返し，中学卒業までを見据えた支援体制を整えることのできた背景には，スクールソーシャルワーカーによる支援戦略があったともいえよう。関係機関と連携強化し，A

第Ⅱ部　社会的孤立の現状と課題

図4-3　支援前のAくんのつながり

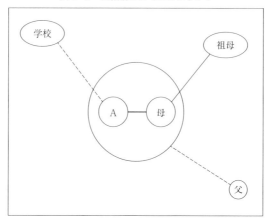

注：線の太さはつながりの強さを表し，円の大きさは影響力の強さを表す。

図4-4　支援後のAくんのつながり

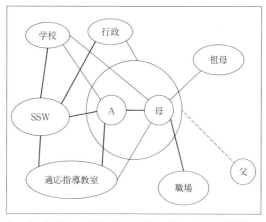

注：線の太さはつながりの強さを表し，円の大きさは影響力の強さを表す。SSWはスクールソーシャルワーカーを示す。

くんを見守りながら支える体制を作り上げたことが，結果としてAくんのソーシャル・キャピタルの再構築に寄与した。

（3）養育不足による孤立の事例

　小学2年生のDくんは，父親と母親とDくんと妹の4人暮らしである。担任Sや教頭Kらの依頼によりスクールソーシャルワーカーが介入した。

　担任Sによれば，Dくんの養育が不十分であり，衛生状態が悪い。クラスメイトからも臭いといわれるようになり，問題が表面化した。担任SとDくんの2人で対話する場面を設定したが会話がたどたどしい。表現がつたなく，赤ちゃんぽい。結局，家庭の状態や原因はわからなかった。担任は，Dくんが母親と上手くいっていないのかと心配になった。担任SはDくんに「お母さんに，体操服のこと言ってね。洗ってもらってね」と伝えた。

　ある日，Dくんの友人の母親から電話が学校に入った。「Dくんが日曜日に頻繁に遊びに来る。一日中ずっとおり，食事も全て食べて行くので親に自分の子どもの面倒は見るように言ってほしい」とのことであった。

　担任SがDくんと再度，対話の場面を設けた。Dくんが言うには，「お母さんは，妹を連れて買い物に行っても自分は連れて行ってもらえない。それで食べる物がない。お腹もすき，寂しいから友人の家に遊びに行った」という。父は多忙で現状を理解していなかった。

　Dくんとの面談後，担任Sが自宅に電話し，母親と話した。「子どもを見てあげてほしい。体操服や給食袋も洗濯をしてほしい」と伝えると，母親は「はい，わかりました」と焦る様子もなく普通に答える。あまりにも普通に受け答えされて担任Sは戸惑った。Dくんの母親は担任Sからの依頼にも素直に応じた。なんの引っかかりもなく，淡々と返事をする母親に違和感があった。

　スクールソーシャルワーカーは担任Sと教頭KからDくんの話を聞いてほしいと依頼を受け，週に1回45分の時間を用意した。Dくんはクラスメイトから臭いと言われている自覚があり，人とかかわることに不安をもっているようであった。スクールソーシャルワーカーは面談を通して，緊張をほぐすように

試みた。

　定期的にDくんと時間をもちしばらくたったが，身なりに変化はなかった。相変わらず，汚れた体操服を着ていた。しかし，Dくんの表情に変化が見られた。時折，笑顔が見られるようになった。担任Sからも，以前に比べ少し活発になったと連絡があった。

　保護者会を前にして担任Sは事前に母親に電話をした。保護者会でスクールソーシャルワーカーと話してみないかという提案だった。母親は担任Sの提案を受け入れ，保護者会当日，スクールソーシャルワーカー，担任S，母親の3人で1時間ほどDくんについて話した。

　母親が言うには，「私も母親からそのように育てられた。同じようにしている。私も体操服等は洗濯されていないし，提出物の確認もされてない。食事の用意など，最低限のことはしてもらっていたため，私もしている。私は女の子だけれど，子どもは男の子だから育て方が分からない。私は無事にきちんと育ったから，同じように子どもにもしている」とのことであった。また，母親は現在パートタイムで仕事に出ているため，十分に時間が取れないとのことであった。スクールソーシャルワーカーは，母親の気持ちを受け止め，ねぎらいの言葉をかけた。母親は顔色ひとつ変えずに「はい」という返事をしただけであった。

　面談後，多少ではあるが，Dくんの身なり等が改善された。衣類の洗濯はされており，クラスメイトも本人に臭いと言わなくなった。スクールソーシャルワーカーは，もうしばらくDくんとの面談を継続したいと考えていたが，クラスメイトとDくんの関係を考えて面談を終了した。

　しばらくして，母親が妹を連れて家を出て行ったらしく，Dくんは父親と2人暮らしになった。

　家庭環境の変化を心配した担任Sが家に電話をしたところ，父親は，「自分がいるから大丈夫」と答えた。その後，Dくんの状態が徐々に改善されていった。体操服などの洗濯もきちんと行われ，提出物もきちんと出せるようになった。これまで，Dくんから家族の話を聞くことはほとんどなかったが，父の話

などもするようになった。家族は離散したものの，Dくんは父親との暮らしにより落ち着きを取り戻した。

（4）養育不足による孤立の事例の解説と考察

　本事例ではソーシャルサポート・ネットワークが十分に形成されているように見えるが，良好な関係はないに等しい（図4-5）。家庭における関係の不安定さがもたらしたDくんに起こった変化は，学校におけるクラスメイトとの関係にも波及し，クラスメイトとの緊張関係に陥った。家庭においても，学校においても，参加の機会を剥奪されたDくんは孤立していた。

　Dくんは，孤立傾向にあったが学校には通っていたため，唯一ともいえる担任Sとのつながりがあり，ソーシャルサポート・ネットワークが維持されていた。Dくんのソーシャルサポート・ネットワークが機能した結果，スクールソーシャルワーカーがかかわりをもつことになった。

　スクールソーシャルワーカーは，まず初めに学校内において安心して過ごすことのできる居場所づくりに取り組んでいる。Dくんとの信頼関係構築である。本事例では，Dくんとのかかわりと並行して，担任Sの心理的サポートも行っている。担任Sとの関係強化により学校におけるソーシャルサポート・ネットワークの維持・強化は，Dくんのソーシャル・キャピタルとして重要な位置づけである。また，Dくんのソーシャル・キャピタルとして担任Sのサポートをすることは，学級内ソーシャル・キャピタルの再構築に寄与する支援となるからである。さらに，本事例は担任Sが主体的にDくんにかかわりを継続しているが，Dくんにとって頼りになる存在としてスクールソーシャルワーカーの役割も大きい。最終的には母親と妹が家を離れてしまうことになったためかかわる家族は減ってしまったが，つながりが外に広がり，関係性が強化されたことがわかるだろう（図4-6）。

第Ⅱ部 社会的孤立の現状と課題

図 4-5 支援前の D くんのつながり

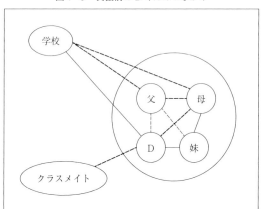

注：線の太さはつながりの強さを表し，円の大きさは影響力の強さを表す。

図 4-6 支援後の D くんのつながり

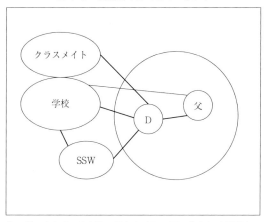

注：線の太さはつながりの強さを表し，円の大きさは影響力の強さを表す。SSW はスクールソーシャルワーカーを示す。

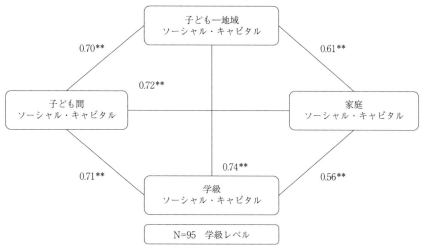

図4-7 子どもを取り巻くソーシャル・キャピタル間の相関性

注：**p＜.01，*p＜.05。
出所：稲葉陽二ほか（2014）『ソーシャル・キャピタル「きずな」の科学とは何か』ミネルヴァ書房，105。

第3節　児童生徒の孤立をどう支えるか

（1）児童生徒の孤立とソーシャル・キャピタルの重要性

　児童生徒を取り巻くソーシャル・キャピタル間の相関性については，露口の報告が興味深い。仙台市内の小学校95学級，3年生から6年生の児童3219名を対象に実施された調査の一部であるが，図4-7のように各次元間の関係について，すべての組み合わせにおいて有意な相関関係があることを示している（稲葉陽二ほか，2014）。

　図4-7は，家庭における親子のつながりが良好な児童生徒が多い学級は，学級内においても児童生徒同士が友達関係をつくりやすく，学級で児童生徒の人間関係をうまくつくることによって，学級以外での児童生徒同士の関係や児童生徒と地域の関係，家庭における親子の関係も良好になる可能性について示唆している。さらに，露口の指摘にもあるように，図4-7における相関性の

解釈を消極的にするならば，家庭におけるつながりが十分に醸成されていない児童生徒は，学校や学級内においてつながりを醸成することに困難を生じる可能性がある。例えば学校あるいは家庭において児童生徒のソーシャル・キャピタルが何らかの理由で剥奪されると，学校や家庭におけるネガティブな経験の影響により，児童生徒はソーシャルサポート・ネットワークから排除されてしまうことが考えられる。

ソーシャル・キャピタルの相関性を考えるならば，ひとつのソーシャル・キャピタルが剥奪されることによって，排除と剥奪の連鎖が他のソーシャル・キャピタルにも波及し，児童生徒は孤立してしまうとも考えられる。ソーシャルワークは，このような剥奪と排除によってもたらされる孤立に対して，ソーシャル・キャピタルの再構築を意図した支援を行う必要がある。

（2）学校におけるソーシャルワークの課題と展望

児童生徒の生活する世界は，主に学校と家庭に集約している。この小さな世界において，児童生徒が「生きにくさ」を感じながら日々を送っているとすれば，その原因のほとんどは「大人」がもたらしているといってもいいだろう。ソーシャル・キャピタルを維持する力をもつ大人とは違い，自らの力でそれを拓くことの厳しい児童生徒のソーシャル・キャピタルを充実させることが大人の役割でもある。

しかし，学校において児童生徒が自分たちの置かれた状況を精確に，学校の大人たちに語り，改善を訴えることは難しい。そして児童生徒の思いの多くは，暴力，不登校，いじめなど別のかたちで表出される。

スクールソーシャルワーカーが教育の場にいることによるメリットは，児童生徒の声をいち早く受け止めることのできる位置に相談援助の専門職がいるということである。児童生徒から発せられたメッセージを学校側が受け止めていたとしても，その原因となる出来事は学校の外で起きていることもあり（家庭や交友関係など），多忙を極める教師だけで対応することにも限界がある。

しかし，現状ではスクールソーシャルワーカーが全校配置ではないことや，

都道府県によりスクールソーシャルワーカーの導入状況が異なること，不安定な雇用形態だということなど課題もある。

　スクールソーシャルワーカーは，配置されてからまだ日が浅く，学校関係者によるスクールソーシャルワークの理解もまだまだ十分とはいえない。スクールソーシャルワークが教育の場に根付くことによって，児童生徒に対する福祉的支援の実践が充実し，児童生徒の孤立が減少に向かうことを期待したい。

　なお本章は，「小中学校を通した不登校児の孤立と支援――不登校のA君に対する適応指導教室，小学校，中学校との連携による専門的支援の事例から」会津大学短期大学部社会福祉学科紀要『幼児教育研究』第1号（2015.8）に修正を加えたものである。

注
(1) 教育相談とは，学校において，教師が担当になり，児童生徒の教育上の課題について，本人またはその親などに対する支援を行うことをいう。

引用・参考文献
稲葉陽二・藤原佳典編著(2013)『ソーシャル・キャピタルで解く社会的孤立――重層的予防策とソーシャルビジネスへの展望』ミネルヴァ書房。
稲葉陽二・金光淳・近藤克則(2014)『ソーシャル・キャピタル「きずな」の科学とは何か』ミネルヴァ書房。
文部科学省(2015)『平成26年度　児童生徒の問題行動等生徒指導上の諸問題に関する調査結果について』。
内閣府(2012)『社会的排除にいたるプロセス――若年ケース・スタディから見る排除の過程』。
内閣府(2015)『平成27年版　子供・若者白書』日経印刷。
露口健司・今野雅裕・永井順國(2013)『小学校区においてソーシャル・キャピタルを醸成する教育政策の探究――第1年次調査のまとめ』政策研究大学院大学（GRIPS）教育政策プログラム 地域コミュニティと学校の新たな関係創造研究プロジェクト。

第5章

学生の孤立
――社会的自立を支える多様な支援――

田中秀和

　今日の日本社会においては，子ども期から成人期への移行がより困難さを増している。今日の若者は，大人になるまでの間に高校から大学や短期大学，専門学校進学もしくは就職等の多様な進路を歩むことになる。それぞれの教育機関においては，時代の変化の中で，多様な背景をもつ学生が入学してくる現状がある。また，就職に向けた取り組みにおいても，さまざまな矛盾が若者を取り巻いている。

　本章では，大学・短期大学等から社会へ旅立つ時期にある若者に焦点を当て，その現状と課題ならびに，今後に向けた提言を行いたい。その中でも特に，発達障害や不登校，ニートの状態にある若者と教育機関との関係性を中心的なテーマとして論考を進めていく。

第1節　今日の若者を取り巻く高等教育機関の現状

(1) 高等教育機関の現状（大学・短期大学）

　文部科学省「学校基本調査」によると，高等教育機関（大学・短期大学・専門学校）への現役進学率は，2015年時点で，70％を超えており，多くの高等学校卒業者は，卒業後も高等教育機関へ進学し，勉強を続けている現状がある。

　一方，日本私立学校振興・共済事業団の調査によると，2014年度に入学者が定員割れをした私立大学は46％となり，約半数の私立大学では，入学定員を確保できない状況にある。このような定員割れを起こしやすい大学は，小規模かつ地方にある傾向がある。

　また，短期大学は四年制大学よりも苦戦を強いられている。日本私立学校振

興・共済事業団による上記調査によると，2015年度における短期大学の定員充足率は92.78％となっている。また，四年制大学同様，地方ほど定員充足率が低いことが明らかになっている。

このような傾向は専門学校においてもみられる。文部科学省の「学校基本調査」における「専門学校学科別定員充足率の推移」によると，近年の専門学校定員充足率は50～60％で推移しており，私立大学・短期大学と同様，もしくはそれ以上に厳しい現実がある。

こうした社会情勢の中で，近年においては学生が集まらず，廃校に追いやられる大学・短期大学・専門学校も増加している。今後も18歳人口の大幅な増加は見込めず，高等教育機関は，ますます厳しい経営を迫られているといえる。

（2）データでみる高等教育機関の現状

表5-1は，今日の高等教育機関への進学者が多数いることを示すデータである。ここで取り上げた数字は，大学等の高等教育機関へ進学する者が十分な学力がなくとも進学してくる可能性を示している。特に，定員充足率に満たない私立の高等教育機関では，まず定員を満たすことが教育機関の目標となる可能性が高い。

そのため，学生の学力や職業の適性等を見極めることを実施するためには困難を伴う。国立大学や，有名私立大学等の入試にスクリーニング機能が働いている教育機関では，学生の学力が保証され，従来の，学生の主体性に委ねる，自由な高等教育機関の姿を実現することができると思われるが，そうではない機関では，学生に対する教育や支援に，より一層の工夫が求められているといえよう。

また，今日の学生は，格差社会の進展，雇用の不安定化等を背景とした社会の変容の中で，多くの悩みを抱えており，高等教育機関はその対応に追われている。例えば，日本学生支援機構がまとめた「学生支援の最新動向と今後の展望――大学等における学生支援の取組状況に関する調査（平成25年度）より」をみると，学生支援は，同機構が前回行った調査よりも，障害者支援や経済的

表5-1　大学等への進学率（2015年度）

大学（学部）・短期大学・専門学校進学率	71.2%
大学（学部）・短期大学進学率	54.6%
大学（学部）進学率	48.9%
専門学校進学率	16.7%
短期大学進学率	5.2%

注：高等学校卒業者の現役進学率。
出所：文部科学省（2015）「平成27年度　学校基本調査（確定値）」。

支援が増加してきている現状が明らかにされている。

　高等教育機関に属する学生の多くは若者であるが，若年者の死亡原因として最も多いのは，自殺である。人口10万人あたりの自殺者数から，大学生の自殺率を抽出したデータによると，近年の大学生における自殺率は高止まりの状態にあり，女性よりも男性のほうが高くなっている。

　これらの問題は，高等教育機関において避けては通れない問題であるといえよう。

第2節　高等教育機関における多様な学生像

　前節では，今日の高等教育機関が選ばれたエリートだけのものではなく，入学を望むものが比較的容易にそれを叶えることができる状況にあることを明らかにした。また，特に定員充足率に満たない私立の高等教育機関では，入試によるスクリーニング機能が弱く，多様な学生が入学していることを述べた。本節においては，今日の高等教育機関においてみられる多様な学生像について事例をもとに考察を行う。

（1）発達障害が疑われる学生

① 事例1：自身の適性とは異なる分野を専攻し，実習や就職に困難を示す事例

Aさん（男性，20代）は，県立高校を卒業後，地元にある介護系専門学校に入学した。もともと，人とかかわることに対して苦手意識が強く，高校までは，できるだけ他者とかかわることなく過ごしてきた。物事に対するこだわりが強く，自分が納得できなければ，いつまでも焦点が細部に集中してしまう傾向がある。また，独り言が多く，周囲の状況にあわせた行動を行うことが苦手である。

Aさんが通う専門学校は，入試において学力試験は求められずに，面接試験のみが課された。Aさんの面接を担当した教員は，Aさんが全く面接官の目をみようとしなかったため，Aさんとのコミュニケーションに困難を感じた。しかし，定員充足のプレッシャーがあり，Aさんを合格とした経緯がある。また，その学校では，資格取得のために実習が課せられている。Aさんは，実習に対し，極度の不安を示し，それに気づいた教員はAさんと個別に面談を行った。

その後，実習場面を想定したロールプレイを繰り返し行い，人の目を見る練習や独り言を言わない訓練，髪型や服装を清潔にする等の指導を行うことにより，実習を無事に終えることができた。これには，本人の努力や実習先の理解があったことは言うまでもない。

その後，卒業を控えて就職活動を行ったものの，内定を得ることなく，卒業の日を迎えた。卒業後は定職に就いておらず，現在は特にアルバイトもしていない。

② 事例1の解説・考察

この事例は，発達障害が疑われるものの，本人や家族にはその認識がなく，適切な相談機関につながることなく，卒業を迎えた事例である。周囲の大人が，Aさんの状態に違和感を覚えていたにもかかわらず，それを放置したままであったため，このような結果につながったものと考えられる。

本事例では，教員による相談機関の紹介等が行われる可能性があったものの，教員は本来の職務に追われ，現状を変化させることができなかった。また，教員はAさんに対し，発達障害の可能性を疑ったものの，保護者はAさんに対してそのような認識を一切もっていなかったため，教員は成す術がなかった。

また，登場したような学生には，今日多くの高等教育機関で出会う可能性があると思われる。その背景には，これまで述べてきたような学生売り手市場の高等教育の現状がある。

事例のAさんは今日の時代背景の中で，厳しい受験競争に参入することなく，比較的容易に高等教育機関への入学を許可されている。また，入学後に待ち構える困難に対する耐性や性格特性を考慮されることなく，入学試験に合格している。

今日，キャリア教育の推進等により，自己実現や自分らしさを強調する教育が行われる傾向にあるが，職業にはそれぞれ，向き不向きがあることは事実である。事例のような学生は，高等教育機関入学後においても，さまざまな困難を抱えることとなり，卒業後も不安定就労に結びつく可能性が高い。

しかし，私立の高等教育機関は，まず学生の確保が第一優先とされるため，事例のような学生が入学する可能性は，今後ますます高まるであろう。

この事例から明らかになるのは，高等教育機関にもソーシャルワーク機能が必要とされているということである。上記の事例においては，ソーシャルワーカーの介入があれば，それぞれに異なる結果を導くことができたのではないか。また，保護者を含めた地域社会全体に対して，さまざまな障害についての知識を普及させる福祉教育の充実が欠かせない。発達障害や不登校，ニートの問題に地域住民が関心をもち，その現状を正確に理解することは，地域社会におけるソーシャル・キャピタルを増加させることにもつながる。

例えばある高等教育機関では，発達障害をもつ学生等を対象として，ソーシャルワーク機能を有する学生支援コーディネーターを配置している。その中で，コーディネーターがゼミ担当教員との連携により，学生に関する情報共有

を行うことが可能となった。現在，このような取り組みは萌芽的段階であるが，さまざまな高等教育機関においても同様の仕組みが構築されることが望ましい。

　また，このような障害をもつ当事者同士が助け合う，ピアカウンセリングの仕組みを充実させていくことも今後の課題である。

（2）多様な要因が複雑に影響を及ぼした学生の事例

　本項では，発達障害や不登校，あるいはニートの状態にある若者が，どのようなかたちで社会的孤立を強いられ，またそれらはいかなる関連性があるのかについて考察を進めていく。

　ここでは，これらの問題が相互に連関し，互いに影響を及ぼしている問題であるとの視点に立って論考する。

　以下の事例は，発達障害や不登校，ニートの問題が相互に関係性を保ちながら展開していくものである。

　①　事例2：周囲の適切な支援に恵まれず，さまざまな困難にあった事例

　Bさん（女性，20代）は，幼いころから特定のものに対する興味関心が強く，特に学校の音楽室にあるピアノが気になっていた。小学生時代は，授業中もたびたびピアノが気になり，突然席を立つことが繰り返された。その行動は周囲の教師を困惑させ，クラスメイトからはいじめの対象となった。Bさんが小学6年生のとき，ADHD（注意欠陥多動性障害）の診断を受け，治療を開始したが，学校内では特段の配慮を受けることなく，中学校まで普通学級で過ごした。

　Bさんの周囲の子どもたちは，Bさんが「変わった子ども」であったため，頻繁にからかいや物を隠すなどのいじめを行い，Bさんは中学2年次に不登校状態となった。不登校となったBさんは自宅での学習により，地元の公立高校に入学し，高校時代は吹奏楽部で活躍するなど，比較的順調な生活を送った。

　その後，子ども好きであったBさんは，将来，幼稚園教諭になることをめざして保育系の大学に推薦入試で進学を果たした。Bさんは両親と弟の4人家

族であったが、Bさんの父親もBさんと似た特性をもっており、仕事が長続きせず、経済的には厳しい状況であった。そのためBさんは学費のために奨学金を借りて、就職した後に返済をすることとした。

Bさんは大学においては友人に恵まれ、楽しい日々を過ごしていたが、教育実習において、辛い思いをすることとなった。幼稚園にて教育実習を行ったBさんは、実習指導者からの複数の指示を同時に遂行することが苦手で、自分の中で物事を順序立てて計画することができないため、たびたび、実習指導者から指摘を受けることとなった。また、子どもたちとの関係性も同様に、目の前にいる子どものことには集中できるものの、複数の子どもが同時にさまざまな要求をしてくる場面では、立ちすくんでしまう日々が続いた。

その後、Bさんは実習経験をきっかけとして、意欲を失い、大学に通うことが困難になった。大学に通う意欲が薄れ、これからの自分の生き方に対して不安をもち、自宅にこもる日々が続いた。

このような日々が続いたため、Bさんは留年となったが、その後も引きこもりの状態は改善せず、大学を中退するに至った。その後も就職活動を行うことなく、ニートの状態であった。しかし、その後Bさんは、自身が在学した大学に配置されているキャンパスソーシャルワーカーに相談に出向き、自身の適性を見極める作業を行った。その結果、現在は、自動車工場にて部品の組み立てを行っている。

② 事例2の解説・考察

この事例は、本章のテーマである発達障害や不登校、ニート問題が複合的なかたちで表出したものである。Bさんは先天的に発達障害をもっていたが、それが学童期に至るまで発見されず、個別支援のない状態での生活を余儀なくされてきた。そのため、周囲のクラスメイトからはいじめの対象と認識され、Bさん自身、心に深い傷を残すこととなってしまった。近年、いじめ問題に関する議論においては、「スクールカースト」という、新たな概念も提唱されるようになってきている（鈴木翔, 2012）。発達障害を抱える子どもは、今日の言説においては「KY（空気が読めない）」と認識され、スクールカースト下位に追

いやられやすいため，いじめの標的になりやすい。また一度，スクールカースト下位に位置づけられた子どもはその後，それを上昇させることが困難であるため，いじめの標的となった場合，いじめは深刻化し，Bさんのように不登校の状態に陥る場合もありうる。

　学校に行くべきとする社会規範が発達した日本社会において，不登校状態にある子どもはマイノリティである。加藤は，今日の不登校問題について，「直接的な国家のコントロールが難しくなったポスト福祉国家において，問題の社会的な所在が曖昧化されることでそのリスクが家族と個人に集約されるという，新たな統制を示している」としている（加藤美帆，2012：160）。この指摘を本事例に当てはめて考えた場合，不登校状態にあることの責任を，Bさんやその家族に転嫁しているといえるのではないか。

　本事例の場合，Bさんが不登校に陥ったのは，Bさんやその家族に対する適切な支援が欠けていたためである。しかし，今日の社会においては，その責任を個人の問題として処理してしまうため，当事者はより困難を抱え込まされることとなる。

　Bさんの場合，比較的容易に大学に入学できたのは，学力試験のない推薦入試であったためである。Bさんが教育実習において直面した困難についても，現状においては自己責任の問題として扱われている。本来であれば，高等教育機関においてもBさんを支援する体制が整備されていなければならないはずなのである。

　その後，Bさんは適切な支援を受けることなく徐々に自信を喪失し，結果的にニートの状態に陥ってしまった。Bさんやその家族に対する就労支援等の適切な支援があれば，Bさんはより自信をもって社会を歩いていけるのではないだろうか。

　この事例のように，本章のテーマである学生の孤立に関する問題は決して独立して存在しているのでなく，相互に連関をもちながら存在しているのである。よって，それらに対する支援も個別的な支援のみならず，より複合的な視点から各領域が連携・協働した取り組みが必要となる。

Bさんのように発達障害をもった当事者は，周囲との人間関係を円滑に進めていくことが不得意である場合が多い。今日，「ハイパー・メリトクラシー」等の言説や，第三次産業の発達により，就業の場面で必要とされる能力は，学力よりも対人関係能力が重視される傾向があることが明らかにされている。こうした面は，発達障害をもつ者をより排除し，その社会的孤立を深めてしまう可能性を秘めている。状況に応じた適切なコミュニケーションを柔軟に行っていくことが不得手であることが多い発達障害をもつ当事者は，より適切な場面に応じた対応法を学習する必要がある。

　上記の問題に対する対処法として，個別にロールプレイを実施し，対人関係における各場面ごとの適切な振る舞いを学習し，それを支持していくことにより，発達障害をもつ者は自信をもって生活を送ることができるのではないだろうか。また，そのことは，不登校やニート等に陥るリスクを減少させることにもつながると考えられる。

　この事例が私たちに教えてくれるのは，より早期に個人や家族の特性を知ることによって，そこから生じるであろう二次的な問題と，当事者の社会的孤立を防ぐことができるということである。

　これらのことは，小中学校はもちろんのこと，高等教育機関においてもソーシャルワークの視点をもった支援が必要であること，さらには就労場面においても同様の機能をより深化させていく必要性を教示しているといえよう。

第3節　高等教育機関における多様な学生が抱える困難

　高等教育機関における学生の選抜性が弱まり，多様な学生が入学してくるようになった今日，それぞれの学生に対応した働きかけや支援が教育現場において求められるようになってきている。

　ここでは，さまざまな特徴をもった学生が抱える困難性を，社会的孤立の側面から考察する。

（1）発達障害をもつ学生の困難と社会的孤立

発達障害が社会的に認知されてからの歴史は比較的浅い。今日においては，その啓発が進み，少しずつ社会の理解が深まりつつあるものの，当事者が抱える困難と社会的孤立の問題は，今後も追及されなければならないテーマのひとつであろう。

では，発達障害を抱える学生はどのような点において困難を抱え，社会的孤立を経験しているのだろうか。

① 周囲の理解不足から生じる社会的孤立

発達障害は，その特性から周囲に誤解を与えやすい側面をもっている。例えば，ADHD（注意欠陥・多動性障害）は，周囲から「落ち着きのない人」とのレッテルを貼られやすい。また，アスペルガー症候群の人は，周囲から「KY（空気が読めない）な人」や「変わった人」等の評価を受けやすい。これらにより，発達障害当事者は自尊心を傷つけられ，周囲と接触する機会を減少させることによって，社会的孤立をより深めることになる。

② 本人や家族の認識不足による社会的孤立

事例1で登場したAさんは，自分自身が発達障害であるかもしれないとの認識がなかった。また，保護者も同様で，「うちの子どもは個性が強い」「少し内気なところがある」等の所見しかもっていなかった。

発達障害をもつ（もしくは疑われる）学生や家族の障害の受け止め方に関しては，今回提示した事例のように，本人からも家族からもそれに対する理解が得られない場合がある。また，本人が発達障害であることを認識したとしても，家族がそれに納得できず家族間で軋轢が生じる場合もある。

これらのことは，発達障害をもつ（もしくは疑われる）当事者は，周囲からの理解不足と並んで，自分自身を客観的にみることが難しく，家族も同様である場合があることを示している。発達障害をもつ学生は，周囲から誤解されやすいだけでなく，自分自身でもその認識をもつことが難しく，たとえ本人の中に周囲との相違点に関する違和感があったとしても，適切な社会資源に結びつくまでには時間がかかる。

③ 実習や就職活動における社会的孤立

　発達障害をもつ学生は，一見すると特に支援の必要がないように見受けられる場合が多い。多くの私立高等教育機関においては前述の通り，経営的なプレッシャーから多様な学生を受け入れざるを得ない現状にある。その中で，発達障害をもつ学生は，それをもたない学生と同様に卒業に向けて単位を取り，専門的な資格を取得する場合には，それに向けた実習や研修に赴くことになる。

　実習や研修の場においては，それぞれの教育機関において，それに向けた指導が行われるが，それは発達障害をもつ学生に対応したプログラムにはなっていない場合が多い。そのため，こうした場においても当事者は社会的孤立を経験することになる。

　事例1のAさんは，自身が所属する専門学校の教員から，個別に実習場面を想定したロールプレイを繰り返し受け，人の目を見て話すことや独り言を言わないこと等の指導を受けた。このような個別プログラムは，本来の資格取得カリキュラムとは別枠で設けられたものである。Aさんが所属する専門学校は少人数教育で，教員と学生の距離が近いため，このような個別対応が可能であった。しかし，多くの高等教育機関に在籍する学生は，その主体性を求められており，事例のように自らSOSを出すことが難しい学生を支援する仕組みは限られている。

　また，就職活動に関しては，特に当該学生の主体性に依拠する部分が大きいため，それが乏しい場合には，学卒後，職に就くことの困難性はより高まることになる。

　これまで述べてきたように，多くの私立高等教育機関はその経営的理由から，学力的担保のない学生を受け入れざるを得ない状況にある。それと同時に，当該分野における適性やコミュニケーション等，本来であれば，別の道に進むことが望ましい学生も，入学を許可せざるを得ない状況にある。このような学生は，さまざまな問題を抱えながらも，学生生活は大きな困難なく送ることができるかもしれない。

しかしそれが卒業年次となり，社会に出る段階になると，当事者の学生が抱える困難が顕在化することになる。

現在，多くの高等教育機関では，発達障害への理解啓発が呼びかけられているものの，その実態は遅延している。高等教育機関におけるカリキュラムや，その後の就職活動においては，発達障害等，さまざまな困難を抱える学生は例外として取り扱われる。そのため，事例のような場合，当事者は実習場面においても就職活動場面においても他の学生から孤立をすることになる。

（2）いじめや不登校経験のある学生の困難と社会的孤立

いじめや不登校経験のある学生は，高等教育機関に入学する前に自尊心が低下している場合が多い。このような学生は，落ち着いて学習を行う環境を得ることさえ困難を伴うことがあり，学力的にも困難を抱えている場合もある。

では，いじめや不登校経験のある学生は，具体的にどのような社会的孤立や困難を経験しているのだろうか。

まず，ひとつとして，社会性の面における社会的孤立がある。人間は，子どもから大人になっていくにつれ，少しずつ，その社会性を発達させていくことが求められている。しかし，いじめや不登校経験のある学生は，他者から不当な扱いを受けてきたものが多く，他者に対する不信感をもっている場合も少なくなく，社会性を発達させるうえでは不利な出来事となりやすい。

次に社会に出る際に生じる社会的孤立がある。これは，本章の事例で取り上げた発達障害をもつ学生と共通の問題である。いじめや不登校を経験した学生は，自身にとって，新たな教育段階である高等教育機関に進学するにあたり，気持ちを新たに，期待と希望をもって入学する場合もあろう。しかし，いじめや不登校を経験した学生は，社会性の面で他の同世代のクラスメイトより，その発達が未熟な面が否めない。なぜなら，自分の意見を他者と折り合いをつけながら表明し，調整していく機会や，同世代のクラスメイトの行動を観察する機会を不登校により消失することになるからである。そのため，実習や就職活動等，社会との対峙が要求される際には，その未熟さゆえにさまざまな困難と

社会的孤立を経験することになる。

　高等教育機関におけるカリキュラムは,「人の名前を覚えること」や「自分の名前をローマ字で書けること」は,当然できるものであるとの想定で運営されている。また,このようなカリキュラムから脱落し結果的に中退に追い込まれても,その後の支援体制については,未整備である。

　このように,いじめや不登校の経験をもつ学生は,高等教育機関に入学する以前からさまざまな側面でハンディがある。そのうえ,そこで行われる教育は,そのようなハンディを想定したものになっていない。さらに,そこから脱落し,中退に追い込まれても,その後の支援体制は未整備であるから,その後,当事者は社会の中に放り出されるかたちとなり,ますます社会的孤立を深めることとなる。

　野波ら（2011）は,初年次生の大学生活への適応に関する調査報告の中で,学生が大学適応に困難を生じさせる原因として「学力面における適応困難」と「人間関係におけるコミュニケーション能力不足」を挙げている。また,「従来であれば本人の自助努力により大学への適応は行われてきたが,近年では,大学がその一助を担う必要が出てきた」と述べている。

　この指摘は,本章で取り上げたいじめや不登校経験のある高等教育機関に在籍する学生には,よりあてはまるものと思われる。

第4節　若者の社会的孤立を軽減・緩和するために
——ソーシャルワークの重要性

　本章では,若者の孤立に関する論考を,高校中退,不登校・発達障害・ニート等の視点から分析してきた。ここでは,まとめとして,若者の孤立を軽減・緩和するための取り組み案を提示したい。

（1）若者の孤立軽減のために求められるもの

　宮本は,家族機能が低下し,若者が社会的排除されるリスクが高まった今日において,以下のように若者に関する問題の解決策を提示している。

現状を打開するためには，当事者の問題の全体像を把握した上で，ニーズに合わせて，制度横断的に支援策を立て，資源を調達したり，開拓するコーディネートを行い，かつ，当事者の状況変化に応じて，継続的にサポートしていく「パーソナル・サポート・システム」が求められている。(宮本みち子，2012：157)

　上記の指摘は，まさにソーシャルワークサービスの充実をめざすものである。本章との関連でいえば，就労支援にかかわるソーシャルワーク，スクールソーシャルワーク等の充実がより必要である。特に中退者の多いノンエリート大学へのソーシャルワーカーの配置は急がなければならない。

　その他の取り組みとして，例えば，信州大学では，「学生支援コーディネーター」が配置されている。これは，「大学関係者が悩んでいる学生に支援を行うとき，支援全体をコントロールする役職」である（佐々木正美・梅永雄二，2010：72）。このような取り組みを全国に広げていくことが重要である。

　上記に関連して，近年，大学内のソーシャルワーカーであるキャンパスソーシャルワーカーの配置が全国で開始されている。その全国組織である「キャンパスソーシャルワークネットワーク」が発行しているリーフレットでは，キャンパスソーシャルワーカーの活動内容を紹介している。

　そこではキャンパスソーシャルワーカーが行う業務内容として，経済的問題への支援，さまざまな障害学生支援，自殺予防，ピアサポーター支援，関係者との協働支援，ハラスメント予防と対策，ひきこもりがちな学生への支援，居場所の提供が挙げられている。ここで挙げられていることが実践されることは，若者の孤立を防ぐことに多大なる貢献をするであろう。本章で取り上げてきた問題や事例は，いずれも高等教育機関においてソーシャルワーカーの活躍が望まれるものであり，キャンパスソーシャルワーカーの配置が進むことは，ここで取り上げた問題が解決・緩和する結果を導く可能性を上昇させる。

　筆者が本章で述べたかったことのひとつは，多くの若者が選抜性の薄れた中で，容易に大学等の高等教育機関に進学するようになった今日，その学生像の

変化に対応したかたちでの組織づくりが，教育機関にも求められているのではないかということである。今日の高等教育機関は，主体性をもって自主的に勉学やサークル活動に励む学生のみを想定した組織体制から脱出できていないように感じる。本章で取り上げた問題は，その枠組みを超えた学生がさまざまな問題を発生させ，その対応に苦慮したものであった。これから，若者の孤立に関する問題を考えるとき，キャンパスソーシャルワークをはじめとする若者にかかわるソーシャルワークがより発展していくことが必要不可欠である。もちろんそこには，若者からの相談を待つ姿勢のみではなく，ソーシャルワーカーの側から主体的に問題解決をめざすアウトリーチの視点も欠かすことができない。

（2）ソーシャルワークとソーシャル・キャピタルの関連

　上記のような取り組みは，本書に通底するソーシャル・キャピタルの視点からみても重要な事柄である。主体性の乏しい学生をソーシャルワークサービスにつなげていくことは，思わぬところで，人々との出会いを広げるチャンスを与える。例えば，キャンパス内に勤務する守衛や食堂のスタッフなどと，あいさつや雑談を交わす中で，信頼関係が構築され，それが学生の修学意欲につながる場合も考えられる。また，大学等の高等教育機関に勤務する教職員は，ソーシャル・キャピタルの視点をもって学生に対応することが求められる。

　高等教育機関は，学問をする場所であることは間違いない。しかし，これまで述べてきたように，そこに入学してくる学生は，過去とは比較にならないほど様変わりし，多様化を呈している現状がある。そのような現実を踏まえ，そこに勤務する者は，学生との雑談や，普段の何気ないやり取りを疎かにしない努力が必要である。キャンパスライフに馴染むことが難しい学生でも，共通の趣味をもつ教職員と出会うことによって，キャンパスに足を運ぶことが苦痛ではなくなるかもしれない。さらには，共通の趣味や話題を通して新たな人間関係が構築される可能性があり，それがまた新たなソーシャル・キャピタルにつながることも考えられる。これからの高等教育機関には，ソーシャル・キャピ

タルの視点をもって，組織を構築，運営していくことが，より求められているといえるであろう。

　また，若者が発達障害や不登校，ニート等，多様な面から孤立に陥りやすい今日，生活保護に代表される社会のセーフティネットはより強化される必要がある。それと同時に，生活保護以外の社会保障の充実も欠かせない。今日においても生活保護は強いスティグマを伴う場合があり，それを伴わない制度設計の構築が求められる。さらに，職業訓練や社会体験等の中間的就労を充実させることにより，若者の孤立を予防・軽減していくことが必要である。その際には，「半就労・半福祉」の形態が不可欠になる場合もあることを前提とした支援が，厚くなされる必要性がある（本田由紀，2014）。

　これらの制度改革は，本書の機軸であるソーシャル・キャピタルの視点からみても必要不可欠である。制度利用に対するスティグマを軽減することは，利用者の主体性を引き出す効力をもち，それは，新たなソーシャル・キャピタルの構築に貢献することとなる。また，本章の課題である学生の孤立をさまざまな方策によって防ぐためには，ソーシャル・キャピタルの視点が欠かせない。

　私たちは，これらの社会資源が十分でない現状に対して決して諦めることなく，発達障害や不登校，ニート等の問題を抱えた若者を含む全ての若者が，希望をもって未来を歩いて行ける取り組みを続けていかなければならない。

引用・参考文献

キャンパスソーシャルネットワーク「キャンパスソーシャルワークネットワーク」
　（https://sites.google.com/site/campussw/whatiscswr/leaflet, 2016.8.14）。
独立行政法人日本学生支援機構「学生支援の最新動向と今後の展望――大学等における学生支援の取組状況に関する調査（平成25年度）より」
　（http://www.jasso.go.jp/about/statistics/torikumi_chosa/__icsFiles/afieldfile/2015/10/08/h25torikumi_houkoku_part1.pdf, 2016.4.2）。
独立行政法人日本学生支援機構「専門学校学科別定員充足率の推移」
　（http://www.ishin.jp/useful/data/pdf/03.pdf, 2016.8.14）。
ガベージニュース「大学進学率をグラフ化してみる」
　（http://www.garbagenews.net/archives/2014387.html, 2016.4.2）。
本田由紀（2005）『若者と仕事――「学校経由の就職」を超えて』東京大学出版会。

本田由紀(2014)『社会を結びなおす——教育・仕事・家族の連携へ』岩波書店。
加藤美帆(2012)『不登校のポリティクス——社会統制と国家・学校・家族』勁草書房。
宮本みち子(2012)『若者が無縁化する——仕事・福祉・コミュニティでつなぐ』筑摩書房。
文部科学省(2015)「平成27年度学校基本調査（確定値）の公表について」
　(http://www.mext.go.jp/component/b_menu/other/__icsFiles/afieldfile/2016/01/18/1365622_1_1.pdf, 2016.8.14)。
日本私立学校振興・共済事業団「平成27 (2015) 年度私立大学・短期大学等入学志願動向」
　(http://www.shigaku.go.jp/files/shigandoukou271.pdf, 2016.4.2)。
日本学生相談学会「学生の自殺防止のためのガイドライン」
　(http://www.gakuseisodan.com/wp-content/uploads/2014/05/ceacf5f7b0ba9e9d81fa02bb41384821.pdf, 2016.4.2)。
野波侑里・近藤伸彦・玉本拓郎(2011)「初年次生の大学生活への適応に関する調査報告（1）」『大手前大学論集』12, 227-243。
鈴木翔(2012)『教室内カースト』光文社。
佐々木正美・梅永雄二(2010)『大学生の発達障害』講談社。

第6章
若者を取り巻く雇用環境と社会的孤立
―― 非熟練・低所得・無職の若者の孤立と就労支援 ――

菅　加子

　この章では多くの大人にとって社会との最大の接点である"働くという視点"からの社会的孤立，その中でも特に未来を担う若年層の雇用環境とそこから生み出されていく社会的孤立の問題を取り上げることとする。

　若者の社会的孤立の背景としては，①IT社会が発達し，若者層を中心にコミュニケーションのあり方が，リアルな対面からメールやインターネット上のバーチャルコミュニティへと大きく変化したことにより，いつでも誰とでもつながれる反面，一方的につながりを断ち切って孤立を選ぶことができるというリスクが高まったこと，②若者の経済的・精神的自立が遅れ，大人に移行する期間が長期化したことにより，労働参加が難しく，経済的自立がますます困難になり，将来の社会的孤立につながるリスクを孕むようになったこと，が挙げられる（土堤内昭雄，2010）。ここではその背景を論議するというより，この背景を背負った今の若者たちが，学校を卒業し社会に出る時点で，仕事という社会の居場所を見つけられずに漂流し，社会的孤立に陥っていく状況に焦点を絞って見ていくことにしたい。

第1節　働いていないと孤立する社会

(1) 社会的弱者に転じた若者

　宮本みち子は，2002年に日本の若者が社会の敗者の地位に追い込まれる崖っぷちに立っていると論じ，これは社会的構造の問題であり，早急に手を打たねばならないと警鐘をならした（宮本みち子，2002）。戦後日本は，「学校・企業・家族の三位一体」の社会構造に支えられ世界に類を見ない高度経済成長を遂げ

た。しかしこれも永遠に続くものでなく、バブル崩壊、世界経済環境の悪化や日本列島総不況などから1990年代以降、企業は人件費をコストとして認識し、中高年のリストラ、採用の抑制、非正規雇用の採用を急激に推し進めた。結果、「学校・企業・家族の三位一体」の社会システムはゆらぎ、特に青年期から成人期への移行に困難を抱える若者が増加したのである。80年代には「独身貴族」、90年代初めには豊かなモラトリアム期を謳歌する「パラサイト・シングル」（山田昌弘, 1997）と名付けられた豊かな消費のリーダー層であった若者たちが、経済的な「社会的弱者」に転じたのである。そしてその後の20年間で、ますますその傾向は顕著になってきている。

（２）「若年無業者（ニート）」の孤立した状況

日本の「若年無業者（15～34歳の非労働力人口のうち、家事も通学もしていない者）」の数は、2002年に64万人と大きく増加した後、60万人台の横ばいで推移していたが、2014年には56万人と前年より4万人減少した。若年層の人口そのものが減少していることを考慮すると、若年無業者数がわずかながら減少しているのは当然であり、該当人口に占める割合は長期的にみると緩やかな上昇傾向にある。さらに気になる課題としては、無業のまま年齢を重ねた30代の「高齢ニート」が漸次増加傾向にあることである（図6-1, 図6-2）。

そして、NPO法人育て上げネット（2014）の『若年無業者白書――その実態と社会経済構造分析』では、「彼らの孤立した状態」が取り上げられ、「働いている」ことと「ソーシャル・キャピタル」のつながりの大きさが報告されている。ここでの調査母数は若者向けの就労支援機関に来所した若者で、彼らは仕事に就けない状態の「若年無業者」である。就労支援機関に来所しているので、完全なひきこもり状態の青年は含まれていないが、無業状態の若者は「友人や知人などと一緒にいることが多いか」という質問に対して、求職に対する意識や姿勢の如何にかかわらず、約90％が「いいえ」と解答している。また、「求職型」の若者でも40％以上が、「非希望型」と「非求職型」では60～70％が、ほとんどの時間を自宅で過ごしており、社会との関係性の中に身を置いて

第6章　若者を取り巻く雇用環境と社会的孤立

図6-1　若者無業者数の推移

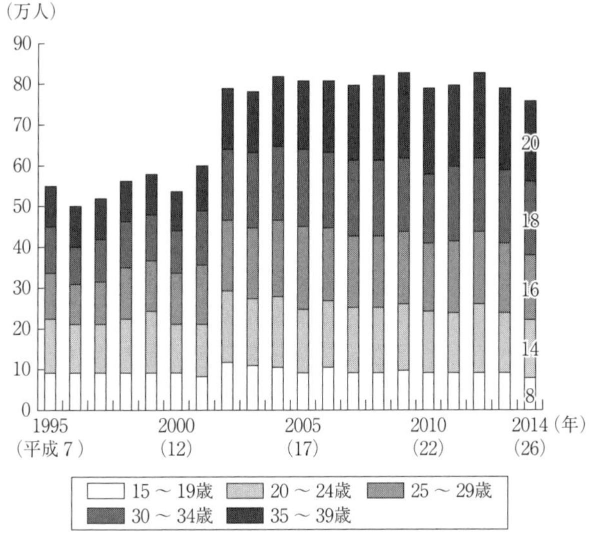

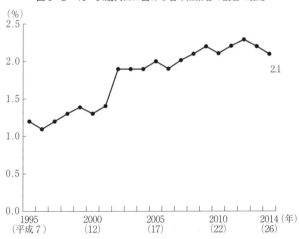

　　　□ 15～19歳　□ 20～24歳　■ 25～29歳
　　　■ 30～34歳　■ 35～39歳

注：総務省「労働力調査」若年無業者数。
出所：内閣府（2015）『平成27年版　子供・若者白書』38。

図6-2　15～34歳人口に占める若年無業者の割合の推移

出所：図6-1と同様。

表6-1　若年無業者の日々の過ごし方

質問		友人や知人と会うなど，集団でいることが多い				ほとんど家で過している			
タイプ		求職型	非求職型	非希望型	合計	求職型	非求職型	非希望型	合計
YES	人	124	59	21	204	304	435	205	944
	%	16.9	9.3	6.0	11.9	41.5	68.4	58.4	54.9
NO	人	609	577	330	1516	429	201	146	776
	%	83.1	90.7	94.0	88.1	58.5	31.6	41.6	45.1
合計	人	733	636	351	1720	733	636	351	1720

出所：NPO法人育て上げネットと立命館大学が2012-2013年協働実施の「若年無業者実態調査」をもとに筆者作成。

いないことが明らかになった（表6-1）。「仕事をしていない」ということは，「ソーシャル・キャピタル」を減退させ，つながりや社会的な居場所を喪失した状況となることが推測される調査結果であり，現代は「働いてないと孤立する社会」といえよう。

　高校や大学も，そこに居場所を見つけられない生徒たちの「中途退学，不登校やひきこもり」の増加という問題を抱えているのだが，さらなる問題として，卒業というかたちで学校という所属する場所を押し出された若者が，次の「社会的な居場所」を見つけられずに，つながりを失い孤立していく可能性は容易に推測される。また終身雇用制が崩壊し「学校・企業・家族の三位一体」の社会システムが機能不全となった現在，今は仕事に就いていても，仕事を失い無業となり「社会的に孤立」していく可能性は，若者層から働き盛りの中堅層，高年齢層まで皆に等しく起こりうることである。この三位一体の社会システムしかない今の日本では，無業であることに起因する「ソーシャル・キャピタル」との断絶は非常に大きいものである。

第2節　学校から仕事への接続の問題

　では次に，この章で取り上げている若者層が学校を出た後，どのくらいの割

第6章　若者を取り巻く雇用環境と社会的孤立

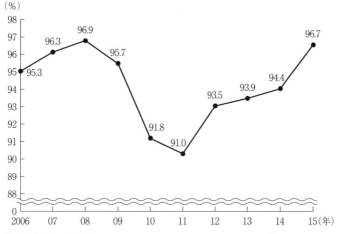

図6-3　新規大学卒業者の就職率の推移

注：各年4月1日現在。
出所：文部科学省および厚生労働省による「就職状況調査」をもとに筆者作成。

合で社会に居場所（多くの場合は就職というかたちで）を見つけ，一方，孤立するリスクの高い無業状態にあるのかを数値的に見ていく。

（1）就職率は高い水準に見えるが……

　2006年からの10年間の「新規大学卒業者の就職率の推移」は図6-3の通りで，新卒一括採用という採用慣行もあって，新規大卒者の就職率は例年90％超という水準で推移している。さらに，景気回復により企業の採用意欲が増し，2015年春の新規大卒者の就職率は96.7％と，リーマンショック以降落ち込んだ就職率が4年連続で回復し，それ以前の2008年4月のピーク（96.9％）にほぼ並んだ。一部の企業では，優秀な新卒の確保に懸命であることなども報じられており，この数値だけを見ていると，若者が社会に出て仕事に就くことに，あまり問題はなさそうに感じられるかもしれない。しかし，就職率だけを見ていては，無業に陥っていく若者の実態はつかめないのである。

　2014年の4月時点のデータではあるが，推計2万3000人が就職を希望しながら就職が決まっていないと報じられていた。しかし，この数字には，内定が取

91

表6-2　大学等高等教育卒業者の就職状況

区　分		就職希望率	就職率	参　考 前年度卒業学生の就職率 （2015.4.1現在）
大　　　学		74.0%（　　1.3）	97.3%（　　0.6）	96.7%
うち	国公立	53.2%（　▲1.1）	97.1%（　▲0.6）	97.7%
	私　立	84.3%（　　2.4）	97.4%（　　1.1）	96.3%
短　期　大　学		81.3%（　　2.5）	97.4%（　　1.8）	95.6%
高 等 専 門 学 校		62.0%（　　5.7）	100.0%（　　0.0）	100.0%
計		73.8%（　　1.7）	97.5%（　　0.8）	96.7%
専修学校（専門課程）		87.9%（　▲3.4）	97.0%（　　2.3）	94.7%
専修学校（専門課程）を含めた総計		75.1%（　　1.2）	97.4%（　　0.9）	96.5%

注：2014年4月1日現在。
出所：文部科学省・厚生労働省調査「平成26年度大学・短期大学・高等専門学校及び専修学校卒業者の就職状況調査」2016年4月1日現在。

れずにやむなく留年した学生，大学院進学を選択した学生は対象外となっているため，実際は，就職を希望したが決まらなかった若者はもっと多く存在すると考えられる。さらに，最初から就職を諦めたり，就職を希望しなかった若者もかなりの割合で存在するのである。

　就職率とは，卒業生のうち就職を希望する者を母数とする比率であり，この就職を希望する者の比率（就職希望率）自体が，経済・社会環境に起因する時代の空気感，社会への期待や不安が色濃く投影されており，不況で就職戦線が厳しい時には就職希望率は低下している。近年では，大学生等卒業者の就職希望率は2000年4月1日現在の比率が最も低く63.6％であった。この年は，多くの企業が減収減益であった1998年の日本列島総不況をようやく脱したが，企業のリストラが本格化し失業率は悪化。景気が回復傾向にあっても雇用が増えない「仕事なき景気回復」といわれた時代である。ここ数年は景気回復による企業の採用意欲の高まりを反映し，就職希望率は70％（表6-2）を超えているものの，毎年，全体の30％弱の若者が就職というかたちで社会に出ようとはし

第6章　若者を取り巻く雇用環境と社会的孤立

図6-4　高等教育（大学・短期大学・高等専門学校）に学んだ若者の進路

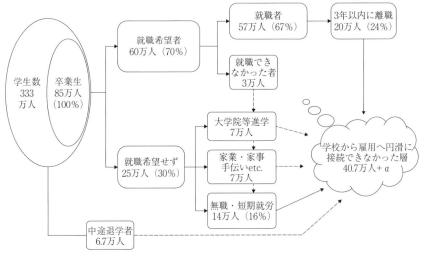

注：2010（平成22）年3月の卒業生。
出所：内閣府（2012）「若者雇用を取り巻く現状と問題」1頁をもとに筆者作成。

ていないのである。もちろん，就職だけが全てではないし，この層には大学院への進学，留学，家業・家事手伝い等の理由で就職を希望しなかった人たちが含まれているのだが，就職を希望しない層の約半数が，新卒当初から無職か短期就労という状況に留まっているのが実態である（図6-4）。

（2）新規大卒就職者の早期離職率は依然として30％超え

さらに，苦労して就職しても3年以内の早期に離職する若者が多数存在する。3年以内に辞める若者の離職率は，1995年ごろから10年余りにわたって高い水準で推移し，中卒者で7割，高卒者で5割，大卒者で3割に上ったことから「7・5・3問題」と呼ばれてきた。最新の厚生労働省の発表では，2012年3月に卒業した新卒者の入社3年以内での早期離職率は，中卒者65％，高卒者40％，大卒者32％と報じられている。新規大卒就職者の早期離職率は2004年以降は減少傾向にあったが，2010年からは再び増加傾向に転じ，依然として30％を超えている（図6-5）。

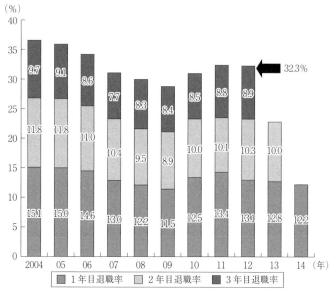

図6-5 新規大学卒業就職者の離職率の推移

出所：厚生労働省（2015）「新規学卒者の在職期間別離職率の推移」をもとに筆者作成。

　株式会社カイラボが実施した早期離職した若者へのインタビュー調査結果をまとめた『早期離職白書2013』によると，社会全体として憂慮すべき傾向が見られる。ポジティブな早期離職はほんのひとにぎりで，3年以内で離職した若者の67％は退職企業に対してネガティブな印象をもち，16％が退職企業において休職を経験しているという結果になったとある。この休職はいわゆる「うつ病」などの精神疾患が原因であり，さらに休職制度がないなどの理由で，「うつ病」と診断されながら休職をしなかった人たちを勘案すると，3年で辞める若者の20％前後は精神疾患を患っているのではないかと，この白書では推測している。これだけで全体を論じることはできないが，この調査結果は，現代社会における若者の孤立の断面をうかがわせる重要なものと考える。

　早期離職の原因として，第三者的に「ゆとり教育による弊害」「マネジメント不足」「企業と学生のミスマッチ」などの議論がなされているが，ここには

早期離職をせざるをえなかった若者の声は聞こえてこない。若者の離職理由の主なものは，表6-3の通りで，1位は「給与の不満」であるが，次いで「仕事上のストレス，会社の将来性・安定性が不安，労働時間の長さ，仕事のきつさ，人間関係のつらさ」の項目が上位を占め，先の『早期離職白書2013』による3年で辞める若者の20％前後は精神疾患を患っているのではないかとの推測につながっていく項目が上位に挙がってきている。

この調査が実施された時期は2006年であり，現在までにすでに10年が経過している。しかし，傾向は今日でも変わらず，いわゆるブラック企業問題が日本の大きな社会問題，政府の政策的課題ともなっている現在，ここに現れている上位退職理由により退職する比率はますます高まっていると予測される。今こそ，『早期離職白書2013』における調査のように早期離職者に対して詳細なインタビューを積み重ねて，個別事例から新たな予兆と全体傾向を把握していく検証が必要であろう。と同時に，忘れてならないのは，この実態を現実のものとして直視し，挫折した若者を支援する施策の実践を通して，この状況を生み出している今の日本の社会システムそのものを変革していくアプローチの必要性ではないだろうか。ここには行政・教育・福祉・医療・企業など，さまざまな分野の連携が必要であり，まさに「ソーシャル・キャピタル」という概念で説明される新しい社会的ネットワークの構築が必要である。この実践例については，第3節で触れることとする。

表6-3 若者の離職理由（上位項目）

退職理由	回答率（％）
給与に不満	34.6
仕事上のストレスが大きい	31.7
会社の将来性・安定性に期待がもてない	28.3
労働時間が長い	26.9
仕事がきつい	21.7
仕事が面白くない	21.0
職場の人間関係がつらい	20.4
キャリアアップするため	19.4
昇進・キャリアに将来性がない	18.5
会社の経営者や経営理念・社風が合わない	17.9

（複数回答）

出所：独立行政法人労働政策研究・研修機構（2006年実施）の「若年者の離職理由と職場定着に関する調査」をもとに筆者作成。

（3）多くの若者が学校を出ても雇用へと円滑に接続できていない日本

　これまで就職率や早期離職という側面から若者の雇用環境の実態を見てきたが，では全体として学校を卒業した若者がどのように社会に出て行っているのか，「ソーシャル・キャピタル」を得られず孤立する危険性の高い無業層はどのくらい存在するのか．少し前のデータを用いた推計であるが，政府が2012年3月に開いた「雇用戦略対話」の報告資料を引用して，学校から仕事への接続の状況を構造化して見てみよう．中学，高校，大学とそれぞれの教育機関に在学した若者が卒業し社会に出る状況から，「学校から雇用へ円滑に接続できなかった層」をまとめた内閣府の「学校から仕事への接続状況〜平成22年3月の卒業生〜」を参考に，ここでは高等教育（大学・短期大学・高等専門学校）に学んだ若者を取り上げて，その進路別に安定した職に就けていない層を構造的に見えるように表した（図6-4）．

　2010年春の大学・専門学校の卒業生は85万人で，そのうちで就職した人は57万人であるが，その3分の1以上，卒業生の24％の20万人が最初の就職先を3年以内の早期に退職している．そしてこの早期離職の若者の20％前後は精神疾患を患っている可能性があるという推測データもある．また，約14万人（卒業生の16％）が無職・短期就労（パート労働やアルバイトなどの非正規雇用）にとどまっているが，ここには最初から就職を希望しなかった層と就職を希望したができずに結果的に無業となった層が混在していると考えられる．この結果，中退者も含めて推計すると，大学や専門学校に進学した者の半数近くの40万人以上，つまり2人に1人が，無職もしくは安定した職に就いていないという不安定な状況に置かれている．

　さらに，高卒者ではより厳しい状況にある．卒業生115万人のうち大学・高等専門学校などに進学しなかったのは35万人（30％）で，その内の就職した18万6000人の中の7万5000人（40％）が3年以内に離職するほか，無職・短期就労の者が10万7000人もいる．そこに中途退学者の5万7000人を含めると約24万人（進学しなかった者の68％），3人に2人が安定した仕事に就いていないのである．

第6章　若者を取り巻く雇用環境と社会的孤立

　このような状況がほぼ毎年繰り返されており，今の日本社会では就職率からイメージする以上に，多くの若者が学校を出ても雇用へと円滑に接続できず，安定した職に就けていない状況にあること，そして，彼らが社会的に孤立するリスクの高い層だということが，これまでの流れからおわかりいただけるだろう。

（4）年々増加する非正規雇用者

　上記で述べた，学校から雇用へと円滑に接続できなかった若者は，その多くが「ニート」と呼ばれる若年無業者か「フリーター」と呼ばれるパート・アルバイトという雇用形態で働く状態にあるが，ここでは，日本における雇用形態に注目して，若者の雇用を取り巻く現状を把握し，彼らの社会的孤立の側面を捉えてみたい。

　バブル崩壊以降の雇用情勢の悪化の中で，非正規雇用で働く労働者（有期契約労働，短時間労働者，派遣労働者）の割合は増加の一途を辿り，2015年には雇用者全体（役員は除く）5284万人の約37％に当たる1980万人に達し，過去最高の水準となっている（図6-6）。

　若者の非正規雇用労働者の比率は図6-7の通りであるが，特に15～24歳の初めて社会に出る若年層において，1993年からの10年間で，その比率は大きく上昇している。1993年からの前半の5年間はバブル崩壊による景気後退期であり，後半の5年間は総不況をようやく脱したが，企業はリストラを本格化し失業率は悪化，雇用形態を正社員から非正規雇用に置き換える動きが加速した時代であった。社会の経済状況とそれに合わせた経営変革をせざるを得なくなった企業が，これまで毎年，新卒を一括採用し，各企業の風土に則した職業人へと若者を育て上げていた孵卵器の役目をどんどん放棄していったのである。ここ数年の景気回復を背景に，近年は正社員採用数が増加したこともあり，若者における非正規雇用比率は若干低下しているが，依然として非正規雇用の若年者（在学中を除く）は2015年で394万人と，若年雇用者全体の約28％に及ぶ（表6-4）。

第Ⅱ部　社会的孤立の現状と課題

図6-6　非正規雇用労働者の雇用形態別の推移

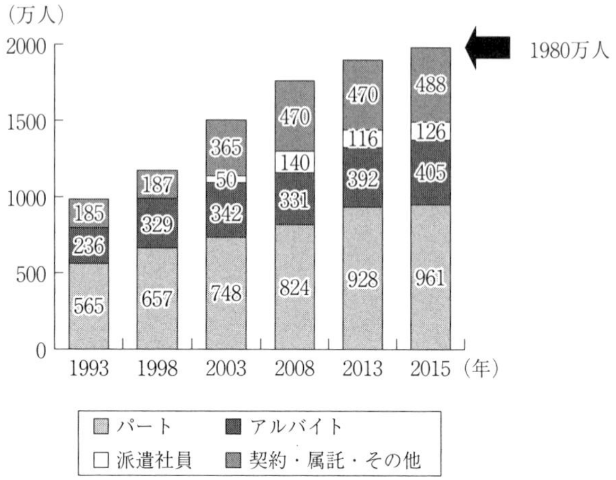

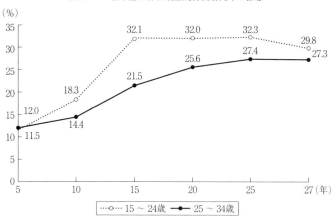

出所：総務省「労働力調査（特別調査）」（各年版）をもとに筆者作成。

図6-7　若年層の非正規雇用労働者比率の推移

出所：総務省「労働力調査（特別調査）」（各年版）をもとに筆者作成。

　さらに，非正規雇用労働者として働き出した若者は，正規労働者として働くことを希望しても，それが非常に困難な状況に直面している。それは，企業の正規労働者の新規採用がやはり依然として新卒採用が一般的になっているためである。「平成25年若年者雇用実態調査」（厚生労働省）によると，最終学校か

表6-4 若年層の非正規雇用労働者数(2015年)

	15～24歳(在学者除く)		25～34歳		合 計	
	人数(万人)	率(％)	人数(万人)	率(％)	人数(万人)	率(％)
正規雇用	245	70.2	772	72.7	1017	72.1
非正規雇用	104	29.8	290	27.3	394	27.9
合 計	349	100.0	1062	100.0	1411	100.0

出所：総務省(2015)「労働力調査」年齢階級別正規雇用者数・非正規雇用者数より筆者作成。

ら1年間の若年非正規雇用労働者と若年無業者は全体の約30％で，このうち約47％が正社員への転換を希望しているが，正規労働者として採用されるのはわずか35％と報告されている。30代の大卒男性の場合は正規雇用の確率はまだ高いが，これより若く経験やスキルが十分ではない世代の場合，20代後半の男性でも正社員になるのは難しく，女性や低学歴層では，正規雇用への転換比率はより一層厳しくなっている。

(5) 事例：社会的関係性に乏しく，社会に出るという認識も準備できていないAくん

関西の有名国立大学の経済学部4年生の男子学生Aくん。就職が決まらない状態が続きすっかり自信を失い就職活動も止めていたが，就職課の職員に言われて重い腰を上げてやって来た就職イベントの相談会で，キャリアカウンセラーと面談することになった。

体格も顔立ちも立派で，最初の挨拶もしっかりとした好青年であった。しかし，面談を進める中で，次のようなことがみえてきた。

①中学受験で有名私立の中高一貫校に入ったが，思うように成績が伸びず，挫折。劣等感のためあまり友人とも交わらず部活動もしていない。東都大学や京都大学に進学できなかった自分を負け犬だと感じている。劣等感とプライドや優越感が交互に顔を出す。

②高校受験や大学受験と同じ感覚で，就職を捉えている。偏差値の高い大学

に在籍している自分に見合った，有名企業を志望し，内定も取れるものと思っていた。

③大学は自宅から通い，専業主婦の母親が一人息子の世話を完璧にしてくれる。アルバイトは派遣家庭教師に登録したが，生徒や親との対応が苦手で2〜3人を1〜2か月ほど引き受けたのみ。サークル活動も3か月ほどで辞めて，良いゼミに入るためにきちんと授業に出て，良い成績をとるように頑張ったと，得意げに語る。

④有名企業の面接で，なぜ落ち続けているかわからない。企業に問い合わせたが，ご縁がなかったとしか言ってくれない。企業の対応は卑怯であると怒る。当初は落胆の気持ちや恥ずかしさを我慢して就職活動を続けたが，嫌になり6月ごろから引きこもっていた。今は留学か大学院への進学を考えているが，親には言えない。

⑤上記のことを語っているうちに，彼は「自分には何も良い所はない……」「親も本当は，内定を取れない息子を恥ずかしいと思っている！」「疲れた……」と，泣き出した。

（6）ソーシャル・キャピタルの乏しさに起因する問題

21歳の大学生Aくんの価値基準は，学業成績と親を中心とする他人の評価だけで，社会に出る，就職するということも，彼にとっては大学入試の延長線上の意識しかない幼さがある。面談を進めるうちに，彼の「ソーシャル・キャピタル」の乏しさと，そこに起因する精神的未熟さに，呆然とする思いであった。「社会に出る」ということ，自分の人生や将来を模索する経験，それを指導・支援する人にも出会わず，社会に出る準備が決定的に不足している彼には，この短時間のキャリアカウンセリングでは気持ちを吐き出してもらうのが精一杯であった。

実は，Aくんようなケースは決して珍しいものではない。大学においても，学生の不適応が増加したり精神的健康が悪化する状況があり，そのためのさまざまな取り組み（入学時ガイダンスの工夫，ピアサポーター制度，学生相談機関の

拡充，キャリア支援室の設置，等）が各大学で行われている。そして，これらの取り組みが，「ソーシャル・キャピタル」の観点から調査・分析がされている（坂本真士ほか，2013）。学生にとってはキャンパスが重要な生活空間であり，学生のキャンパス生活における「ソーシャル・キャピタル」の実態と健康や適応との関連を調べることは，現状からは非常に有意義だと考える。さらにこれが進展し，大学内に留まらないキャンパスと社会とのブリッジを意識した，大学生の「ソーシャル・キャピタル」を高めるための取り組みになることで，A君ような青年の気づきが早まるのではないだろうか。

第3節 「ソーシャル・キャピタル」の発想で意識・行動変革を

　「仕事をしていない」ことが，「ソーシャル・キャピタル」を減退させ，社会的な居場所を喪失した状況となる現代は，「働いていないと孤立する社会」であるといえることから，若者の社会的孤立を解消するには，何よりも若者の労働参加を支援することが重要だと考える。その基盤として，まず若者の雇用拡大に向けて，経済が活性化され，働きがいのある質の高い雇用が創出されるよう，成長戦略が一体的かつ強力に推進されていく必要があるのはいうまでもないことである。それと同時に，教育機会や労働参加の機会を保障する社会的な仕組みや制度が構築されなければならない。例えば，親の経済問題により高校中退をせざるを得ない若者などは，外的環境のために不利な状況に置かれているため，生まれ育つ家庭の経済環境にかかわらず一定の社会サービスを享受し，公平なスタートラインに立てることを保障する制度や仕組みが，まず必要であろう。

　2009～2012年に実施された「雇用戦略対話」の中で，若者雇用についてはワーキンググループにより，「若者雇用戦略」が合意事項として報告されたが，その中で「自ら職業人生を切り拓ける骨太な若者への育ちを社会全体で支援する」という基本方針が掲げられており，そこには，次のように記されている。

若者雇用を取り巻く環境は厳しい状況が続いている。このような厳しい環境の中にあって，若者が我が国の将来の中間層に育っていくためには，若年期が「適職探しの時期」であり試行錯誤はあっても，それぞれが置かれた状況に応じて，自ら職業人生を切り拓いていくことができる力—即ち，社会人として自立して生きていくために必要な能力・態度や望ましい職業観を持ち，自分にあった職業を見つけ（A．キャリア教育の役割），その職業に必要な能力を身に着け（B．キャリア・アップ支援の役割）その能力を活かした仕事を探すことができる力（C．マッチングの役割）—を持った骨太な若者に育っていけるよう，雇用戦略対話に参加する政労使・産学を始め，社会全体で支援していくことが重要な政策である。（注：A．B．C．は筆者付記）

さらに若者の非正規雇用の割合が大幅に増加している点についても，正規・非正規のいずれの雇用においても，若者の育ちを支援することと併せて，若者が働き続けられる職場環境を実現することが重要であるとしている。新成長戦略の目標年次である2020年を見据え，「フリーター半減」の確実な達成やキャリア教育の原則初年次からの実施等，抜本的な対策を中長期戦略として計画的かつ着実に推進していくため，「雇用戦略対話」の下に，労働・産業・教育の各界の有識者・政府で構成される「若者雇用戦略推進協議会」を設け推進するとしている。そして，上記のA．B．C．に対応した具体的施策が表6-5のように列挙されているが，そのいずれにおいても，労働界・産業界・教育界・有識者・政府の連携なしには考えられないものである。

若者が社会の一員として社会参加しながら生きていく力を身につけ，同時にそれを発揮する機会を得て成長していくことは，制度やシステム構築だけでは実現しないだろう。しかし制度やシステムの設計・構築にも，同じビジョン実現に向けて，価値観を揃えて，従来の規制の枠にとらわれない発想が必要になる。正にそこに求められるのが，連携ということばを超えた「ソーシャル・キャピタル」という発想の下で，一つひとつの施策に魂を入れ実践していく広い意味での「ソーシャルワーク」が求められるのである。「社会に出る」とい

表6-5 「若者雇用戦略」における具体的施策

A. 機会均等・キャリア教育の充実
①就学支援による貧困の連鎖の防止
②高校・大学におけるキャリア教育の原則初年次からの実施
③キャリア教育の充実
④地域連携のキャリア教育支援
⑤グローバル人材の育成
B. キャリア・アップ支援
①フリーター半減の確実な達成
②ステージに応じた伴奏型支援の制度化
③「全国全ての地域でのサポートステーションのサービス提供」と「訪問支援・学校との連携による切れ目のない支援」
④わかものハローワーク等における職業訓練等の一元管理と最適メニューへの確実な橋渡し
⑤地域における起業等への支援
⑥実践キャリア・アップ戦略の本格展開・対象業種の検討
⑦産学官の連携強化による実践的な職業教育の充実
⑧大学・専門学校等における社会人の学び直し等のニーズに対応した学習機会の提供
⑨若者が働き続けられる職場環境の実現,非正規雇用の労働者のキャリア・アップ支援
C. 雇用のミスマッチングの解消
①学校とハローワークの完全連結
②中小企業就職者の確保・定着支援
③中小企業とのマッチング支援
④積極的な就職関連情報公開による求職活動の効率化
⑤既卒3年新卒扱いの標準化

出所：内閣府「若者雇用戦略」をもとに筆者作成。

うことは「社会とつながる」ということであり，若者の自立を促し，孤立させない社会の実現をめざすには，人と人がつながり双方向に学び，相互に支援しあえる社会システムの構築に向けた意識改革，行動改革が必要である。その意識改革，行動改革のキーワードが，「ソーシャル・キャピタル」という考え方ではないだろうか。OECDではこの概念を，「グループ内部またはグループ間

での協力を容易にする共通の規範や価値観，理解を伴ったネットワーク」と定義しているが，ここで，第2節第2項早期離職のところで触れた，ブラック企業対策として，「ソーシャル・キャピタル」という概念で捉えることができる，新しい社会的ネットワーク「ブラック企業対策プロジェクト」の実践例について紹介したい。

「ブラック企業対策プロジェクト」とは，職場で法が遵守される社会，ブラック企業によって若者が使い潰されることのない社会をめざして2013年9月に設立された団体である。労働組合，労働NPO，弁護士，生活困窮者支援団体，過労死・自死問題に取り組む団体，精神科医，キャリアカウンセラー，学校関係者，人事コンサルタント，社労士，研究者など幅広い層が参加しており，共同代表は「NPO法人POSSE代表」の今野晴貴氏，「NPO法人ほっとプラス代表」の藤田孝典氏，弁護士の棗一郎氏が務めている。活動は①教育・就職，②相談，③福祉・医療，④人事，⑤広報の5つのユニットで実践しており，ブラック企業による被害の実態についての調査や報告，被害者の法的権利実現のための政策提言，若者に対しブラック企業の具体的な見分け方や対処方法の発信を行いながら，学生や親の参加も促し，ブラック企業問題の理解と意識を社会全体に広めようとしている。

このプロジェクト設立意図の中で，ブラック企業問題は，親（家族制度），教師（学校・教育制度），福祉，医療等，さまざまな分野における日本社会の構造とつながっており，社会問題であるこの問題の解決には，社会システム全体に立ち向かう，新しい社会のネットワークが不可欠だと，述べられている。この新しい社会のネットワーク発想こそが，「ソーシャル・キャピタル」であるといえる。

政府の主導で提案された「若者雇用戦略」に掲げられている一つひとつの政策は目新しいものではないが，全てが政策間の連動や産学官の幅広い連携はもとより，学生，親，教師，ソーシャルワーカー，企業のトップ・人事等，一人ひとりが「若者（自分）がどう自立していくのが幸福か」を模索し，それを実践していく意識変革，行動変革が求められているのではないだろうか。「孤

立」の問題は，若者の孤立にかかわらず全て日本社会の構造の歪みが生み出すものである。個々の局面に対処する真摯な「ソーシャルワーク」の実践を通して，「ソーシャル・キャピタル」の発想で，かかわる人々の意識変革，行動変革を引き起こしていく運動体であることが求められていると考える。

　私が活動する「一般社団法人PENSEE」もさまざまな仕事をもちながら，真に役立つキャリアカウンセリングをめざす仲間が，「ソーシャル・キャピタル」の発想でキャリアカウンセリングに取り組み，かかわる人々の意識変革，行動変革を引き起こしていく運動体として活動し，幸福で活力ある社会の実現をめざしている。新たな幸福モデルの模索が続く現代日本社会において，道筋が見えないまま自分探しの迷走をしている若者，早期離職せざるをえなかった青年，企業のリストラで職探しに追い込まれた働き盛りの人々，さまざまな人のキャリアカウンセリングを通して，現在の社会問題に向き合っている。起業，大学，医療・介護機関，家庭と，いろいろな分野の人々との仕事を模索しながら，ビジョン・価値観を伝え，同じ志をもった人々と連携し，仲間を増やしながら運動体として活動を進化させていきたい。日々の実践はキャリアカウンセリングやキャリア教育を通して，一人ひとりの方に「傾聴の心」をもって真摯に向き合うことであるが，「ソーシャル・キャピタル」という発想で，社会の一隅から発信とムーヴメントを起こすことが，ビジョン実現への道だと確信している。

引用・参考文献
荒井千暁(2007)『勝手に絶望する若者たち』幻冬舎。
浅野智彦編(2006)『検証・若者の変貌──失われた10年の後に』勁草書房。
土堤内昭雄(2010)「若者の社会的孤立について──公平な人生のスタートラインをつくる」ニッセイ基礎研究所レポート。
玄田有史(2013)『孤立無業（SNEP）』日本経済新聞出版社。
本田由紀(2014)『社会を結び直す──教育・仕事・家族の連携へ』岩波書店。
稲泉連(2013)『仕事漂流　就職氷河期世代の「働き方」』文藝春秋。
稲泉連(2007)『僕らが働く理由，働かない理由，働けない理由』文藝春秋。
飯島裕子(2011)『ルポ若者ホームレス』筑摩書房。
金井壽宏(2006)『働くみんなのモティベーション論』NTT出版。

今野晴貴・棗一郎・藤田孝典・上西充子・大内裕和・嶋崎量・常見陽平・ハリス鈴木絵美(2014)『ブラック企業のない社会へ——教育・福祉・医療・企業にできること』岩波書店.
工藤啓(2012)『大卒だって無職になる——"はたらく"につまづく若者たち』角川グループパブリッシング.
三浦博文・渋井哲也(2007)『絶対弱者——孤立する若者たち』長崎出版.
宮本みち子(2002)『若者が《社会的弱者》に転落する』洋泉社.
宮本みち子(2012)『若者が無縁化する——仕事・福祉・コミュニティでつなぐ』筑摩書房.
内閣府(2012)「若者雇用を取り巻く現状と問題」雇用戦略対話(第7回).
内閣府(2012)「若者雇用戦略について」雇用戦略対話(第8回).
NHKスペシャル取材班(2012)『無縁社会』文藝春秋.
西田亮介・工藤啓著, NPO法人育て上げネット編(2013)『若年無業者白書——その実態と社会経済構造分析』バリューブックス.
大久保幸夫編著(2002)『新卒無業——なぜ, 彼らは就職しないのか』東洋経済新報社.
坂本真士・芳賀道匡・高野慶輔・西河正行(2013)「学生のソーシャル・キャピタルを高めるための大学の取り組み——大学教員への質問紙調査」『日本大文理学部人文科学研究所研究紀要』86, 151-171.
鈴木弘輝(2012)『生きる希望を忘れた若者たち』講談社.
山田昌弘(1997)「増殖する寄生シングル——親元でリッチな生活, 非婚化・少子化を助長」『日本経済新聞』2月8日付夕刊.
山田昌弘(1999)『パラサイト・シングルの時代』筑摩書房.
山田昌弘(2013)『なぜ日本は若者に冷酷なのか——そして下降異動社会が到来する』東洋経済新報社.
城繁幸(2008)『3年で辞めた若者はどこへ行ったのか——アウトサイダーの時代』筑摩書房.

第7章

高齢者の孤立
―― 孤独死を出さない見守りネットワーク ――

種村理太郎

　2013年に高齢化率が25％を超え，今後3人に1人は高齢者である社会になると見込まれており，高齢者の社会的な孤立は深刻な状況になっている。介護保険制度を中心とした地域包括ケアシステムにおいて，地域包括支援センターを地域の中核的機関として位置づけているが，社会的孤立にある高齢者は極めて支援を必要とする存在でもある。しかし，そのような高齢者は自身で助けを求めることを躊躇することも多く，支援が必要な高齢者に必要な支援が行き届かないもどかしさを現場では感じているだろう。その中で，地域の支援体制での高齢者支援の経験値を蓄積させていくための方法として地域ケア会議に焦点を当て，ソーシャルワークによるソーシャル・キャピタルの蓄積を図ることを検討していく。

第1節　高齢者の孤立の現状

（1）人口動態

　『平成27年版高齢社会白書』によると，65歳以上の高齢者人口は3300万人で，高齢化率は26.0％と過去最高となり，男女別にみると，男性は1423万人，女性は1877万人である。また，「平成27年国民生活基礎調査」では，65歳以上の高齢者がいる世帯は2372万4000世帯で全世帯の47.1％を占めている。そのうち「夫婦のみの世帯」が724万2000世帯（31.5％）と最も多く，次に「単独世帯」が624万3000世帯（26.3％），「親と未婚の子のみの世帯」が470万4000世帯（19.8％）と続いている。さらに，その中で高齢者世帯に関しては，「単独世帯」が全体の49.1％（男性15.3％，女性33.8％）を占め，「単独世帯」のうち男

第Ⅱ部　社会的孤立の現状と課題

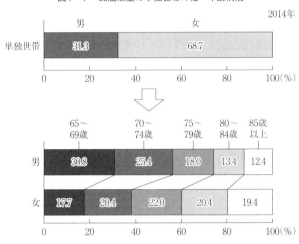

図7-1　65歳以上の単独世帯の性・年齢構成

出所：厚生労働省（2016）「平成27年国民生活基礎調査の概況」5頁。

性が31.8％，女性が68.7％となっている。年代別でみると，男性は65～69歳（30.8％），女性は75～79歳（22.0％）が最も多い年代となっている。このことからも高齢者世帯における単独世帯の多さと男性は比較的低年齢層に独居が多く，女性は各年代に万遍なく独居が存在していることがわかる（図7-1）。

(2) 高齢者の心身状態

『平成27年版高齢社会白書』によれば，高齢者の健康状態として約半数が何かしらの自覚症状を訴えており，さらにその約半数が日常生活に影響があると報告されている。これは年齢層が高くなるほど上昇している。日常生活での具体的な影響としては，「日常生活動作」（起床，衣服着脱，食事，入浴など）や「外出」が多く，その他には「仕事・家事・学業」「運動（スポーツを含む）」などがある。また高齢になるにしたがって，自身の健康状態への否定的な評価が多くなる傾向にあるとのことであった。このように，多くの高齢者は，自身の健康状態に何かしらの不安や不調を抱えながら生活していることがわかり，場合によっては外出や家事などの日常生活に関する行動が制約されてしまう高齢

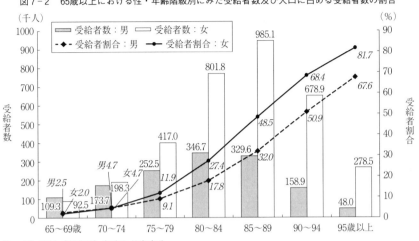

図7-2 65歳以上における性・年齢階級別にみた受給者数及び人口に占める受給者数の割合

注：1）2014（平成26）年度11月審査分。
　　2）各性・年齢階級別人口に占める受給者割合（％）＝性・年齢階級別受給者数／性・年齢階
　　　 級別人口×100。
　　3）人口は，総務省統計局「人口推計（平成26年10月1日現在）」の総人口を利用した。
出所：厚生労働省（2015）「平成26年度介護給付費実態調査の概況」6頁。

者も存在する。また，身体状態の悪化から，介護保険制度の受給者の数は年代別での割合は異なり，年代が高くなるほど，同様に高くなっている（図7-2）。その中には，サービス利用が必要にもかかわらず，利用するまでに至っていない高齢者も存在していると推測される。

　その他にも認知症については，「認知症高齢者の日常生活自立度」Ⅱ以上の高齢者数は2010年時点で約280万人であった。さらに今後，高齢者人口が増加する中で，2025年に約700万人前後になると推計されている（厚生労働省，2015）。また，アルツハイマー型に代表されるように，老年期からの症状ではなく，現役世代での発症も多い。そのため，現役世代での経済的な基盤確保，社会関係の変化などが，その後の老年期の生活課題へと移行していくことも考えられる。また，認知症と並んで，高齢者のうつ病患者も多くなりつつある現在において，高齢者の精神保健福祉分野での対策も必要となってきている。

（3）社会的状況

　高齢者の孤立が起こる背景として，家族ネットワークの希薄化と地域ネットワークの脆弱化が指摘されている（河合克義ほか，2013）。先述のように，65歳以上の高齢者の世帯構造での単独世帯の多さからも日常的な見守りや世話などは家族間によって大きく異なってくるだろう。そのため，近い場所に親族がいなければ，家族介護も見込まれず，自身の力で生活を維持せざるを得なくなる。さらに，自身の心身状態の悪化により，生活に必要な行動がとれない時に，それを代替する者もおらず，介護サービスなどのような公的な制度での支援を待たなくてはならなくなる。このように，家族ネットワークの希薄化に伴い，近隣で家族が世話をできない時，独居高齢者の生活の悪化は急速に進行してしまう。また，子ども世代が都会で生活しており，地方で親世代が生活している場合，子どもが親を呼び寄せることもある。都市部に呼び寄せられた高齢者は，見ず知らずの土地で周りとのつながりもなく，呼び寄せた家族だけが唯一のつながりなのである。そのような高齢者の中には，新たな土地に適応できる人もいれば，そうでない人もいる。さらに呼び寄せたことで，親子間，嫁姑間などの家族関係に変化が生じ，場合によっては悪化することもある。その際に高齢者側の立場で擁護する人がいなければ，高齢者は家族内での大きなストレスにさらされる。

　また近隣住民の支え合いによって高齢者への世話ができればよいが，住民が行っている活動として想定されるものとして，民生委員などによる高齢者の安否確認がある。最近は，このような見守りを拒否する高齢者も珍しくなく，地域でのつながりをつくることに消極的な高齢者も存在する。また高齢者がどこに住んでいるのかなどの情報が，個人情報保護の観点から，地域で活動している担い手に行き届かないこともある。その他にも高齢者にまつわる犯罪が増加している関係で，高齢者が加害者となるケースも増加している。

　以上のようなことから，高齢者の日常生活において何かしらの支障が生じた場合，家族とのつながりがなければ，周りから発見することが困難になりつつある。そのため，支援が必要であるにもかかわらず，対応しない期間が続く

と，より大きな生活課題が生じることにもなるため，高齢者の孤立は看過することができない問題なのである。

第2節　孤独死の捉え方の再検討と住民組織のみの見守りネットワークの厳しさ

(1) 在宅で生活することの意味

　現役世代の時期には意識しなかった在宅生活の難しさが，老年期になると顕著に現れ，社会的な活動やそれに参加する機会が減っていく人々も多くいるだろう。独居高齢者が都市部に多く生活している中で，在宅での独居死と孤立死は根本的に違うことを確認しておかなければならない。独居高齢者であっても，社会的なつながりを多く有しながら，日常生活を営んでいる人々も多くいる。その中で，社会的なつながりが薄く，在宅で最期を迎え，早期に発見されることがなければ孤立死として判断されていく。つまり，高齢者が在宅で生活している以上，看取られながら最期を迎えるという確約もないため，定期的な訪問や顔合わせなどの頻度によって，時間的な経過に差が生じてくるのである。

　また介護事業者などは，月，週単位でのサービス計画で定期的に自宅に訪問することから，その発見の日数などが比較的短いと考えられる（青柳涼子, 2008）。しかし，今まで元気に一人で暮らしていた高齢者であっても，心臓発作などの突発的な症状によって最期を迎えることもあり，入浴中や排泄中などに息を引き取ることも考えられる。このように，高齢者が一人で暮らす以上，常にいつ最期を迎えるかわからないという不安がつきまとう。

(2) 地域の見守りネットワークへの期待と限界

　本来，近隣の住民間において，見守りを行うことは自然なかかわりの中でなされており，互いの顔が見える関係で行われていた。しかし，現在の社会的孤立の状態にある高齢者は，そのような関係での人付き合いが形成されていないことが多いため，周りがその存在を認知できない状態であるか，もしくは出会

う機会をつくれない状態にもなっている。単に見守りだけであれば，電気，ガスなどの生活インフラ企業で行われている長時間の使用がない場合の見守りサービスもある。このようなサービスを利用している場合，万が一，独居死が起こったとしても，早期に発見されることとなり孤立死にはならないといえるだろう。

ただし，それだけでは解決できない問題がある。それは，人間関係としてのつながりには介入されないということである。いくらサービスで緊急時の対応の準備ができたとしても，そのサービスにおいては人的交流は目的とされていないため，人間関係の構築は期待できず，孤立した状態は改善されないままとなる。昨今のセキュリティ付きマンションなどでは，警備上，玄関先まで見守り協力者がたどり着けない事案も多く見られ，外部から接点がもてない場合もある。さらに，自治会加入率の低下により，自治会単位での見守りが中心の地域組織の活動では，未加入者への見守り活動の実施についても課題となっている。

このような地域住民による見守り活動だけでは，社会的に孤立している高齢者への支援を行うことが限界にきている状況もある。地域組織での見守りをするためには，互いが顔見知りの関係や組織に加入しているという前提がある。それらが満たされていない高齢者はその見守りから漏れ落ちることもある。したがって高齢者の孤立を減らすための取り組みとして，地域住民と専門職が協力した支援体制を構築しながら活動を展開する必要性がある。

第3節　「地域包括ケアシステム」における孤立問題への対策

(1) 地域包括ケアシステムとは

近年の高齢者への支援方法として介護保険法にも位置づけられている地域包括ケアであるが，その始まりは，1970年代中ごろからの御調町（現在尾道市に合併）での実践であり，医療と福祉にまたがるケアの実践に名付けたものであるといわれている（高橋紘士，2012）。その当時から，病院から退院した後，在

宅において生活できる環境を整備するために職種間連携のもとで連続した支援体制を築いていた。

御調町で行われたような医療と福祉を統合した支援が全国的に実施されるまでには、さらに時間を要することになる。その後、1997年に介護保険法が制定されたことにより、老人福祉と老人保健の分野の統合が図られ、社会保険制度に介護保険が位置づけられた。2000年に介護保険制度が施行されると、当初の予定を上回るペースでサービスが利用され、保険制度を維持するために保険料の増額が必要となった。そこで継続できる保険制度にするために、介護サービスが必要になる前段階で予防する取り組みが重視されるようになった。2005年の改正時には、①予防重視型システムへの転換、②施設給付の見直し、③新たなサービス体系の確立、④サービスの質の確保・向上、⑤負担のあり方・制度運営の見直しが盛り込まれた。その中で、地域包括ケア体制の整備が提案され、全国各地に相談機関として地域包括支援センターが設置されていくことになった。この改正で、地域包括ケアの文言が介護保険法の中に位置づけられ、地域包括ケアを実施する仕組みとして、地域包括ケアシステムが構想されていった。その際、地域包括ケアを実施する地域を「日常生活圏域（30分で駆けつけられる圏域）」と設定し、その中で「①医療との連携強化、②介護サービスの充実強化、③予防の推進、④見守り、配食、買い物等、多様な生活支援サービスの確保や権利擁護等、⑤高齢期になっても住み続けることのできるバリアフリーの高齢者住宅の整備」の5つが示された。

さらに2011年の介護保険法改正時には、国および地方公共団体の責務として地域包括ケアの推進が明記された。地域包括ケアシステムそのものは、高齢者個人のケア体制を構築することをめざすこと、地域内における支援システムを構築することの両目的があり、これらを実現させるために、①地域の課題の発掘と社会資源の把握、②地域の関係者による対応策の検討、③対応策の決定・実行というプロセスが示された。この地域包括ケアシステムの構築のプロセスにおいて、地域の課題を明らかにする方法として地域ケア会議が位置づけられている。この会議によって、支援困難事例等での多職種・多機関連携・協働と

課題の共有による政策提言の必要性が述べられるようになったと指摘されている（和気純子，2014）。

（2）実践的手法としての地域ケア会議

『地域ケア会議運営マニュアル』では，次のように地域ケア会議の位置づけを説明している。

> 「国は2011（平成23）年6月の改正介護保険法第115条の46第5項の規定に，関係者との連携努力義務を明記しました。そしてそれを具現化し，多職種協働のもと，フォーマルのみならずインフォーマルな資源やサービスも活用しながら，個別ケースの支援内容の検討を行い，その積み重ねを通し関係者の課題解決能力の向上や地域包括支援ネットワークを構築するための有効な手法として，地域ケア会議を位置づけました。」

さらに地域ケア会議では，「①高齢者個人に対する支援の充実と，②それを支える社会基盤の整備とを同時に推進し，『地域包括ケアシステム』を実現させるための重要な一手法」であると述べられている（長寿社会開発センター，2013）。その機能は，図7－3のように5つ挙げられており，これらは同時に果たされる場合もあるが，個別支援から政策提言までに至るプロセスでは重視される機能も異なっている。

地域包括支援センターでは，包括的支援事業として包括的・継続的ケアマネジメント支援が位置づけられている。この業務は，主に主任介護支援専門員が担当地域の介護支援専門員の実践への支援として行われる。その際に，介護支援専門員が担当しているケースで介護支援専門員だけでなく地域の関係者にも協力を呼びかけたり，支援の検討を行ったりする場として，事例ごとの地域ケア会議は開催される。その中で高齢者への支援方法の方針の共有や役割分担などが協議され，支援体制の強化が図られていく。

このような地域ケア会議を積み重ねていく中で，支援が必要な高齢者に共通

第7章 高齢者の孤立

図7-3 「地域ケア会議」の5つの機能

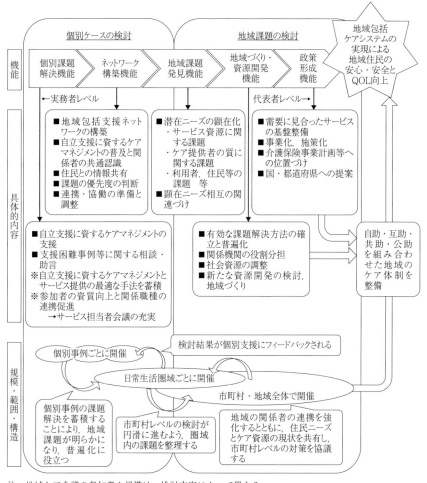

注：地域ケア会議の参加者や規模は，検討内容によって異なる。
出所：長寿社会開発センター（2013）『地域ケア会議運営マニュアル』25頁。

する課題点や現状の社会資源では解決できないことが抽出される。これらの課題を整理していくために，日常生活圏域ごとの地域ケア会議も開催される。そして，抽出された課題に対して，地域包括支援センターへのフィードバックだけでなく，地域を担当する行政に施策として実施することを提言することを目

的とした地域ケア会議が市区町村や地域全体の規模で開催される。

　このように個別事例への対応から市区町村への施策提言までの複数の目的をもつ地域ケア会議であるが，個別支援の検討から今後支援する必要がある課題を明らかにし，それが専門職と地域住民間で共有され，地域包括支援センターを中心とした支援体制の中で，経験や知識が蓄積されていくことが出発点になる。その後，明確な過程の中で進められることによって，地域住民内での問題の共有が促進されていくと考えられる。

（3）地域ケア会議を手法とした，高齢者の支援ネットワークの構築

　地域包括ケアシステムは，高齢者への医療・保健・福祉が統合されたケアシステムである。この考えは，これまで高齢者ケアを担ってきた各分野を縦割りから地域割りへと転換する構想である。しかし，このシステムが構造的に統合されるだけでは，地域包括ケアシステムは機能しない。これらの分野に共通することは，利用するためにかかる手続きが存在し，利用者側の自由裁量で利用できないことである。そのため，これまでにも保健師や在宅介護支援センター・地域包括支援センター等の相談員が，日々制度を利用する必要性のある高齢者を発見し，具体的な支援につなぎ合わせてきた。ただし専門の職員だけで，在宅高齢者の全てを網羅することは現実的にも困難である。そのためにも，地域組織と協働して，支援が必要な高齢者を早期に発見し，専門職へつなげていく仕組みを構築しなければならない。このときに，地域組織や住民相互の結びつきだけにその役割を負わせるような体制では，前節の問題点が表出してくるだけである。今，求められていることは，住民活動が円滑に実施できるように，専門職が必要に応じて，活動支援できる体制を構築することである。これまでの福祉の現場においては，個別支援重視の臨床的な支援現場と地域支援重視の運営支援を主とする現場に大きく分けられていた。しかし，現在の地域社会が求めていることは，住民の活動が行いやすいような専門職との協働体制であり，専門職が個別支援のために住民の活動を活用するだけでは，その継続性にも限界が生じる。そのためにも専門職には，運営支援の観点から，住民

の活動に対する意欲低下を予防する働きかけも必要となってくる。その際に，住民と専門職が協議できる場として地域ケア会議を開催し，住民の情報と専門職の支援方法の融合が図れる機会をもつことが，その一手法となりえるといえる。

第4節　地域包括ケアシステム構築過程における　　　ソーシャル・キャピタルの蓄積

（1）支援過程でのケアチームの再編成がもたらす結束型集団と橋渡し型集団の姿

① 事例1：クライエントとの出会い

　ある日，A病院の医療ソーシャルワーカーから，入院中のBさん（女性，88歳）のことでZ地域包括支援センターに連絡が入った。Bさんには，同居しているCさん（長男：62歳）がいるとのことであったが，入院してから一度も病院に来ていない。Bさん本人は，入院中ずっと家のことが心配だと言っており，自宅に帰りたいと希望している。Bさんが自宅に帰りたいと望んでいることに対して，どのような生活環境を調えるかについて検討することになった。

　Bさんの病状は，大腸がんの末期で本人は手術を希望していない。医師の見立てでは，余命2〜3か月であった。在宅で療養するならば，医療・介護に関するサービスでの支援体制が必要である。介護保険料の納付などの公共料金についても，今まで本人が行っていたため息子は関与していない。病院側としては，在宅療養に必要な準備を行うとともに，退院の時期を調整し，地域包括支援センターは医療ソーシャルワーカーと連携して，自宅の様子や息子の協力の意向などについて情報収集することとした。

　後日，地域包括支援センターの社会福祉士が自宅へ訪問し，Cさんに母親の入院先から連絡があり，在宅療養の希望があることを伝えた。今後のことについて話すとCさんは入院していることは知らない様子であった。介護保険の申請を病院側と協力しながら行っていくことが必要であることを伝えると，今までBさん本人がやっていたので，わからないとのことであった。ひとまず，

病院に一度行って，話し合ってもらいたいことを伝えた。

　数日後，A病院の医療ソーシャルワーカーから地域包括支援センターの社会福祉士に連絡があり，Cさんが来院しないため，再度自宅へ訪問し，先日話したことを伝えるが，覚えていないとのことであった。近隣に住む人によると，Bさんが入院してから，Cさんは近隣住民との間でごみ処理のトラブルになっていた。またCさんは仕事柄，全国各地を転々としており，Bさんと同居してから5か月しか経っていない。Bさん自身は，近隣住民とのつながりをもっているとのことであった。ここまでをソーシャル・キャピタルの3つの視点で捉えた場合，下記のように整理できる。

　○社会的ネットワーク
- Bさん：近隣住民とのつながりがあり，友人とのつながりもある。
- Cさん：近隣住民とのつながりもなく，Bさん以外でかかわりがある人もいない。
- 近隣住民：BさんとCさんが同居していることは知っていたが，面識はない。

　○相互の信頼
- Bさんは，近隣住民とのつながりがあるため，面識はある。
- 近隣住民とCさんの間でごみ処理のトラブルがあり，対立的な関係。
- 近隣住民とのCさんのつながりはあまりないため，素性がわからない印象。

　○互酬性の規範
- 近隣住民はBさんのことが心配だが，どうかかわっていいのかわからない。

② 事例2：Bさんの在宅療養の準備

　Bさんの意向を尊重し，在宅療養の環境を調える準備を進めることとした。在宅療養や介護に関するサービスを導入することにした。また，Cさんは，その後アルツハイマー型認知症の診断を受けたため，Cさんへの支援体制も準備することとなった。ここまでを同様に整理すると下記のように整理できる。

　○社会的ネットワーク

- 介護サービス事業所などの専門職とのつながりができた。

○相互の信頼
- 専門職とCさんとの協力した体制が形成されつつある。
- 近隣住民とCさんの関係は，未だ修復されていない。

○互酬性の規範
- 近隣住民との間での協力体制は，継続の課題となっている。

　ソーシャル・キャピタルの観点から考えると，事例1のように，支援を開始する当初は，まだ専門的な支援とのネットワークは形成されておらず，近隣住民や友人などのインフォーマルなつながりが主となっている。そのため，住民間でつながりがなければ，人間関係における互いの信頼感も高まらず，存在は知っているが，どのような人柄かは知らないということになる。それが，事例2のように進展していくと，介護サービス事業所などの専門職とのつながりは築かれ，かかわる頻度が近隣住民や友人などよりも多くなり，専門職主導の支援体制が形成され始める。現実的には専門職がかかわり始めると，これまでかかわっていた住民は，自身の役割を終えたかのように支援の輪から抜けていくことがよく見られる。このことは，住民はあくまでも専門職がかかわるまでの緊急的な役割を担ってきたと推測できる。そのため，その後の支援体制でこれまでかかわりがあった住民の協力を引き続き得られるような体制を構築しないかぎり，この問題は解決できない。

　そこで，ソーシャル・キャピタルの視点から支援体制の構造を考えてみると，2つのタイプに偏った体制づくりをしてきたのではないかと考えられる。

　そのひとつは，結束型（ボンディング）である。そしてもうひとつは，橋渡し型（ブリッジング）である。結束型は関係者同士のネットワークの凝集性が高く，それぞれの結びつきは強固なため，新しく協力者を参加させたいときには，そのネットワークが壁となる。一方で，橋渡し型は，そのネットワークの凝集性が弱いため，協力者が新しく参加することには，さほど抵抗が出ない分，支援体制の一体感の弱さが課題でもある。

　事例の過程を振り返ってみたとき，支援開始当初から，強固なネットワーク

は少なく，大半が支援の手が行き届いていない中での体制づくりとなる。その後，支援が展開されていく中で，本人への支援も強化されていく。その際に，一度つくり上げた支援体制のまま，放置しないように注意しなければならない。支援体制の姿は，その時の状況やニーズによって変化するものであり，支援体制の再編成を見据えたかかわりが必要となる。そして専門職には，結束型と橋渡し型の2つのネットワークの形を調節できる介入方法が求められる。それは，専門職と住民の偏りのない結束型の強みを活かした支援体制を築くことと，必要に応じて支援体制に新たな人材が参画できる橋渡し型のネットワークの強みを活かした支援体制を構築することである。

③　事例3：地域ケア会議の開催

今回のBさん，Cさんの家族のように，高齢者を含む少人数の家族構成で日常生活を営んでいる家族も少なくないことが，Z地域包括支援センターの社会福祉士は気づいた。彼らが住んでいる地域では，同じような高齢者とその家族を早期に発見し，支援に結び付けていくシステムを構築することで問題の重篤化を防ぐ必要があった。その後，地域で福祉活動を行っている地域住民の関係者が集まり，高齢者とその家族への支援のあり方を検討するための地域ケア会議を開催した。

そこでは，今回の個別事例にかかわった事業所，専門職，地域住民を対象とし，これまでの経緯を振り返ることとした。そのことで，Bさんは近隣住民とつながりがあったものの，その家族とのつながりが希薄であったことが関係者で共有でき，民生委員などをはじめとした地域関係者で，個人情報の保護を遵守しながら見守りの方法を考えることが必要だということとなった。支援を展開していく中で，Cさんは，近隣の民生委員とも顔がわかる関係になり，Cさんに日ごろから挨拶する関係が形成されていった。そのことで，民生委員のBさんやCさんに対する理解も深まり，かかわりやすくなったとの意見も出された。また会議に出席していた地域の民生委員長も担当の民生委員とBさんやCさんへのかかわってきた経緯を聞くことで，地域内で見守っていく意義を実感したとのことであった。

今回の地域ケア会議での振り返りを通して，下記ような整理ができる。
○社会的ネットワーク
- Cさんと民生委員をはじめとした近隣住民との間で挨拶ができる関係に発展していった。

○相互の信頼
- 民生委員も挨拶を交わすことなどを通して，Bさん，Cさんの生活状況への理解が深まった。かかわりやすくなったと実感していた。

○互酬性の規範
- 地域の民生委員長も，今回の事例を通して，地域での見守りを行う意義を実感でき，地域住民間での意識の共有を行うきっかけができる可能性がでてきた。

　事例3のような地域ケア会議は，個別支援に関する地域ケア会議の中で行われる「支援活動の振り返り」の目的であった。現実的な支援を検討する会議などは意識されやすいが，それと同様にこれまでの経過がどのような意味をもっていたのかについて振り返ることも重要である。この事例では，地域ケア会議をツールとしながら，その席上で専門職のかかわり方，近隣住民のかかわり方の双方を同じ場で報告し合うところに特徴がある。つまり，専門職と地域住民との共同体制で事例への理解を深めていっているのである。そのことによって，それぞれの立場での価値観なども共有され，互いの理解も深まるからである。このことは，ソーシャル・キャピタルの観点からすると，「専門職と地域住民とのネットワークの構築→それぞれの立場での支援内容に対する理解の深まり→専門職と地域住民間での互いに助け合う意識の高まり」という過程をたどっていたと考えられる。

　ここに地域ケア会議を用いることで，ソーシャル・キャピタルの形成に寄与できると考えられる。しかし，具体的には支援者間でソーシャル・キャピタルを高めるための取り組みとして意識されていたわけではないだろう。今回の地域ケア会議では，協力してかかわった事例に対する経験値の共有と専門職間や専門職と地域住民間での支援ネットワークの構築がソーシャル・キャピタルと

しての蓄積だと考えられる。

(2) ソーシャルワークにおける具体的な支援技術としてのソーシャル・キャピタルの展望と課題

　本章で紹介した事例のように，地域ケア会議を用いた支援を通じて培った経験値を関係者で共有することで，その経験値は蓄積されていく。この経験値は，今後，同じような状況で支援が必要な人に出会った際のかかわる基盤ともなりうる。そのことにより地域住民内における活動の参加を促し，住民間のコミュニケーションを交わす機会が増えることにもなる。その結果，お互いの存在を認め合う関係性が育まれていくのではないだろうか。このような社会的な関係を深めることは，地域内での高齢者への支援体制に参加する担い手を増やしていくことにもつながってくる。稲葉（2005）は，「社会的ネットワーク」「相互の信頼」「互酬性の規範」をミクロレベルからマクロレベルのソーシャル・キャピタルとして位置づけており，地域ケア会議は，これらのレベルの間を連結していくツールとして活用できる可能性を含んでいる。しかし，このような経験値の蓄積は，一朝一夕にできるはずもなく，地域住民と専門職がともに取り組む機会を増やすことがなければ，地域社会内での経験の蓄積も進展しない。ここに地域ケア会議を主導する立場にある専門職が，地域社会の中にどの程度のソーシャル・キャピタルが蓄積されているのか，また蓄積に向けた経過を把握できているのかといった視点が必要となる。そのためにも，支援の介入後の地域住民および専門職の間でのソーシャル・キャピタルの蓄積を捉えるためのアセスメント手法をとらなければならない。そのアセスメント項目として，今回の挙げた3項目を設定しながら，支援のアセスメント，モニタリングとして活用することもひとつの方法ではなかろうか。ソーシャル・キャピタルを単なる説明的な概念として捉えず，具体的な支援技術として活用できてこそ，ソーシャルワークにおけるソーシャル・キャピタルによる介入が可能となるといえる。

引用・参考文献

青柳涼子(2008)「孤独死の社会的背景」中沢卓実・淑徳大学孤独死研究会編『団地と孤独死』中央法規出版,79-103。

長寿社会開発センター(2013)『地域ケア会議運営マニュアル』。

福田素生・岡部卓・尾形裕也・駒村康平・稲沢公一(2013)『系統看護学講座 社会福祉』医学書院。

今村晴彦・園田紫乃・金子郁容(2010)『コミュニティのちから――"遠慮がちな"ソーシャル・キャピタルの発見』慶應義塾大学出版会。

稲葉陽二(2005)「ソーシャル・キャピタルの経済的含意――心の外部性とどう向かい合うか」『計画行政』28(4),17-22。

稲葉陽二編著(2008)『ソーシャル・キャピタルの潜在力』日本評論社。

石田光規(2011)『孤立の社会学』勁草書房。

伊藤シヅ子(2010)『呼び寄せ高齢者』風媒社。

岩崎晋也・岩間伸之・原田正樹編著(2014)『社会福祉研究のフロンティア』有斐閣。

河合克義(2010)「ひとり暮らし高齢者の社会的孤立とその解決の方向性」『賃金と社会保障』1517,4-14。

河合克義・菅野道生・板倉香子編著(2013)『社会的孤立問題への挑戦』法律文化社。

厚生労働省(2015)「認知症施策推進総合戦略――認知症高齢者等にやさしい地域づくりに向けて(新オレンジプラン)」。

厚生労働省(2016)「平成27年 国民生活基礎調査の概況」。

高橋紘士編(2012)『地域包括ケアシステム』オーム社。

田中滋監修(2014)『地域包括ケアサクセスガイド』メディカ出版。

内閣府(2016)『平成27年度版高齢社会白書』。

和気純子(2014)「総合相談システム」岩崎晋也・岩間伸之・原田正樹編著『社会福祉研究のフロンティア』有斐閣。

第8章
介護者の孤立
──家族介護者の孤立を防ぐ地域コミュニティ支援──

立花直樹

　日本では，長い間，高齢者や障害者，病人等がいる場合に介護を行う者は「家族」であり，家族が第一義的に責任を担うということが，社会通念とされてきた。しかし一方で，近年，介護者が介護殺人や虐待等の事件を起こす問題，介護者がストレスを抱え介護事故を起こしたりバーンアウトしたりする問題，介護者が仕事（就労）を継続することが難しい問題，高齢者が高齢者を介護する「老老介護」の問題など，さまざまな問題が社会化してきた。そのため，社会全体で介護を行う仕組みをつくる必要性が認識され，介護保険制度や障害者総合支援法などが成立し，徐々にではあるが介護を社会化するためのさまざまな制度やサービスが整備されつつある。しかし，介護殺人や虐待は減少しないばかりか，年々増加している現状がある。一体何が問題なのだろうか。
　そこで，本章では，家族介護者の抱えるストレスや孤独などの課題を明らかにし，家族介護者に対するソーシャルワークやソーシャル・キャピタルについて検討する。

第1節　要介護者が増加する社会

（1）要介護高齢者の増加
　わが国は超高齢化社会を迎え，高齢者の増加とともに要介護高齢者が年々増加し，2001年には287万7000人であったが，2008年には452万4000人（約165万人の増加），2012年には545万7000人（約258万人の増加）となり急激に増加している（内閣府，2015：18）。
　一方で，高齢者入所施設の定員は，要介護高齢者の増加と比例して増加して

いる。高齢者入所施設は，2000年時点から2008年時点の僅か8年間で，合計約48万3000人分の定員が増加していた（厚生労働省，2010：24）。しかし，前述した2001年から2008年における要介護高齢者の増加分である約165万人分には対応できているとはいいがたい。特に，特別養護老人ホームは不足しており，野村総合研究所（2010：55-56）が2008年9月から2009年8月までに全国の特別養護老人ホームへ新規入所した4万1912人を対象にした調査結果によると「入所申し込みから入所までの期間は，平均1年3か月，最長11年0か月」であり，入所希望者が入所するためには，申し込みから数年間程度待機する必要がある状況であった。さらに，2015年8月からの介護保険制度の改正においては，要介護度3以上でなければ特別養護老人ホームへ入所できなくなり，ますます高齢者入所施設への入所待機状態の拡大が予測され，在宅介護期間の長期化が懸念されている。

（2）在宅障害者の増加
① 身体障害児・者の状況

内閣府（2014：192）によると，在宅の身体障害児・者は，1970年に140万8000人であったが，年々増加し，2011年には386万4000人へと推移している。この386万4000人の年齢階層別の内訳を見ると，18歳未満の者が7万3000人（1.9％），18歳以上65歳未満の者が111万1000人（28.8％），65歳以上の者が265万5000人（68.7％）であり，70歳以上の者に限っても221万6000人（57.3％）となっており，その多くが高齢者であることが理解できる。特に高齢（65歳以上）の身体障害者は，1970年に44万2000人（31.4％）であったが，2011年には265万5000人（68.7％）と急増している。身体障害は，先天性の原因だけでなく，発達過程や成人後においても，事故や疾病により身体障害になる可能性があり，特に高齢になればなるほどそのリスクは高まっていくため，高齢になるほど身体障害者の割合が高い。そのため，高齢化の進む日本では，今後もますます身体障害者が増加すると見込まれている。

② 知的障害児・者の状況

　内閣府（2014：192）によると，在宅の知的障害児・者は，1995年に29万7000人であったが，年々増加し，2011年には62万2000人へと推移している。この62万2000人の年齢階層別の内訳を見ると，18歳未満の者が15万2000人（24.4％），18歳以上65歳未満の者が40万8000人（65.6％），65歳以上の者が5万8000人（9.3％），年齢不詳が4000人（0.7％）となっている。全年齢層にわたって在宅で生活する知的障害者は年々増加している。

③ 精神障害児・者の状況

　内閣府（2012：193）によると，在宅の精神障害児・者数は，2002年に223万9000人であったが，年々増加し，2014年には361万1000人へと推移している。この361万1000人の年齢階層別の内訳を見ると，20歳未満の者が26万6000人（7.4％），20歳以上65歳未満の者が202万3000人（56.0％），65歳以上の者が132万4000人（36.7％）となっている。全年齢層にわたって在宅で生活する精神障害者は年々増加している。

第2節　家族介護者の状況

（1）要介護高齢者の主たる介護者の状況

　厚生労働省（2014：30）によると，要介護者等のいる世帯の構成割合について，2001年に比して，2013年は「単独世帯」「核家族世帯（夫婦のみの世帯含む）」の割合が大幅に増加する一方で，拡大家族である三世代世帯等の割合が急減している。また「単独世帯」「夫婦のみの世帯」「核家族世帯（夫婦のみの世帯含む）」の中でも，高齢者世帯の割合が急増している。また，要介護高齢者と同居をしている主たる介護者のうち，60歳以上の要介護者を60歳以上の者が介護するという「準老老介護」，65歳以上の要介護者を65歳以上の者が介護する「老老介護」，75歳以上の要介護者を75歳以上の者が介護する「高老老介護」が年々増加している。

　さらに，厚生労働省（2014：33）によると，同居している要介護者を男性が

介護している割合は，2001年に23.6％であったものが年々増加し，2013年には31.3％となり，主たる介護者の3人に1人程度が男性という状況である。このような状況は，居住地域における人間関係や交流関係を築けていない男性介護者が困難を抱えたまま孤立することが懸念される。

（2）障害者（18歳以上）の生活状況と介護者

内閣府（2013：10）によると，身体障害者で一人暮らしの割合は10.9％で，同居者がいる場合が84.7％となっており，身体障害者全体で配偶者のいる者が60.2％となっている。知的障害者で一人暮らしの者は4.3％と少なく，知的障害者全体で配偶者のいる者も2.3％ともかなり少なく，大半は親や兄弟姉妹と暮らしている。精神障害者で一人暮らしの者は17.9％で，精神障害者全体で配偶者のいる者が34.6％となっている。障害者の生活状況から推察できることは，障害の種類や程度に差はあれ，多くの障害者は親や兄弟姉妹，配偶者と同居しており，何らかの支援や介護を同居家族から受けているということである。

しかし，内閣府（2002：10）が示した「障害者基本計画」では，「入所施設は，地域の実情を踏まえて，真に必要なものに限定する」と明記され，2003年度以降，「地域移行」の理念を踏まえ，障害者の入所施設はよほどの必要性がない限り，新設を行わないことを宣言した。そのため，障害者施策推進本部（2002）が策定した「重点施策実施5か年計画」（新障害者プラン）」では，身体障害者療護施設や知的障害者更生施設等の入所施設の設置目標は，一切示されなかった。

さらに，2006年4月からの障害者自立支援法施行に伴い，障害程度区分が示され，「障害程度区分が区分4以上（50歳以上の者にあっては区分3以上）である者」でなければ，施設入所支援（施設への入所）ができないというハードルも設定された。つまり，障害者が年々増加している状況に鑑みれば，従来型の施設への入所が非常に難しいため，共同生活援助（グループホーム）や共同生活介護（ケアホーム）を利用するか，自宅で生活しながら在宅サービスを利用するかという選択が迫られることになったのである。なお，ケアホームについ

ては，2014年4月からの障害者の日常生活及び社会生活を総合的に支援するための法律（障害者総合支援法）の施行により，グループホームへ一元化された。

（3）家族介護者の課題とソーシャル・キャピタル

彦聖美・大木秀一（2016：5）は，「家族介護者が介護を行っている期間は世帯外ネットワークからは疎遠なうえに，新しいネットワークの構築もできない状況になると考えられる。また，介護者は，期間の延長とともに，被介護者の状態の悪化，介護負担の増大，介護者自身の加齢によって，さらに社会的ネットワークが小さくなることが考えられる。孤立や孤独な状態，閉じこもりは，うつ状態に陥るリスクがあり，虐待につながる危険がある」と述べている。

介護者の危機を回避するためには，家族介護者自身の人格や人間性が尊重され，介護者の社会的ネットワークの拡大に向けた支援が重要となる。いわゆる，家族介護者にソーシャル・キャピタルが構築されていく必要があるのである。実際，カワチ，イチローら（2010）によると，ソーシャル・キャピタルが豊かな地域ほど，住民の主観的健康観が高く，死亡率が低いことが報告されている。

しかし，これまで要介護者や要支援者への援助や介護者の介護負担軽減が主眼となった政策やサービスが展開されており，ソーシャル・キャピタルの構築に向けた研究や制度やサービスは十分に整備されてこなかった。そのため，多くの家族介護者はさまざまな苦悩や問題を抱えながら，日常的に介護を強いられている。

第3節　家族介護者の苦悩と問題

（1）家族介護者の苦悩

町田いずみ・保坂隆（2007：109-155）が5万1196人の在宅介護者（家族介護者）を対象に行った「介護実態に関するアンケート」によれば，回答した在宅

表8-1 介護・看病疲れが原因による自殺者 (2009～2015年)

(人)

	2009 (平成21)年	2010 (平成22)年	2011 (平成23)年	2012 (平成24)年	2013 (平成25)年	2014 (平成26)年	2015 (平成27)年
男性	176	176	207	177	164	136	148
女性	109	141	119	115	104	110	95
合計	285	317	326	292	268	246	243

出所：警察庁（2009・2011・2014・2015）「自殺の概要資料」と内閣府（2012～2014）「自殺の状況」のデータをもとに筆者作成。

　介護者（8486人）の4人に1人が，軽度～中等度以上のうつ状態にあることがわかった。さらに，65歳以上の高齢介護者の3割以上に希死念慮があることがわかった。これは高齢介護者が，自殺に関するハイリスク・グループであることを意味していた。介護者へのソーシャル・サポート体制に関しては，6割以上の介護者が相談相手がいるという現状にあって，5割以上の介護者が介護に関する仲間を希望していることがわかった。介護者を支える社会的ネットワークや支援の存在が，介護者の介護負担・抑うつ・健康問題を軽減し，生活の満足感を高めると考えられていることから，より組織的なソーシャルサポート・システムの導入は，介護者の心身の健康維持へのひとつの方法と考えられる。
　しかし，現実には，介護者へのソーシャルサポート・システムが確立しているとはいい難く，毎年一定数以上の介護者の自殺が発生している（表8-1）。
　警察庁（2010：8）によると，2009年の1年間で看護・介護疲れが原因で自殺した人は，285人（男性：176人，女性：109人）であった。また，内閣府（2014）によると，2013年の1年間で，看護・介護疲れが原因で自殺した人は，268人（男性：164人，女性：104人）であった。2009～2015年までの5年間は，1年間で約250～300人が，介護・看病疲れが原因で自殺をしていた。
　Cohen（2005：1-7）は，「介護者による homicide—suicides（他殺―自殺）の原因はさまざまであるが，衝動的なものではなく，事件を起こすまでに長期間（数か月から数年）も悩んでおり，その行動は愛や利他主義によるものではなく，絶望と鬱によって生じている」と指摘する。さらに，「事件を起こした

図8-1 養護者による高齢者虐待の相談・通報件数と虐待判断件数の年次推移

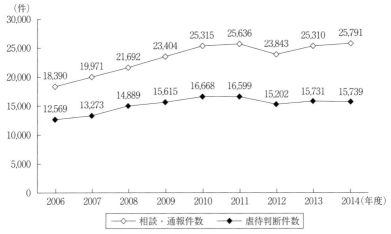

出所：厚生労働省（2016）「平成26年度　高齢者虐待対応状況調査結果概要」2。

介護者の半数以上は，未治療の鬱やその他の精神的な問題を抱えており，"介護者の孤立"や"さまざまなストレスから生じる無力感"が事件の引き金になる」と述べている。

（2）要介護高齢者の家族介護者が引き起こした虐待・殺人事件

特に在宅における介護者の中でも，家族が介護を主として行っている場合は，「家族介護者」と呼ぶケースが多い。しかし近年，家族介護者による高齢者に対する虐待が深刻な状況にあることが問題となり，2006年4月より，「高齢者虐待の防止，高齢者の養護者に対する支援等に関する法律」（通称，高齢者虐待防止法）が施行された。その結果，法律が施行された2006年以降，主な養護者（支援者・介護者）による要介護高齢者への虐待件数ならびに市町村への相談・通報件数は，2012年度を除き年々増加している（図8-1）。通報の義務が国民に浸透している結果であるともいえるが，市町村による養護者に対する相談・指導等が十分に行われていない結果であるともいえる。

さらに，養護者が引き起こした高齢者虐待のうち，身体的虐待と心理的虐待

表8-2 高齢者虐待の年度別虐待による死亡例の推移

年度		2006	2007	2008	2009	2010	2011	2012	2013	2014
虐待等による死亡例	件数	31	27	24	31	21	21	26	21	25
	人数	32	27	24	32	21	21	27	21	25

出所:厚生労働省(2016)「平成26年度 高齢者虐待対応状況調査結果概要」15。

は要介護度の軽い高齢者ほど発生件数が多く、ネグレクト(介護等放棄)は要介護度の重い高齢者ほど発生件数が多くなっているが、このことは、認知症高齢者でも同様のことがいえる。さらに、身体的要介護度が重度になるほど、虐待の深刻度の高い割合が増加しているが、このことは、認知症高齢者でも同様のことがいえる。

　虐待が発見されず、エスカレートすると、介護殺人や無理心中に発展するケースが多い。現実には、2006年度以降、主な要介護者による要介護高齢者への虐待死亡件数は多少の増減を繰り返しながら、ほぼ横ばいである(表8-2)。このような状況からも、介護者へのソーシャルサポート・システムが確立しているとはいい難い。

　2013年2月〜2015年1月に発生した要介護高齢者が被害者となる高齢者介護殺人事件(18件)の概要をみると、事件の加害者の半数を男性と高齢者が占めていた。また、ほとんどが二人暮らしで、家庭内で他に頼る者や介護を分担する存在がいないケースが多い。

　湯原悦子(2010:418)の調査によると、1998年から2009年までの間に少なくとも454件の介護殺人が発生し、461人が死亡していることが明らかになっており、加害者は464人で73%(340人)が男性、被害者は461人で72%(335人)が女性だった。ケース別に見ると、「夫が伴侶を殺してしまう」(154件)と「息子が親を殺す」(151件)が圧倒的に多く、この2パターンだけで、全体の67%に達していた。これらのことから、介護殺人のリスクファクターとして、「男性介護者」「高齢者」「夫婦二人暮らし」がキーワードとなっていた。事件の背景には、二人暮らし等で、周囲に気軽に相談できる家族がいないケースが多く、特に高齢の男性が主介護者の夫婦二人暮らしや親子二人暮らしの家族は、

地域や社会との関係が希薄になっていることがわかった。これは，殺人に至らなくとも，虐待においても同様のことがいえる。

ここで，事例を通じて，高齢者を介護する家族介護者の孤立に至るプロセスについて確認していく。

（3）事例1：妻を介護した夫のTさん
① 事例の概要

Tさん（男性，70歳）は，6年前に脳内出血で要介護状態となった妻（67歳）の介護を一人で行ってきた。

妻が倒れるまでは，家事全般を妻が担っていたため，Tさんにとって家事が未知のものであった。妻が倒れてからはTさん自身が，家事と仕事を両立しなければならなくなった。そのため，長年にわたり，夫婦で参加していたテニスサークルを辞める等，Tさんは，さまざまな交遊関係を縮小する必要が生じてしまった（第1次的孤立）。

妻が倒れた当初は，直ぐに病院に入院し，その後リハビリテーション病院に転院し，さらに介護老人保健施設へ入所していたため，当初の1年半の間は，自宅での介護の必要はなく，Tさんは仕事を続けていた。しかし，妻（要介護度3と認定）が自宅に戻ることになると，自宅での介護をTさん自身が行うため，60歳定年後も，その腕を買われて嘱託社員として雇用延長してきた仕事も退職しなければならなくなった（第2次的孤立）。

当然，仕事を退職すれば年金収入に頼るしかなく，限られた年金で生活していくためには，自己負担でさまざまな介護保険サービスを利用できる状況ではなかった。しかし，年金以外に収入があるわけでなく，介護サービス負担だけでなく医療費やオムツ代・介護食の費用などがかかり，退職金で買った分譲マンションの管理費や修繕積立金を考えれば，節約生活をせざるを得ない状況であった（将来的不安）。

近所には長男家族が住んでいたが，Tさんは「長男家族に迷惑をかけたくないから」と，一人で介護を引き受けていた。しかし，製造会社の技術職として

働いてきたTさんにとっては，介護は全く未知の世界であった。Tさんは，これまで近所付き合いや地域の自治会活動も，明朗快活な妻に任せてきたため，介護をするに当たって，必要な情報をどこから得たらいいのかもわからなかった。自治会回覧板に挟んであった「市民介護教室（地域包括支援センター主催）」や「福祉用具ショップ」等に自ら出かけて情報を収集するなど，孤軍奮闘していた。

当時は男性の主介護者が珍しく，献身的に妻を介護するTさんは近所でも評判であった。その後，介護生活が軌道に乗ったTさんは，地域の介護教室や市民シンポジウムなどから「男性介護者」として，講演やシンポジストを依頼されるようになり，そのことがTさんの生きがいとなっていった。誰が見ても，Tさんは生き生きとした様子で，若々しく溌剌と介護や講演をしていた。

しかし，2年前に妻が脳内出血を再発し，半年の入院生活の後に自宅へと戻ってきた妻の状態は重度（要介護度5）となり，コミュニケーションも難しい状況となってしまった。さらには，新たな生きがいとなっていた講演活動を止めざるを得なくなっていった（第3次的孤立）。

半年前から，Tさんは頻尿となり，夜間にも十分に眠れなくなっていた。主治医に診察してもらうが「精神的なストレスからくる頻尿」という診断を受け，誘眠剤や精神安定剤が処方された。しかし，頻尿は改善されず，Tさんの体調は悪化していき，若々しく溌剌としていたTさんはみるみる老け込んでいった（将来や日常生活への悲観）。

地域包括支援センターの職員や居宅介護支援事業所のケアマネジャーは，「Tさんの精神神経科の受診」を進めたが，Tさんの長男家族が「精神神経科」に対する抵抗感を強くもっており，主治医も「精神神経科を受診する必要はない」と思っていたため，Tさん自身もどうすることもできなかった。

ある日の早朝，Tさんの自宅付近は騒然となった。Tさん宅で火事が発生し，消防車がサイレンを鳴らしてやってくると，消火に当たった。この火事で，Tさんの妻は亡くなり，Tさんは一命を取り留めたが呆然としており，抜

け殻のようになっていた。実は、この火事は、Tさんが自宅に放火したことによるものであることが発覚し、Tさんは警察に逮捕された（ストレスや負担のピーク）。

もっと早くに、Tさんの精神的ケアを何とかできなかったのか。Tさんにかかわっていた専門職は、みんな涙を流して落胆し、反省した。

② 事例からみえるもの

事例1のように、在宅で生活する高齢者の主たる介護者は「家族（配偶者や子ども）」であるケースが多い。社会保障費の抑制等により、医療費や介護費用の負担も増大している状況である。そのため、企業年金等をもらえる大企業の退職者や資産家庭でなければ、わずかな年金を元にして介護生活を強いられることになる。高齢者介護は至る所に存在する問題であるため、特別視されることなく家族であれば当然のこととして受け取られてしまう。そのため、経済的負担だけでなく、家族だけで問題を背負い込むという状況になりやすい。また、核家族が増加する現代では、祖父母の介護をしていた父母の状況を間近で見ることなく育った子ども世代が、介護をしなければならない状況になりつつある。それは未知との遭遇である可能性が高い。地域や社会との関係づくりやコミュニケーションが得意な子ども世代ばかりではない。ますます地域関係が希薄化する中で、家族介護者の孤立は深まっていく危険性がある。その際に、その家族介護者の思いを受け止める専門職や地域の人々等の存在が必要である。

藤本哲也（2003）は、介護者が犯罪者になるかならないかの差異を生み出しているものは、社会と個人の結びつき、すなわち「絆（bond）」だと述べている。

介護保険制度等によって高齢者介護が「社会化」され、端から介護を行おうとしない家族も多数いる中で、家族介護を行う者は日本人が古くから重視してきた「血縁」「恩情」「他者への迷惑を軽減」などの美徳や義理人情を大切にしていると考えられる。つまり、「家族の絆（bond）」を重視し家族介護を行ってきたのである。しかし、「家族の絆」を重視したため、社会的な絆を断ち切る

結果となってしまった。つまり，湯原悦子（2011：61）が指摘する通り，介護者が「家族の絆」を重視し家族の介護を担ったとしても，旧来からのさまざまな人間関係を維持し，新たな社会関係を構築できるような環境を意識的に整えていくことが重要である。

（4）要介護障害者の家族介護者が引き起こした殺人事件

　親がわが子である障害児・者の介護を苦にして殺害した事件として，非常に有名なのは，「横浜の障害児殺しの事件」である。1970年5月29日に横浜市で，2人の障害のある子どもを介護していた母親が，脳性麻痺の障害児（当時2歳の長女）を殺害した事件である。母親は横浜市の福祉事務所に「障害児施設への入所相談」をしていたが，入所を断られ娘の将来を悲観し，また介護を苦にして殺害したのである。この事件が起きた時，「2人の障害児を抱える母親の介護負担や気持ちはよくわかる」「障害児施設やサービスが不備である責任は行政である」として，地元町内会や障害児の親の会は「減刑嘆願運動」を繰り広げ，マスコミや研究者等も賛同した。しかし，日本脳性マヒ者協会「青い芝の会（脳性麻痺を抱える障害当事者の会：全国組織）」の「減刑反対運動」により，「親や家族が障害児や障害者を殺した事件」としては，日本の裁判至上で初めて加害者の親が減刑とならない判決が出た事件となった。横浜の事件や青い芝の会の運動は，日本の障害児・者の福祉施策に影響を与え，コロニー政策から脱施設化政策への転換を促進し，地域における障害児・者への在宅福祉サービスを普及させる足がかりとなった（人権リーフレット，2007）。

　しかし，旧来からの法に基づいた障害児・者施策（施設や事業・サービス）が改善・増加し，整備され，以前と比して家族介護者への負担が軽減された現在でも，障害児・者の介護を苦にした事件は起こっている。2012年1月～2014年12月に発生した要介護障害者が被害者となる介護殺人事件は，5件も発生している。

　これらの事件の概要を確認してみると，全てのケースで在宅介護が長期にわたり，二人暮らしや三人暮らし，家庭内で他に頼る者や介護を分担する存在が

第**8**章 介護者の孤立

ほとんどいないケースが多い。また，長期間にわたる介護により，介護者の心身が疲弊しての殺人事件に発展している状況であることがわかった。

ここで，事例を通じて，障害者を介護する家族介護者の孤立に至るプロセスについて確認していく。

（5）事例2：重症心身障害のあるNくんと母のKさん
① 事例の概要

Nくん（男性）は，1970年9月に転新井(ころにい)（コロニー）市で健常児として生まれたが，2歳半の冬にインフルエンザ脳炎を罹患したことから，その後遺症により重度の脳性麻痺となり，重症心身障害者となった。Nくんは，知的にも身体的にも重度障害となったため，かろうじて座位を保持できるものの，コミュニケーションをとることはできなかった。母のKさんはNくんが少しでも回復することを祈って，あちこちの医療機関に連れて行き，受診や治療を施したが，全く効果がなかった。Kさんは，受診の遅れが子どもの重度障害につながったことを悔やみ，自らを責め続けていた（孤独感と絶望感）。

地域での障害児サービスが整っていなかったため，Kさんは短期大学卒業後10年近く続けてきた保育士の仕事を退職し，Nくんの介護に専念することにした（第1次的孤立）。

Kさんは，正月やお盆にNくんを祖父母の家に連れて行くと，同年代の甥や姪と会うことも多く，二度と元気な姿で遊びの輪に加わることができないNくんを見ては涙を流し，子育てのことで話の合わない姉妹や親類との関係に悲嘆していた（第2次的孤立）。

やがて，小学校入学の年になり，近所の幼馴染はT小学校へ入学したが，Nくんは就学免除のために学校に行くこともなく自宅でボ〜っと過ごしていた。Kさんは何度も近隣のT小学校に出向いては交渉したが，重度障害者のNくんの受け入れ承諾が下りなかった。Kさんは，NくんやKさん自身が周囲から取り残されたような焦りと不安な気持ちでいっぱいになっていた（第3次的孤立）。

1979年4月に，全国で養護学校への障害児の就学が義務化されたと同時に，T小学校でも障害児学級にNくんを受け入れる態勢を整え，Nくんは2年遅れて同級生と一緒にT小学校へ通学することとなった。Kさんは障害児学級やPTA活動・行事などを通じて，他の保護者との交流を深め，さまざまな情報交換を行うことができるようになった（第1次的関係性の構築）。

1980年には，転新井市の障害児施設「能真来図(ノーマライズ)」に，レスパイト事業や障害児デイサービス事業が誕生し，Nくんは春休みや夏休みなどに，障害児サービスを利用することになり，重度障害児の仲間もできた。Kさんは，悩みがあると生活指導員のLさんに相談に乗ってもらうことが多くなった（第2次的関係性の構築）。

このころから，Kさんは，正月やお盆にNくんを祖父母の家に連れて行っても，「Nくんは，家の宝」などと話し，Nくんの存在を前向きに捉えることができるようになっていった（第3次的関係性の構築）。

② 事例からみえるもの

事例2のように，在宅で生活する障害児や障害者の主たる介護者は「家族（親や配偶者等）」であるケースが多い。しかし「障害」という状態は，全ての人に当てはまるわけではない。そのため，周囲の健常児や健常者と比較してしまったり，周囲との話題が噛み合わなかったり，地域等との交流がもてなかったりすることで，「なぜ，わが家だけ？」という思いに駆られ，障害受容がなかなか難しいケースも少なくない。その際に，その介護者の思いを受け止める専門職や家族等の存在が必要である。

宮地由紀子・増田樹郎（2013：15）は，「子どもが障害と告知されることで『障害福祉』の対象となり，通常の子どもと区別されてしまうだけでなく，家族も『障害児・者の家族』として区分されてしまうことになり，地域社会で理解され普通に生活してくことが難しくなる」と，障害児・者が家族内に誕生した瞬間から，地域との関係性を築く難しさを指摘している。これはまさに，孤立の始まりであるといえる。

「親亡き後」を悲観して親による障害児・者の殺人事件または心中事件を報

道で目にすることがあるが,「殺人」という問題では高齢者と障害者には「本人ばかりでなく家族への周囲の人々の気づきと支援が必要」という共通点がある（日本てんかん協会栃木県支部,2010）。

　障害当事者本人や家族介護者の孤立を防ぐためには,「親亡き後」を見越して,早期より地域における一貫した相談支援の拠点や地域における関係性をつくっていくことが非常に重要である。

第4節　家族介護者の孤立を防ぐために

　厚生労働省が,介護保険制度や障害者自立支援制度の実施以降,要介護高齢者や要援護障害者が利用できる入所施設を20世紀のように増やさずに,在宅福祉施策にシフトしている状況では,家族や本人が望んでも容易に施設入所ができない。現在の障害者福祉施策では入所施設を新規設置せず,地域移行を推進しているという現状がある。2015年4月からは,介護保険制度の改正により「要介護度3以上の高齢者」でなければ,特別養護老人ホームへの新規入所ができなくなった。今後ますます,要介護状態の高齢者や障害者の増加が予測される中,このような制限を設けることは,さまざまな介護者の個別状況がある中で,孤立や孤独感・ストレスを増大させることにつながる危険性がある。

　特に人口減少社会に突入している日本では,将来的に労働人口が不足すると予測される中で,これまで専業主婦であった女性を労働力と見込んでおり,所得水準のみならず税金や年金制度を見ても,夫婦共働きが基本の社会構造に転換しようと試みている。そのような中で,在宅介護を中心とするシステムへと変換されているのである。つまり,介護者が仕事をしながら,在宅で高齢者や障害者を介護しようという状況を国が主導してつくり出しているのである。さらには,家族介護者の仕事の都合などにより,障害者や高齢者が「ひとり暮らし（独居）」を強いられる状況も増加していく。このような状況の中で,一体どうやって介護者の負担を軽減したり,介護者の孤独感・ストレスの増大や孤立を防いだりすればいいのであろうか。

(1) 独居高齢者や独居障害者の見守り活動の広がり

　全国のさまざまな自治体で，孤立死や介護者による虐待や事件の防止のために，独居高齢者や独居障害者の見守り活動事業が実施されている（表8-3）。しかし，要援護高齢者や障害者が生活していても，介護者自身が高齢でない世帯や介護者自身に障害のない世帯へは，特に見守り活動が実施されていない場合が多い。介護者の孤立や事故や事件のリスクを考えれば，見守り活動事業の対象範囲を拡大することも検討しなければならない。特に認知症や知的障害などにより，一人で外出や徘徊をする状況では，近隣の見守りネットワークがより有効である。

　しかし，自治体ごとの財政に大きな格差ができており，ある一定（最低限）の財源やサービスを自治体が保障し，不足する部分を地域社会で補完することが求められている。そのためには地域住民だけでなく，自治体や関係団体，さらに民間企業や事業者なども一緒になって，産・官・民の地域見守りネットワークを構築していく必要がある。このネットワークは，ソーシャル・キャピタルでいう「ブリッジング・ネットワーク（Bridging Network）」である。ブリッジング・ネットワークとは，それぞれ立場の異なる社会資源をつないだネットワークのことである。新たなネットワーク同士が結びつくことで，課題を共有化し，有効で効率的なより活発な有機的ネットワークが誕生していく。その結果，見守りが複層化し，さまざまな介護者の孤立や事件を防ぐ可能性を広げていくことになる。

　しかし一方で，各地域には必ず地域との関係性をもとうとしない「家族内抱え込み型の介護者」や「トラブル等でサービス利用を中断したままの介護者」も存在するだろう。その際には，ソーシャルワーカーによるラポール（信頼関係構築）やアウトリーチ（ニーズを顕在化させ，支援につなげる）が有効となってくる。ソーシャルワーカーがブリッジング・ネットワークと家族介護者をつないでいく橋渡し役を意識して専門性を発揮する中に光明が見えてくるはずである。

表8-3 行政と連携する機関・企業・団体等による「地域・個人宅見守り活動」事業

機関・企業・団体	内容
民生委員・児童委員，地域包括支援センター，福祉委員・福祉協力員（社協）など	担当地域における戸別訪問時の声かけ，安否確認　など
水道局（水道営業所），ガス事業者，電気事業者，日本郵便株式会社，宅配便事業者，牛乳・乳製品販売店，新聞販売店，生活協同組合，日用品・食材の販売・配達事業者，宅配弁当事業者，信用金庫　など	各種業務時の声かけ，安否確認　など
見守りボランティア，配食ボランティア　など	近隣の戸別訪問による声かけ，安否確認　など

出所：筆者作成。

（2）家族介護者のセルフヘルプグループの役割

　介護を行う家族にとって，家族や親類からのサポートも重要であるが，家族外の支援も非常に重要である。家族外といえば，専門職による援助や支援ということが挙げられるが，もちろんそれだけではない。近年，高齢者を介護する家族が「介護家族会（介護者家族会）」等を地域ごとに組織化したり，障害者を介護する保護者が「親の会（育成会）」等を組織化したりしている。その他の活動として，セルフヘルプグループを挙げることができる。

　信田さよ子（1999：61）は，「セルフヘルプグループ（Self Help Group：自助グループ）とは，なんらかの障害・困難や問題，悩みを抱えた人が同様な問題を抱えている個人や家族とともに当事者同士の自発的なつながりで結びついた集団」と定義している。セルフヘルプグループの具体例としては，患者会，障害当事者の会，家族の会（介護家族会），保護者会（親の会，育成会）等が挙げられる。これは，同質の問題を抱えた者が，悩みや思いを共有したり，課題改善に向けてともに協働したりする会である。岡知史（1995：298）は，セルフヘルプグループでの活動が参加者自身の「ひとりだち」につながるのは，ただ「わかちあい」によって，生活改善に必要な情報が得られたり，情緒的に支えられたりするためだけではなく，セルフヘルプグループでのさまざまな活動を通して社会とつながり，社会参加を経験していくからであることを示唆している。

　事実，佐分厚子・黒木保博（2008：60-69）は，「認知症の人と家族の会」の

会員である家族介護者626人を対象とした調査から，家族会における介護者同士の共感的関係は介護への適応を促進することを明らかにしている。さらに，菊池紀彦（2013：473）は，「重症心身障害児（者）の主たる介護者である母親は養育上の負担を抱えていたが，その負担は，医療・福祉サービスなどの社会資源よりも，悩みなどを共有できる家族会などの社会資源を利用することにより軽減されていること」を指摘している。

つまり，「なぜ自分だけが……」という想い（孤独感）から解放されるためには，孤立を解消しなければならない。孤独感やストレスの増大や孤立を防ぐ有効な方法のひとつとして，高齢者を介護する「介護家族会（介護者家族会）」や障害児・者を介護する「保護者会（親の会，育成会）」等が存在するといえる。介護家族会や保護者会では，同じ悩みや苦しみを抱えた同質の介護者が思いを共有したり，共通課題を解決したりするために活動するのである。このような同質の者の結びつきをソーシャル・キャピタルでは「ボンディング・ネットワーク（Bonding Network）」と呼んでいる。

しかし一方で，セルフヘルプグループに所属し，思いを共有したり活動したりすることに否定的な家族介護者や保護者も存在するだろうし，セルフヘルプグループを立ち上げただけで活動の輪が広がらず開店休業状態の場合もあるだろう。また，今後の日本社会を俯瞰すると，人口が急減していく農山漁村部では，「介護家族会」「保護者会」等が近隣に存在せず，身近に相談や思いの共有がしにくい状況になるということが懸念される。さらには，地域のボンディングな集団では，社会に対する発信力も小さいだろう。

このような，セルヘルプグループへの参加に否定的な家族介護者に対して，ソーシャルワーカーが，有効な働きかけを行うこともできるであろう。さらには，家族介護者同士を結びつけるプログラムやインターネット等を介したネットワークを構築したりすることもできるであろう。その中で，家族介護者のグループ同士が結びつきネットワークを構築するサポートを行い，社会に対する情報発信やソーシャルアクション（社会活動）を行う基盤を整備していくこともできるはずである。つまり，ソーシャルワーカーが「セルフヘルプグルー

プ」に介在する中で，ソーシャル・キャピタルにおける「ブリッジング」と「ボンディング」のネットワークを有機的な状態に高めていくことができるはずである。

引用・参考文献

Cohen, D. P.（2005）"Caregiver Stress Increases Risk of Homicide-Suicide", Geriatric Times November/December, 1-7.
藤本哲也（2003）『犯罪学原論』日本加除出版。
彦聖美・大木秀一（2016）「男性介護者の健康に関連する社会的決定要因と支援の方向性」『石川看護雑誌』No.13, 石川県立看護大学。
イチロー．カワチ・S. V. スブラマニアン・ダニエル，キム編著／藤澤良和・高尾総司・濱野強訳（2010）『ソーシャル・キャピタルと健康』日本評論社。
人権リーフレット（2007）「障害児殺しと青い芝の会の闘い」リバティおおさか。
警察庁（2010）「平成21年中における自殺の概要資料」（http://www.npa.go.jp/safetylife/seianki/jisatsu/H21_jisatunogaiyou.pdf, 2016.4.5）。
警察庁（2011）「平成22年中における自殺の概要資料」（http://www.npa.go.jp/safetylife/seianki/jisatsu/H22_jisatunogaiyou.pdf, 2016.4.5）。
警察庁（2015）「平成26年中における自殺の概要資料」（http://www8.cao.go.jp/jisatsutaisaku/toukei/pdf/h26joukyou_furoku1.pdf, 2016.4.5）。
警察庁（2016）「平成27年中における自殺の概要資料」（http://www8.cao.go.jp/jisatsutaisaku/toukei/pdf/h27joukyou_furoku1.pdf, 2016.4.5）。
菊池紀彦（2013）「重症心身障害児（者）と家族に対する地域生活支援の現状と課題」『特殊教育学研究』50（5），日本特殊教育学会，473-482。
厚生労働省（2010）「平成22年介護サービス施設・事業所調査結果の概況」（http://www.mhlw.go.jp/toukei/saikin/hw/kaigo/service10/index.html l, 2014.9.5）。
厚生労働省（2014a）「国民生活基礎調査の概要」。
厚生労働省（2014b）「重点施策実施5か年計画（新障害者プラン）」（http://www.mhlw.go.jp/shingi/2003/05/s0526-4d.html, 2016.4.5）。
厚生労働省（2014c）「高齢者虐待の防止，高齢者の養護者に対する支援等に関する法律に基づく対応状況等に関する調査結果」。
厚生労働省（2016）「資料1　平成26年度　高齢者虐待対応状況調査結果概要」（http://www.mhlw.go.jp/stf/houdou/0000111629.html, 2016.9.5）。
町田いづみ・保坂隆（2007）「高齢化社会の中での在宅介護者の現状」『自殺企図の実態と予防介入に関する研究平成16-18年度 総括研究報告書』厚生労働科学研究費補助金（こころの健康科学研究事業），109-155。
宮地由紀子・増田樹郎（2013）「障害児の家族の支援に関する考察」『障害者教育・福祉学研究』9，愛知教育大学，15-23。

内閣府(2002)『障害者基本計画　平成14年12月』。
内閣府(2012)「平成23年中における自殺の状況」(http://www8.cao.go.jp/jisatsutaisaku/toukei/h23.html, 2016.4.5)。
内閣府(2012)『平成24年版　障害者白書』佐伯印刷。
内閣府(2013)「平成24年中における自殺の状況」(http://www8.cao.go.jp/jisatsutaisaku/toukei/h24.html, 2016.4.5)。
内閣府(2014)『平成26年版　障害者白書』日経印刷。
内閣府(2014)「平成25年中における自殺の状況」(http://www8.cao.go.jp/jisatsutaisaku/toukei/h25.html, 2016.4.5)。
内閣府(2014)『平成26年版　障害者白書』勝美印刷。
内閣府(2015)『平成27年版 高齢社会白書』日経印刷。
日本てんかん協会栃木県支部(2010)「介護殺人，12年間で少なくとも454件発生」5月14日(http://homepage3.nifty.com/jea_tochigi/Friends.htm, 2015.9.5)。
信田さよ子(1999)『アディクションアプローチ——もうひとつの家族援助論』医学書院。
野村総合研究所(2010)「特別養護老人ホームにおける入所申込者に関する調査研究(報告書)」。
岡知史(1995)『セルフヘルプグループ（本人の会）の研究——わかちあい・ひとりだち・ときはなち（第5版）』六甲出版。
佐分厚子・黒木保博(2008)「家族介護者の家族会参加における3つの主要概念の関連性：共感，適応，家族会継続意図を用いた構造方程式モデリング」『特殊教育学研究社会福祉学』49（3），60-69。
津止正敏・齋藤真緒編(2007)『男性介護者白書——家族介護者支援への提言』かもがわ出版。
湯原悦子(2010)「介護殺人事件の実態と実体的解決に向けた施策の検討」『日本社会福祉学会第58回秋季大会・大会要旨集』418。
湯原悦子(2011)「介護殺人の現状から見出せる介護者支援の課題」『日本福祉大学社会福祉論集』日本福祉大学，41-65。
善生まり子(2005)「重症心身障害児（者）と家族介護者の在宅介護ニーズと社会的支援の検討」『埼玉県立大学紀要』5，51-58。
渡辺俊之(2005)『介護者と家族の心のケア——介護家族カウンセリングの理論と実践』金剛出版。

第9章
障害者の孤立
――障害当事者の孤立と社会的自立支援――

柿木志津江

日本は2014年1月に障害者権利条約を批准した。この批准に向けた動きの一環として，障害者基本法が2011年に改正された。この時の改正で，目的規定に社会的包摂の考え方が導入された。そして，その実現に向けて，国内関連法の制定や改正が行われた。このように現在では社会的包摂の実現に向けた取り組みが進められているが，実際の障害当事者の生活はどうだろうか。

本章では，まず障害者の孤立の状況を整理するとともに，社会的包摂の実現に向けて，ソーシャル・キャピタルの視点を踏まえたソーシャルワークの課題を明らかにすることを目的としている。

第1節　障害者の概要

（1）障害者の定義

日本の法律における障害者の定義を確認しておきたい。まず，障害者基本法では「身体障害，知的障害，精神障害（発達障害を含む。）その他の心身の機能の障害（以下「障害」と総称する。）がある者であって，障害及び社会的障壁により継続的に日常生活又は社会生活に相当な制限を受ける状態にあるもの」と説明されている（第2条第1項）。身体障害者は身体障害があって身体障害者手帳を所持している者（身体障害者福祉法第4条），精神障害者は精神障害のある者（精神保健福祉法第5条），発達障害者は発達障害があるために日常生活や社会生活に制限を受ける者（発達障害者支援法第2条第2項）と定義されている。知的障害者については，知的障害者福祉法に定義はなく，厚生労働省の「知的障害児（者）基礎調査」における定義では，知的障害があることだけではな

第Ⅱ部　社会的孤立の現状と課題

表9-1　年齢階級別障害者等の数（推計値）（2011年）

(人)

年齢	総数	障害者手帳所持者	障害者手帳の種類（複数回答）			手帳非所持かつ自立支援給付等を受けている者	手帳非所持かつ自立支援給付等を受けていない者
			身体障害者手帳	療育手帳	精神障害者保健福祉手帳		
総数(%)	5,111,600 (100.0)	4,791,600 (100.0)	3,863,800 (100.0)	621,700 (100.0)	567,600 (100.0)	319,900 (100.0)	1,888,000 (100.0)
0～17歳	215,300 (4.2)	199,100 (4.2)	72,700 (1.9)	151,900 (24.4)	10,300 (1.8)	16,200 (5.1)	439,000 (23.3)
18～64歳	1,849,900 (36.2)	1,752,500 (36.6)	1,110,700 (28.7)	407,900 (65.6)	408,300 (71.9)	97,400 (30.4)	
65歳～	3,011,100 (58.9)	2,807,600 (58.6)	2,655,300 (68.7)	58,000 (9.3)	144,000 (25.4)	203,500 (63.6)	1,449,000 (76.7)
年齢不詳	35,400 (0.7)	32,400 (0.7)	25,100 (0.6)	3,900 (0.6)	4,900 (0.9)	2,900 (0.9)	

注：％は小数第2位で四捨五入した数値を記入しているため，合計100％にならないこともある。
出所：厚生労働省「平成23年生活のしづらさなどに関する調査（全国在宅障害児・者等実態調査）」の結果と結果の概要をもとに筆者作成。

く，障害により日常生活に支障があるかどうかも含めて判断することになっている。

　このように，日本の法律における障害者の定義は心身の機能に注目したものとなっていることが多い。しかし，障害者基本法では心身の機能の障害があることに加え，その障害や社会的障壁による生活のしづらさを抱えていることも定義に含まれている。これは，2011年の同法改正に際して，障害者権利条約に示された障害者の概念を反映したものとなっている。

（2）障害者の数

　「平成23年生活のしづらさなどに関する調査（全国在宅障害児・者等実態調査）」は，障害者手帳所持者または障害者手帳は非所持であるが，長引く病気

やけが等により生活のしづらさがある人を対象としている。表9-1によると，2011年12月1日現在の「障害者手帳所持者」が479万1600人，「障害者手帳非所持者で自立支援給付等を受けている者」が31万9900人，「障害者手帳非所持者で自立支援給付等を受けていない者」が188万8000人となっている。「障害者手帳所持者」の中では身体障害者手帳の所持者がもっとも多い。障害者手帳の所持が要件とされるのは身体障害者だけであり，障害者手帳非所持者の中には，知的障害，精神障害，発達障害，高次脳機能障害，難病の人が含まれることが考えられる。年齢層でみると，身体障害者については65歳以上の人数がもっとも多いが，療育手帳や精神障害者保健福祉手帳については18歳から64歳の層がもっとも多くなっている。

(3) 障害者の生活状況

先ほどと同様，「平成23年度生活のしづらさなどに関する調査」の結果を用いて，障害者の生活の状況をみていく。結果の表記の仕方として，65歳未満と65歳以上に分けて示してあるものが多いが，ここでは65歳未満の結果を用いて述べていく。

障害者手帳を所持している，あるいは手帳非所持であるが自立支援給付等を受けている障害者について，日中の過ごし方をみると，「家庭内で過ごしている」が40.1％ともっとも多い。これは，障害者あるいは障害児が日常的にかかわる人間が限定されているということ，つまり狭い人間関係の中で生活していることを示しているといえる。小野川・髙橋は，このような生活に起因する障害児の発達上の困難を多くの保護者や支援者が感じていることを明らかにしている（小野川文子・髙橋智，2010）。家族が障害者や障害児の生活にかかりきりになっているだけではなく，障害者や障害児の発達にも影響を与えていることを考えれば，豊かな人間関係を築いていくことが，当事者および家族双方にとって重要なことであるといえる。

日常生活を送るうえでどのような支援を受けているのかについて，福祉サービスを利用しているのは，障害者手帳所持者で15.2％（「毎日」「1週間に3〜

6日程度」「1週間に1～2日程度」「その他」を合計，以下同じ），障害者手帳非所持者で7.6%だった。一方，家族等の支援は障害者手帳所持者の33.0%が受けており，特に療育手帳所持者では49.4%が受けていた。障害者手帳非所持者でも28.0%である。日中の過ごし方として「家庭内で過ごしている」割合が高いことから，家族の支援を受ける割合が高いことは妥当な結果といえる。

　外出の頻度は，障害者手帳の所持，非所持でみても，障害者手帳の種類別にみても，「毎日」や「1週間に3～6日」の割合が高かった。割合は少ないが「外出していない」人もいる。通勤，通学，通所サービスの利用，買い物，散歩，友人と会う，地域の活動に参加するなど，外出にはさまざまな場面がある。外出していない人は，日常生活においてこのような場面がないのか，障害の程度が重度のために難しいのか，そもそも外出を希望しないのか，この結果のみでは理由はうかがいしれない。しかし，外出は社会参加の機会とも捉えることができ，その頻度が少ないということは社会との接点が少ないことを意味するのではないか。

　その外出に関連して，外出をするのに支援が必要な人がどのように外出をしているのか，障害者手帳の所持，非所持でみても，障害者手帳の種類別にみても，「家族の付き添い」の割合が高かった。先ほどの結果と合わせ，障害児・者の日常生活が家族頼みの状況にあることがうかがえる。

　以上，「平成23年生活のしづらさなどに関する調査の結果」の一部を用いて障害者の生活実態をみてきた。この結果から障害者や障害児の生活は，①多くの場面で家族に依存していること，②乏しい人間関係のもとで営まれていること，③社会との接点が少ないことが特徴として見出された。

第2節　障害者の孤立の現状

（1）障害者の家族と孤立

　先に「平成23年生活のしづらさなどに関する調査（全国在宅障害児・者等実態調査）結果」からみたように，障害児・者の生活は家族に負っている部分が大

きい。

　朝日は「平成17年知的障害児（者）基礎調査」の結果を通して，障害児・者が親や兄弟姉妹に依存する暮らしを選択せざるを得ず，その脆弱性のうえに日常生活が辛うじて成り立っていると述べ，わが国の障害者施策は家族への依存を基盤としてきたことを指摘している（朝日雅也，2012）。また，朝日は「障害者は，障害ゆえの社会的な排除を親や兄弟姉妹とともに受け止め，ひそやかに生活せざるを得ず，さらにその家族生活が地域社会からも気づかれないという二重の排除の構造の中に落としこめられてきた」と述べ（朝日雅也，2012：27），障害当事者が地域社会から排除されているだけでなく，その家族が地域社会から排除されていることを指摘している。また，地域に相談相手がなく家族だけで障害児を育てている保護者がいることや（小野川文子・髙橋智，2010），保護者の身体的負担や精神的疲労の背景に，将来に対する不安や地域の支援体制の乏しさがあることが指摘されている（小野川文子・髙橋智，2010）。

　このように，障害者だけでなくその家族も孤立している状況がうかがえる。障害者の支援においては，障害者本人を社会資源とつなぐことだけではなく，必要に応じてその家族も社会資源につなぐこと，そして何よりも将来の不安を解消できるような支援体制の構築が求められよう。

（2）事例：20年間，外とのつながりがなかった知的障害のある男性

　知的障害のある男性の話である（Aさんとする）。Aさんは40代後半で，生活介護事業所を利用している。実はAさんが福祉サービスを利用し始めたのは30代後半の時であった。Aさんは養護学校（現，特別支援学校）を卒業後就職したが，1年も経たないうちに退職し，両親と3人で生活をしていた。間もなく母親が亡くなり，その後父親と二人暮らしとなった。そして，父親が介護保険を利用することになり，ケアマネジャーがAさん宅を訪問してAさんの存在に気がついたという。

　退職してから約20年，Aさんは仕事をするわけでもなく，福祉サービスを利用するわけでもなく，ほとんどを家の中で過ごしてきた。父親の身に何か

あったら，Aさんはどうなっていたのだろうか。現在，Aさんは事業所の利用を楽しみにしており，さまざまな活動に意欲的に参加し，積極的に職員の手伝いもしている。

　Aさんは療育手帳を所持し，障害年金も受給し，養護学校にも通っていた。その点では，Aさんの存在は把握されていた。しかし，養護学校卒業後に一般就労したことで，支援の手が離れ，退職後にそれは再びつながることはなかった。

　この事例から，障害のある人の支援においてはライフステージを考慮するだけでなく，支援の継続性も重要であり，継続した支援が社会的孤立の予防につながることがわかる。当事者およびその家族が，支援が途切れないように，自分たちに必要な制度・サービスに関する情報を集めたり，相談機関に出向いて相談したりするなど，自ら行動を起こすことができるとも限らない。特にこの事例では，Aさんは一般就労により，それまであった支援の手が途切れてしまった。継続した支援を可能にするシステムづくりが求められよう。そのシステムは支援者のみでつくるのではなく，当事者や家族にとって身近な地域の関係者（自治会のメンバーや民生・児童委員など）を巻き込むことで，より強固なものとなるであろう。

（3）障害者と孤立死

　孤立死の事例としてまず，札幌市で2012年1月に姉（42歳）と知的障害のある妹（40歳）が孤立死した問題を取り上げる。

　姉妹の収入は妹の障害基礎年金で，金額は2か月で13万円余り，姉は区の窓口に3回生活保護の相談に訪れていたが，申請には至っていなかった。やがてガスが止められ姉が病死。その後電気も止められ，妹が凍死した。区の担当が福祉サービスを勧めたが，妹の在宅希望が強く利用には至らなかった。姉妹の住んでいたアパートを担当する民生委員は，姉妹の存在を知らなかったという。姉妹は町内会に入っておらず，町内会長も同じアパートに住む住民も姉妹の存在を知らなかった（朝日新聞，2012）。

この問題を受け札幌市は，福祉サービスを受けていない知的障害者を対象に現況調査を実施した。調査結果によると，「一人暮らし」は16.2%，「二人暮らし」は23.7%，「仕事をしている」は49.8%，「いつも家にいる」は34.8%，「買い物や遊びなどに行っている」は29.5%だった。近隣住民の訪問頻度は「来ない」39.5%，「ほとんど来ない」21.7%，また，「民生委員に自分のことを知ってほしいか」という問いに対しては「知ってもらいたくない」が68.3%，「民生委員に自分の家に来てほしいか」という質問には「来てほしくない」が80.9%だった。このような結果を受け，調査結果報告書では，「『一人』または『二人』で暮らしている，『いつも家にいる』，近隣住民の訪問頻度について『来ない』といった人は，『相談相手がいない』と回答した割合が相対的に高く，地域や行政などの見守りのネットワークからもれる危険性もあるものと思われる」と述べている。

　また，札幌市は①電気会社やガス会社等との連携，②区保護課における面接時の注意喚起，③生活保護相談を受けた世帯についての区役所内での情報共有，④障害者相談支援事業所と区役所との状況共有の再確認，⑤要介護者に対する見守り活動を，孤立死対策の柱としてかかげている。

　このような例は，身体障害や精神障害を抱える人にも起こり得る。以下に身体にも障害のある人および精神に障害のある人の孤立死の事例を挙げる。

　身体にも障害のある人の事例は，2011年12月に横浜市で70代の母親の病死後，40代の息子が亡くなったというものである（東京新聞，2012a）。息子には知的障害に加え身体にも重い障害があり，自分で歩いたり食事をとることができなかったという。長男はその年の9月まで障害者支援施設に通っていたが，母親が高血圧や糖尿病を患い，長男の施設への送迎ができなくなった。近所の女性が母親に町内会に誘ったが「世話にならない」と言い，近所づきあいもあまりなかったようである。

　また，精神障害のある人の事例は，東京都で70代の母親と精神障害のある40代の長女が孤立死したというものである（東京新聞，2012b）。区の高齢者対策として調査や見守り，配食サービスがあるが，対象は単身世帯か高齢者のみ世

帯のため，母親は対象とはなっておらず，長女に精神障害があることは区の高齢福祉の担当は把握していなかった。長女は作業所に月2回から4回通っていたが，1か月近く連絡なしで休んでいたという。一人暮らしであれば職員が様子を見に行くが，親が一緒のため安否確認は行われなかった。母親の受診の予約があったのに来なかったと医療機関から連絡を受けた地域包括支援センターの職員が自宅を訪れたが，母親から強く拒否されたためそれ以上の介入はしなかったという。この親子は近所づきあいがなく，近所の人が訪問しても顔を出さなかったようである。

ひとつ目の事例は姉妹二人暮らしであり，知的障害のある妹にとって姉が唯一頼れる存在だったようである。金澤は，このように利用可能な社会関係がひとつしかない人を「孤立予備軍」とカテゴリー化し，孤立リスクの高い人たちと定義している（金澤悠介，2014：139）。札幌市の調査結果では，一人暮らしだけでなく二人で暮らしている知的障害者についても，いつも家にいたり，近隣住民が訪ねて来なかったり，相談相手がいない人の割合が高いことが報告されている。一人暮らしの人のみをターゲットとするのではなく，「孤立予備軍」も視野に入れて支援を考える必要があるだろう。

同様のことは2つ目および3つ目の事例でもいえる。この2事例では同居する母親がいた。2つ目の事例では障害のある長男のケアは母親一人が担っていた。言い換えると，障害者の生活や生命の維持は一人の人間に委ねられていたのである。3つ目の事例では母親が同居していたことから，支援者に問題意識はなかったといえる。

そして3つの事例を通していえることのひとつは，地域とのつながりが希薄だったことである。障害者の孤立死に関しては，家族の支援や地域の福祉関係資源がないこと，地域の関係者が知らないことがセルフネグレクトにつながると指摘されている（井土睦雄，2013：24）。金澤による指摘や札幌市の調査結果からも，ソーシャル・キャピタルが障害者の孤立死と関連しているといえる。

もうひとつは支援機関とのつながりが全くなかったわけではないことである。ひとつ目の事例では生活保護の相談に訪れ，2つ目の事例では長男は障害

者支援施設に通っていたことがあった。3つ目の事例では長女は作業所に通っていたことがあり、地域包括支援センターの職員が自宅を訪れている。しかし、それぞれが独立して情報をもっており、その情報がどこか別の機関や部署と共有されることはなかった。必要に応じて情報を共有し、支援につなげる、あるいは支援を継続していくシステムが求められる。

　それから3つ目の精神障害のある人に関する事例についてであるが、この事例が掲載されていた新聞記事に、次のようなコメントが添えてあった。それは、「精神障害のある子どもの親は世間に気兼ねして生活を隠そうとしたり、周りと交流しなくなりがち。この事例も母から独立していれば防げたかもしれない。障害のある人の自立を家庭だけではなく地域で支援する体制が必要」といったものである。精神障害のある人をめぐってはスティグマの問題も指摘されており（例えば田中悟郎，2004；吉井初美，2009；千葉理恵・木戸芳央・宮本有紀ほか，2012；吉岡久美子・三沢良，2012；嶋本麻由・廣島麻揚，2014）、その必要性を認識しつつも支援につながることを拒むことがある。このような人々を支援に結びつけるボンディング型のソーシャル・キャピタルとして、身近なところでは地域住民、民生委員の存在が考えられるが、ソーシャル・キャピタルとしての役割を果たすためには、後述するように精神障害や精神障害者に関する理解が必要であろう。

第3節　障害者とサービス利用

（1）障害者総合支援法におけるサービス利用までのプロセス

　この法律の正式名称は「障害者の日常生活及び社会生活を総合的に支援するための法律」といい、障害者の福祉サービスの種類や利用方法等に関する内容を定めたものである。サービス利用までの流れについて、図9-1に示す。

　サービスの利用を希望する場合、市区町村に申請をする。市区町村は申請を受け付けた後、認定調査を行う。介護給付の場合は認定調査の結果をもとに障害支援区分の認定を行い、訓練等給付の場合は障害支援区分の認定は行われ

図9-1　障害福祉サービス利用までの流れ

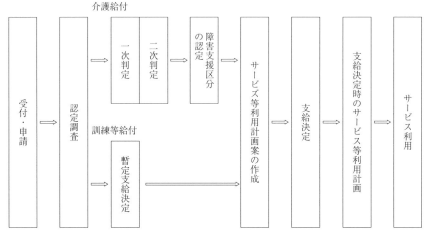

出所：寶田玲子・柿木志津江・木村志保（2015）「滞日外国人の定住化と障害福祉政策への課題――日系ブラジル人の現状から」『総合福祉科学研究』6，54。

ず，暫定支給決定（ひとまず支給決定をした後，実際にサービスを利用して，そのサービスが本人にとって適切かどうかを判断する）がなされる。サービス等利用計画案は相談支援事業者に作成を依頼してもよいし，セルフプランを提出してもよい。

　申請は相談支援事業者が代理で行うこともできるが，いずれにしても自ら申請するか，相談支援事業者に相談することになっている。障害者総合支援法における申請や相談に関する規定が，「福祉行政や相談支援事業所が，積極的に相談しようとしない当事者やその関係者のところへ出向いて，社会支援との接点をつくる努力をするような規定ではない」（井土睦雄，2013：30）ことに問題がある。申請するにはサービスや制度についての情報を入手し，さらにそれを理解することが必要である。そのうえで申請の必要性を認識し，窓口に出向く。これらのことを自ら遂行することが難しい障害者や家族もいることが考えられ，このような人たちは支援にたどり着けないことになる。

　以上のことから，アクセスのしやすさ，理解のしやすさを含めた情報提供のあり方を考えていかなければならない。さらに，支援が必要な人たちの中には

図9-2 希望した障害福祉サービスを利用できなかった・利用しなかった理由

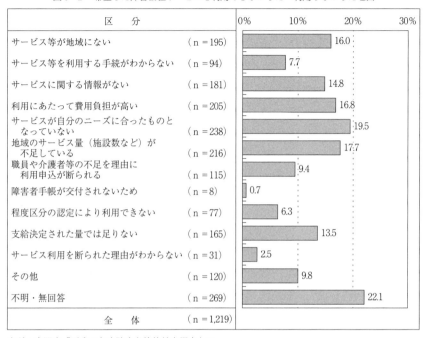

出所：内閣府「平成19年度障害者施策総合調査」26。

その必要性を認識できずに自ら支援を求めない人もいることから，地域の中にそのような人を発見できる存在が必要である。それはもちろん専門職でなくともよいが，そのような人を発見した時に誰に，どこに伝えればよいかを明確にしておくことは重要である。例えば地域住民の立場で身近な存在である民生委員や行政の障害者福祉の窓口，あるいは相談支援事業者が挙げられる。

（2）サービスの利用希望

「平成23年生活のしづらさなどに関する調査（全国在宅障害児・者等実態調査）結果」において，障害者手帳非所持で自立支援給付等非受給者数の推計値は188万8000人，そのうち障害による日常生活を送るうえでの生活のしづらさがある者の推計値は132万9000人であった。また，そのうち福祉サービスを利用

していないが福祉サービスの利用を希望する者の推計値は20万1000人であった。このことについて，福祉サービスの利用希望についての実際の回答数を示したものがある。65歳未満，65歳以上ともに「利用したくない」がもっとも多いが，利用を希望する人（「毎日」「1週間に3〜6日程度」「1週間に1〜2日程度」を合計）は65歳未満で6.3％，65歳以上で19.8％だった。

（3）サービスを利用しない，あるいは利用できない背景

「平成19年度障害者施策総合調査」によると，利用した障害福祉サービスのほかに必要とした，または利用量を増やしたいと思った障害福祉サービスについて，利用できなかった，または利用しなかった理由として，「サービスが自分のニーズに合ったものとなっていない」「地域のサービス量が不足している」「利用にあたって費用負担が高い」「サービス等が地域にない」「サービスに関する情報がない」といったことが多く挙げられていた（図9-2）。

第4節　社会的包摂の実現に向けて

（1）障害者とその家族を「つなぐ」

これまで述べてきたように，社会参加が少ない障害者や，相談相手のないまま障害者の介護を担う家族の存在も明らかになった。貧しい人間関係が，障害者本人の発達に悪い影響を及ぼすことが懸念され，障害者，家族をともに孤立状態に追いやっている。障害者に対しては社会参加を促進するような，例えば当事者団体の紹介，家族に対しては家族会の紹介等，家族以外の他者とつながることのできる機会の提供が考えられる。

実際に，セルフヘルプグループや障害児の親の会が，他者とのつながりをつくり出し孤立感を解消する機能をもつことが，先行研究から示されている（宮原春美・前田規子・中尾優子ほか，2002；今野和夫，2007；高橋実，2010；大江真人・長谷川雅美，2012；吉川桃子・遠矢浩一・針塚進，2012；八峠なつみ・小林勝年，2014：17）。ソーシャルワーカーは，セルフヘルプグループや親の会を社会

的孤立の防止や解消のための有効な社会資源のひとつとして認識しておく必要がある。

　これらの組織は障害当事者やその関係者で構成されるが，それでは障害のある人やその家族と障害のない人の結びつきはどのようなものであるのか，次項で考えてみたい。

（2）障害のある人と障害のない人を「つなぐ」

　ここではまず，「障害者に関する世論調査」の結果を用いながら，障害者に関する意識について述べたい。

　「障害者に関する世論調査」は，2012年7月から8月に実施され，全国20歳以上の日本国籍を有する者の中から層化2段無作為抽出法により3000人が対象とされた。その結果によると，「障害のある人が身近で普通に生活しているのが当たり前だ」という「共生社会」の考え方について，「そう思う」と答えた割合は88.4％（「そう思う」「どちらかといえばそう思う」の合計）であった。また，障害のある人と気軽に話したり，手助けをしたりした経験については，「ある」が70.0％，「ない」が30.0％であった。共生社会の考え方が大切なことと理解されている一方で，実際の生活においては障害者とかかわりのない人もいることが示された。かかわった経験がない理由としては，「たまたま機会がなかった」が83.1％ともっとも多いが，「どのように接したらよいかわからなかったから」が15.9％，「自分が何をすればよいかわからなかったから」が13.4％と続く。つまり，かかわった経験がないのはきっかけや知識がなかったから，ということである。

　知識という点について，吉岡らは，受け手に危険であると受け取られる情報が，スティグマの助長や社会的距離の拡大の可能性があると指摘し，精神疾患の知識と理解の普及・啓発にはこの点に留意する必要性を指摘している（吉岡久美子・三沢良，2012）。つまり，よいかかわりに結びつくには，知識や情報の提供の仕方に配慮を要するといえる。また，千葉らによると，知識のみならず，よいかかわりのための幅広い情報を提供することが，精神障害のある人と

の共生においてより効果的な可能性があると述べている（千葉理恵・木戸芳史・宮本有紀ほか，2012）。知識とかかわりという点では，障害に関する知見だけで目の前の人を理解しようとするのではなく，かかわりを通した理解が必要であるとの指摘がある（中村義行，2011）。

　また，田中は，互いの間に会話や相互行為が存在しない表面的な経験が精神障害者に対する否定的な意識につながっているとし，「本人の長所や短所の両面が分かるまでのつきあいをしているかどうかが大切」と述べている（田中悟郎，2004：37）。つまり，「かかわり」といってもその程度はさまざまであり，単に一言二言ことばを交わすだけでなく，一人の人として理解しうるような「かかわり」でないと，肯定的な意識をもつに至らないといえる。

（3）共生できる地域をめざして

　障害者に対する周囲の意識が，障害者の生活に影響を及ぼすことが指摘されている（例えば，藤井薫，2000；八巻知香子・山﨑喜比古，2008）。

　朝日は，障害者に対する無関心が結果として排除につながり，ネガティブな反応も含めて関心を寄せることが，地域の力を涵養していく方法であると述べている（朝日雅也，2012：29）。

　では，地域住民の意識を変えたり理解を広めたりするために，何が考えられるのか。田中は啓発活動の対象者である住民に対する意識調査から，住民を啓発活動の単なる対象者ではなく，ともに活動を担っていく，また互いに住み良い街をつくっていくパートナーであるという意識をもつことが重要であると述べている（田中悟郎，2004：37）。また，岩田は過疎地域の障害者の地理的孤立の解決に，障害者が直面するバリアを地域全体が直面するバリアと一緒に解消していく開発アプローチが有効であると述べている。その理由をメインストリーミングとエンパワメントということばを用いて説明している。つまり，地域の課題解決のプロセスに参画し（メインストリーミング），地域全体の活性化に貢献するとともに障害者の暮らしをつくる（エンパワメント）からである（岩田直子，2013：67）。障害者と住民が地域課題の解決に向けてともに取り組んで

いくことが，地域住民の意識変革に役立つといえる。また，そのような機会を通して，ソーシャル・キャピタルの3要素（信頼，規範，ネットワーク）を高めることもできる。ソーシャル・キャピタルの豊かな地域においては，高齢者や障害者をケアする体制ができやすいと指摘されており（山内直人，2010：11），障害者と障害のない人がともに活動に取り組むことをきっかけとして，その地域が障害者と障害のない人が共生できる地域となるのだろう。

（4）障害者の地域生活を支援する

　以上，述べてきたように，障害者の社会的孤立の解消および社会的包摂の実現には，障害者が必要なサービスや家族以外の他者とつながることが必要といえる。障害者がサービスとつながるためには，サービスに関する情報を必要な人にきちんと届けること，支援が必要な障害者の存在をキャッチできるようにすることが求められる。また，障害者と他者とのつながりをつくり出すには，障害のない人が障害理解を深めることと，障害者と障害のない人との間に双方向のかかわりが必要であることが明らかとなった。ソーシャルワーカーは，支援が必要な障害者の支援のみならず，障害理解を深めるための方法を検討することや，かかわりの場をどのようにつくっていくかも課題であるといえよう。

注
(1) 障害者基本法第1条の目的規定は以下の通りである。
　「この法律は，全ての国民が，障害の有無にかかわらず，等しく基本的人権を享有するかけがえのない個人として尊重されるものであるとの理念にのっとり，全ての国民が，障害の有無によって分け隔てられることなく，相互に人格と個性を尊重し合いながら共生する社会を実現するため，障害者の自立及び社会参加の支援等のための施策に関し，基本原則を定め，及び国，地方公共団体等の責務を明らかにするとともに，障害者の自立及び社会参加の支援等のための施策の基本となる事項を定めること等により，障害者の自立及び社会参加の支援等のための施策を総合的かつ計画的に推進することを目的とする。」

引用・参考文献
『朝日新聞』「福祉の網すり抜け『孤独死』相次ぐ」2012年1月24日付朝刊29面。
朝日雅也(2012)「障害者の生活を守るには――サポートの視点と課題」『月刊福祉』95

(11), 26-29.
千葉理恵・木戸芳史・宮本有紀・ほか(2012)「精神障害をもつ人々と共に地域で心地よく生活するために，地域住民が不足していると感じているもの——東京都民を対象とした調査の質的分析から」『医療と社会』22（2），127-138.
藤井薫(2000)「知的障害者家族が抱くスティグマ感——社会調査を通して見たスティグマ化の要因と家族の障害受容」『社会福祉学』41（1），39-47.
井土睦雄(2013)「福祉権利の分断性と孤立死——知的障害者・家族の孤立死問題をふまえて」『四天王寺大学大学院研究論集』7，19-38.
岩田直子(2013)「障害者の社会的孤立」河合克義・菅野道生・板倉香子編『社会的孤立問題への挑戦——分析の視座と福祉実践』法律文化社，53-70.
金澤悠介(2014)「社会関係資本からみた社会的孤立の構造」辻竜平・佐藤嘉倫編『ソーシャル・キャピタルと格差社会——幸福の計量社会学』東京大学出版会，137-152.
今野和夫(2007)「障害者の親の会の研究——「秋田すずめの会」の21年」『秋田大学教育文化学部研究紀要　教育科学部門』62，53-63.
厚生労働省「平成23年生活のしづらさなどに関する調査（全国在宅障害児・者等実態調査）結果」(http://www.mhlw.go.jp/toukei/list/dl/seikatsu_chousa_c_h23.pdf，2015.8.24.)
厚生労働省「平成23年生活のしづらさなどに関する調査（全国在宅障害児・者等実態調査）結果の概要」(http://www.mhlw.go.jp/toukei/list/dl/seikatsu_chousa_b_h23.pdf，2015.8.24.)
宮原春美・前田規子・中尾優子・ほか(2002)「発達障害児家族の障害受容」『長崎大学医学部保健学科紀要』15（2），57-61.
内閣府(2008)「平成19年度障害者施策総合調査」第2章調査結果　障害福祉サービスについて (http://www8.cao.go.jp/shougai/suishin/tyosa/19sougo/pdf/2sho-fukushi-s19.pdf，2015.8.24.)
内閣府「障害者に関する世論調査」(http://survey.gov-online.go.jp/h24/h24-shougai/index.html，2015.8.26.)
中村義行(2011)「障害理解の視点——「知見」と「かかわり」から」『佛教大学教育学部学会紀要』10，1-10.
大江真人・長谷川雅美(2012)「セルフヘルプグループに参加しているうつ病者の体験」『日本精神保健看護学会誌』21（2），11-20.
小野川文子・髙橋智(2010)「全国寄宿舎併設特別支援学校（肢体不自由）の保護者・教職員調査からみた寄宿舎教育の役割と課題」『障害者問題研究』38（3），181-191.
札幌市「知的障がい者の現況調査　調査結果報告書　平成24年4月」札幌市 (http://www.city.sapporo.jp/shogaifukushi/genkyouchousa/documents/houkokusho.pdf，2015.8.24.)
嶋本麻由・廣島麻揚(2014)「精神障害者が持つセルフスティグマを増強させる要因と軽減させる要因」『京都大学大学院医学研究科人間健康科学系専攻紀要　健康科学』9，11-19.
高橋実(2010)「発達障害児の地域生活支援の課題について——地方の中核都市A市の保護

者の意識調査から」『障害科学研究』34, 189-204。
田中悟郎(2004)「精神障害者に対する住民意識――自由回答の分析」『人間科学共生社会学』4, 31-41。
『東京新聞』(2012a)「77歳母・障害の44歳孤独死」2012年3月17日付夕刊。
『東京新聞』(2012b)「豊島区の孤立死『障害者と高齢者』世帯」2012年8月3日付朝刊。
八巻知香子・山﨑喜比古(2008)「障害者への社会のまなざし――その内容と特徴」『保健医療社会学論集』19 (1), 13-25。
山内直人(2010)「コミュニティにおけるソーシャル・キャピタルの役割」『環境情報科学』39 (1), 10-15。
八峠なつみ・小林勝年(2014)「セルフヘルプ・グループとしての発達障害児を持つ母親の会――フォーカス・グループ・インタビュー調査をもとに」『教育研究論集』4, 11-21。
吉井初美(2009)「精神障害者に関するスティグマ要因――先行研究をひもといて」『日本精神保健看護学会誌』18 (1), 140-146。
吉川桃子・遠矢浩一・針塚進(2012)「発達障害児のための集団心理療法「もくもくグループ」における「親の会」の意義と課題――卒業生の保護者を対象とした「親の会」での体験に関する追跡調査から」『九州大学総合臨床心理研究』4, 77-85。
吉岡久美子・三沢良(2012)「精神疾患に関するスティグマの影響モデルの検証――うつ病の原因帰属と社会的距離の関連性」『健康心理学研究』25 (1), 93-103。

第10章
難病ある人々の孤立
――難病を取り巻く社会の困難性とその支援――

酒井美和

　一般的に難病は原因不明で治療方法もない病の総称を指す。時代とともに難病とされる病気は変わりながらも，治らない病として人々から恐れられてきた。現在では原因もわかり治療方法もある結核やハンセン病が難病として扱われた時代もあり，それらの人々は家族や社会から迫害され，強制隔離された歴史もある。

　現代ではそのような過ちを繰り返さず，多様な人々がともに自分らしく生きる社会の創生がめざされているが，実際には，難病であることにより，他者からかかわりを拒絶されたり，社会参加が阻まれる場合などがある。それにより，難病ある人々が孤立するケースが見られる。本章では，現代における難病ある人々の事例をもとに孤立とのかかわりを示していく。

第1節　データで見る難病患者の現状

　難病は定義がさまざまであるため，難病ある人々の正確な人数はわからない。しかしながら，現在までに医療受給者証を発行し，難病ある人々の医療費助成を行ってきた経緯があり，それにより，ある程度の数を把握することができる。

　難病ある人々の実態を調査し，また治療研究を進める事業として，厚生労働省により特定疾患治療研究事業が行われてきた。特定疾患治療研究事業は，原因不明，治療方法未確立であり，かつ後遺症を残すおそれが少なくない疾病として調査研究を進めている疾患のうち，診断基準が一応確立し，かつ難治度，重症度が高く患者数が比較的少ないため，公費負担の方法をとらないと原因の

究明，治療方法の開発等に困難をきたすおそれのある疾患を対象として行われる医療費助成事業である。1972年の創設時にはベーチェット病などの4疾患が対象であったが，徐々に対象を拡大させ，2011年には約78万人に特定疾患医療受給者証が発行されている。

そして，2014年5月には，「難病の患者に対する医療等に関する法律」（以下，難病法）が成立したことにより，医療費助成の対象となる難病を指定難病として306疾患まで拡大された。それにより，2014年度末現在は約93万人に医療受給者証が発行されている。したがって，医療費助成を受けながら生活している難病ある人が約93万人いることがわかる。

第2節　難病ある人々の孤立

(1) 早期受診および診断の困難による孤立
① 事　例

Aさん（男性，30代）は，ときおり脱力感と疲労感を感じるようになった。改善されないまま1年が経過したころに整形外科を訪れた。整形外科ではレントゲン等を取られるも異常は見られず，また悪化したら来てほしいと言われ湿布が出された。湿布を貼り続けて半年間，様子を見たが，以前よりさらに脱力感などを感じるようになり力がうまく入れられず，重いものが持てなくなっていた。Aさんは前回の整形外科ではなく，違う整形外科を訪れることにした。しかし，異常はまた認められなかった。Aさんは，インターネットで調べてみたが何科を訪れたらよいのかわからず，結局，内科を数病院まわり，神経内科にたどり着いた。この時にすでにAさんが疲労感などを自覚するようになってから，2年半が経過していた。Aさんは少し症状が和らぐときもあるものの，体が動かせないほどの酷い疲れや痺れを感じるようになり，歩行さえ困難な場合も見られるようになった。Aさんは原因がわからない恐怖と闘いながら，ずっと落ち込んだ気持ちで過ごしてきた。Aさんは今まで仕事に打ち込んで，家族とほとんどかかわってこなかったことから，妻に自分の症状や悩み

については話せなかった。神経内科でさまざまな検査を受ける日々が続き，その後，ようやく医師から難病の多発性硬化症（神経難病のひとつで，病状は軽減と悪化と繰り返す）の疑いがあると話されたのだった。

② 事例の解説・考察

難病の人は初診が遅くなる傾向にある。その理由としては，Aさんのように，多忙な日常の中では初期の些細な症状を本人や家族も見逃し，症状が悪化するまで病院を訪れないことが挙げられる。難病の場合，症状が一定せず，軽減と悪化を繰り返すことも多いため，軽い症状であれば治ったと考えてしまうこともある。軽減と悪化を繰り返し，徐々に重度化することで，受診に至るのではないかと考えられる。

また，初診から疾患の確定まで時間が経過する理由としては，確定診断の困難が挙げられるだろう。難病ある人が受診する場合，疾患に合わせた適切な科を最初から選択することは難しい。いくつもの科をわたり歩きながら，ようやく診断ができる診療科にたどり着く。また，難病は数が少ないため，医師も診察するケースが少なく，症状等から適切な診断を早期に行うことは難しい場合が多い。

このように発病から確定診断まで長期間が必要となる難病ある人々は，病状が悪化していく中，病状が不明であり治療もできないという非常に不安定な状態に置かれ続ける。病名がわからない状況では，さまざまな制度も利用できず，適切な支援を求めることも難しい。例えば，難病ある人々の支援を行う団体やNPOなどもいくつか存在するが，病状が不明な状態ではそのような団体に接触することはない。また，都道府県には難病相談支援センターが設置されており，難病相談を受けているが，こちらも難病であることがわからない限り，相談に訪れる機会もないだろう。以上のことから，難病ある人々は発病から診断まで長期間を要し，その間は適切な医療機関や支援団体等とつながることができず孤立に陥りやすいと考えられる。

(2) 難病の受容の困難による孤立

① 事例

　Bさん（女性，50代）は時々，右手に震えを感じるようになった。震えの頻度が増えてきたため病院を受診したところ，検査を重ねた結果，医師からパーキンソン病（神経難病のひとつで，手足が震えたり，筋肉が強張ったりする）だと告げられた。病名を聞いたことがあったBさんは「治療法もなく治らない大変な病気だ！」と非常に衝撃を受けた。病名を知ってからは心が混乱し，落ち着くことはできなかった。しかし，しばらくした後に「そんなはずはない。今まで元気だった自分は絶対に違う。誤診だ！」と考えた。すぐに違う病院に受診し，パーキンソン病と診断されたことは伝えず，自分の状態を医師に伝えた。検査の結果，医師からは前回と同様にパーキンソン病だと伝えられたのだった。Bさんは，それでも他の似た病気ではないかと思い，いくつもの病院を受診した。しかし，結果は変わらなかった。

　Bさんは今まで普通の生活を送り，飲酒・喫煙もしない自分がどうしてこのような病気になったのかと思うと同時に，今後の人生に対して絶望した。うつうつとした気持ちが続き，今後の生きる希望が湧かず，自殺も頭をよぎるようになったのだった。

② 事例の解説・考察

　難病は原因不明で治療方法もないため，疾患名が確定したとしても難病ある人である本人が難病を受け入れるまでには時間が必要となる。治療方法が存在するならば，治療に向けて活動することができるが，難病の場合には治療方法が確立されていないため自身の疾患を前向きに捉えることは難しい。Bさんのように今後の自身の生活や人生を憂いて，引きこもってしまったり，他者とのかかわりを絶ってしまう場合もある。難病の受容は非常に困難であるが，治療できない病気を受容し，病気とともに生活ができるようになるには自身の症状を理解し，どうにか対応していく術を身に付けていかなければならない。それにはやはり，周囲の理解と支援が重要になるだろう。

（3）難病に対する周囲の無理解による孤立

① 事　例

　Cさん（男性，40代）は大手建築事務所で主任として働いていた。ある時，食事の際に口内に痛みを感じ，鏡で確認をしてみると口内炎がいくつかできていた。数か所のクリニックをわたり歩いたが，改善しないため総合病院を受診したところ，定期的な通院が必要となった。それにより，仕事を休むことが増え，Cさんは業務に支障をきたすこともあった。通院の結果，医師から難病のベーチェット病（免疫疾患のひとつで，全身に炎症などの症状が現れる）だと告げられた。Cさんは非常に驚いたが，それよりも仕事への影響が心配だった。Cさんは上司に難病のベーチェット病と告げられたことを報告したが，病気がわかったなら治療しながら仕事を頑張るようにと励まされたのだった。Cさんは辛い状態の中，どうにか毎日仕事を続けるものの，口内炎や痒みを伴った全身の発疹だけでなく，目に痛みも感じるようになり，仕事が全く進められない状態になってきた。同僚からは，どうしてそのような仕事ができない人が主任なのかと陰口をいわれるようになり，Cさんはチーム内で孤立していった。

② 事例の解説・考察

　難病は症状が安定しない場合が多い。また，外見には症状が表れにくい，わかりにくい難病もある。このような難病ある人が就労していた場合，勤務を続けるには周囲の理解が重要となる。

　症状が悪化と改善を繰り返す場合，毎日の通常勤務は難しい。突然の早退や遅刻，欠勤などを頻繁にせざるを得なくなる。そのような自由な勤務体制は一般的に認められておらず，仕事も滞りがちになる。また，外見には症状が現れにくい難病の場合，症状の悪化によって仕事が難しくなったとしても，視覚的には他者にわからないためCさんのように周囲の理解が得にくい。むしろ，怠けている，自分勝手だと捉えられるようになり，職場の中で孤立してしまうことが多くある。そのような場合，勤務を続けることは難しく，退職せざるを得なくなる。また，退職することで人間関係が絶たれ，孤立することが考えられる。

(4) 外出の困難による孤立

① 事 例

重症筋無力症（全身の筋力が低下する難病のひとつ）のDさん（女性，50代）宅は1階が駐車場になっており，2階がリビング・キッチン，3階が寝室や子ども部屋になっている。Dさんは，症状の進行により，気管切開を伴う人工呼吸器を装着しており，2階のリビングで移動式のベッドに寝たきりの生活を送っている。体調は不安定であり，時には急な変化のため，救急搬送される場合があり，短期間の入院も繰り返した。その過程において，地域の保健師や病院のソーシャルワーカーと知り合い，自宅でのケア体勢を整える相談を行うことができた。それにより，訪問看護や訪問リハビリを利用できるようになった。ソーシャルワーカーは訪問介護の利用も提案したが，Dさんは訪問看護とリハビリだけで十分であるとして，母親（80代）による介護を希望した。「なるべく他者のお世話にはなりたくない」ということであった。母親もDさんの介護を自分が担うことを希望した。

24時間の寝たきり生活は良くないとして，主治医等から散歩を勧められたが，Dさんは外出先で何かあったらどうしようという不安が大きく，外出したいと思うものの実行する勇気はなかった。また，外出したいと思ったとしても，ベッドから車椅子の移乗は高齢の母親にとって重労働であり，頼むことはできなかった。加えて，外出する場合は呼吸器のセットだけでなく，万が一に備えてアンビューバッグ（マスク式の換気機器）の用意などさまざまな必要物品を揃えなければならず，重い物品が搭載された車椅子を母親が押すことはできなかった。それだけでなく，Dさんが1階に移動することも困難であり，外出するためにはいくつもの壁があった。

② 事例の解説・考察

難病ある人にとって，外出は非常に困難である。症状により，身体を動かすことに痛みを感じたり，温度等による環境の変化に身体が対応できないなど，さまざまな課題がある。特に，Dさんのように人工呼吸器などの医療的ケアを必要とする難病ある人の場合には，外出時には何か異変が起きた時のさまざま

な対応が必要となるため,多くの困難を伴う。そのため,難病ある人の多くは,症状の進行に伴い外出を控える傾向にある。その結果,今までもっていた人とのつながりが絶えてしまったり,新たなつながりをつくりにくくなり孤立してしまう場合がある。

(5) コミュニケーションの困難による孤立

① 事 例

神経性難病の筋萎縮性側索硬化症(ALS)のEさん(男性,40代)は妻の介護を中心として,訪問介護,訪問看護,訪問リハビリなどを利用しながら在宅生活を送っている。このまま在宅生活が送れそうだと感じたEさんは,迷った結果,気管切開による人工呼吸器の装着と胃瘻の取り付けを行うことにした。しばらく入院することになったが,妻が24時間付き添うことはできず,かといって病院内でヘルパーを利用することも事業所と相談した結果,難しかった。Eさんは妻がいないときには病院の看護師にさまざまな依頼を行おうと思ったが,透明文字盤を読み取ろうとしてくれる看護師は少なかった。Eさんは,看護師等が一生懸命にケアしようとしてくれることはわかるものの,自分の意思を十分に汲み取ってもらえる時間も余裕も相手にはなく,次第に思いを伝えることを諦めた。他者とのコミュニケーションがほとんど図れず非常に辛く,孤立した入院生活であった。

② 事例の解説・考察

さまざまな難病の中には症状の進行により,Eさんのように他者とのコミュニケーションが困難になる場合がある。意思を表示するために手足を動かすことができなくなったり,発話が難しくなったりするもので,その代表例が,筋萎縮性側索硬化症である。人工呼吸器を装着する段階に至ったALS患者の多くは,すでに手足を動かすことは困難であり,ジェスチャーによる意思の伝達はできない。したがって,多くの場合は僅かに動く体の一部分を使用してのコミュニケーションになる。

比較的,瞼は症状が進行しても動きやすいといわれており,瞼の上げ下げに

より Yes/NO の意思を伝えることができるが，具体的な内容は伝達が難しい。そのため，患者が眼球を動かし視線を読み取ることで一文字ずつ介助者が文字を読み取る「透明文字盤」によるコミュニケーションも図られるが，誰もがすぐに簡単に行えるものではなく練習が必要となる。そのため，透明文字盤を使用したコミュニケーションでは読み取れる相手も限られ，コミュニケーションには時間も必要となる。また，声を発することができなくても口が動く場合には，口の動きでことばを読み取る方法もあるが，相互にさらなる熟練の技術が必要となる。

近年は科学技術の進歩により，視線を読み取ることで使用できるパソコンやさまざまな形状のマウス，専用の OS，全く筋肉が動かなくなっても意思が読み取れるような機器の研究開発もされるようになってきた。しかし，高額であったり，実用化にはまだ至っていなかったり，自身には合わないなど使用できない場合も多い。筋力が衰える中で，そのような機器を通してコミュニケーションを図ることも，ALS 患者にとっては，非常に重労働となりうる。重労働を通して意思の疎通を他者と図ろうとしても，なかなか上手く伝わらない場面を繰り返すことで，コミュニケーションを諦めてしまうことも考えられる。また，ALS の場合にはトータル・ロックインと呼ばれる，完全なる閉じ込め（瞼や眼球等も一切動かない）になることで，相互のコミュニケーションを図る術が全くなくなり，物理的な孤立状態になる場合もある。

(6) 希少難病患者の孤立
① 事　例
　Fさん（女性，20代）は，あるとき原因不明の体の痛みや熱に悩まされた。近所のさまざまな診療所をめぐったが病名はわからず，結局，自宅から電車で3時間もかかる大学病院で検査を受けることになった。検査のために数週間入院した結果，進行性の希少難病であることがわかった。日本の患者は数人しか確認されていないという。治療方法はないと聞き，Fさんは目の前が真っ暗になるような絶望を感じた。患者数が少ないため，厚生労働省の定める難病の指

定は受けておらず、医療費の助成や治療研究の推進は行われていないという。Fさんは、今後、どうしたらよいのか全くわからなかった。医師からは当該病院では前例がないため、今後の方針を立てることも困難であり、治療方法はないと言われた。Fさんは呆然とするのみだった。

② 事例の解説・考察

障害者総合支援法では、難病ある人も認定の手続きを経ることで障害者福祉サービスを受給できるようになった。また、難病法により、医療費助成の対処疾患も拡大された。一見すると、難病ある人の全てがさまざまな公的支援を得られるようになったように考えられる。しかし、実際にはそのようになっていない。例えば、Fさんのような希少難病患者のことが挙げられる。

難病法により、医療費助成の対象となる難病は約300疾患に拡大されるが、その中に多くの希少難病は含まれていない。希少難病は患者数が少ない難病を指し、その種類は数千とも数万ともいわれる。これらの希少難病患者は原因不明、治療法が確立されておらず生活にさまざまな困難を抱えているが、障害者福祉サービスの利用や医療費助成は受けられない。また、国が定める研究対象の疾患ではないため、治療法の開発なども難しい。希少難病患者は多様な困難に直面するが、公的な医療・福祉サービスは受けられず、個人で解決をしていかなければならない。また、患者数が少ないため、同病の患者と接触できる機会もなく、孤立する傾向にある。

第3節　難病ある人々の孤立の改善に向けて

（1）本節のねらい

今まで述べてきたように、難病ある人々にはさまざまな孤立がある。その中でも前節では、①早期受診および診断の困難による孤立、②難病の受容の困難による孤立、③難病に対する周囲の無理解による孤立、④外出の困難による孤立、⑤コミュニケーションの困難による孤立、⑥希少難病患者の孤立の視点から難病ある人の孤立を述べてきた。本節ではソーシャルワークとソーシャル・

キャピタルをキーワードとして，これらの孤立に対してどのような支援の可能性があるのかについて検討を行う。

そして，特に孤立が抱える課題の改善には，ソーシャル・キャピタルの中でも「閉じたネットワーク」，「開いたネットワーク」が有効な視点のひとつであると考えたため，この視点に基づき事例を再検討する。これらのネットワークは，シカゴ大学のジェームズ・コールマンが述べた概念であり，閉じたネットワークでは，互酬性が高いことを示した。閉じたネットワークは，例えば知り合いだらけの関係性であり，そこでは新しい情報やかかわりは生まれにくい。一方，開いたネットワークは，固定された知り合いだらけの関係ではなく，もっと流動的で新しい人とのかかわりが生み出されていく関係を示す。

（2）事例1：早期受診および診断の困難による孤立

第2節（1）の事例では，病院をわたり歩きながらも，なかなか適切な診療科へとたどり着けないAさんの姿が描かれていた。Aさんに適切な診療科をソーシャルワーカーが判断し，紹介するということは難しいが，その経過において発生する今後の生活に関する心理的・社会的不安などの軽減に対しては，相談支援ができるだろう。また，診断名がようやく確定した後には，Aさんの「自宅―病院―会社」から構成されるソーシャル・キャピタルにおける閉じたネットワークをさまざまな患者の支援団体に紹介することにより，開いたネットワークへとつなげることも可能となる。また，指定難病であった場合には医療費助成を受けることができる。そのためには，どのような書類を集め，どのように申請したらよいのか等についても，ソーシャルワーカーは相談支援を行うことができる。

閉じたネットワークの中では，そのような支援制度の存在を知ることは困難であるが，ソーシャルワーカーがネットワークを広げる役割を担うことで，さまざまな支援組織や利用できる支援制度へとつなげることができる。特に，難病の場合には医療・福祉・障害に関する各種制度を利用することができるが，非常にわかりにくいシステムになっている。ソーシャルワーカーは難病のある

人が必要な支援を受けられるように，適切な社会資源へとつなげる役目が大きいといえるだろう。

（3）事例2：難病の受容の困難による孤立

第2節（2）の事例では，治療法がない難病であることがわかり，Bさんは混乱した状況に陥った。心には非常に重い負荷がかけられ，生活リズムも乱れてしまっていた。その結果，難病の人の中にはうつ病などの精神障害を併発してしまう場合もある。ここでソーシャルワーカーができる支援としては，例えば混乱に陥る状況を少しでも経験するために，場合によっては主治医が疾患名を伝える時に同席し，今後の生活等の不安感を和らげる役割を果たすことが挙げられるだろう。また，患者や家族が主治医に聞きたいけれど，なかなか聞けない疑問などがある場合には，患者の思いを代弁することも考えられる。そして，ソーシャルワーカーとして重要な役割のひとつとして，ピア・カウンセリングを行っている同病の患者や家族を紹介したり，知り合う機会を設けたりすることが挙げられる。

「家族―病院―会社」という閉じたネットワークの中では得られる情報は限られ，今後，どのような生活に変化していくのか不安は大きい。同じ難病でもさまざまなケースがあることを伝え，例えば各種の医療・福祉サービスを活用しながら，在宅生活を送る同病の患者や家族へとつなげることで，難病でもこのような生活が送れることを実際に見て，知ることができる。それにより，自身の難病に対する理解を深め，受容へと促すことができる可能性があるだろう。すなわちソーシャルワーカー自身が，ソーシャル・キャピタルのひとつとして，難病ある人のネットワークを広げる機能を担うことが求められる。

（4）事例3：難病に対する周囲の無理解による孤立

第2節（3）の事例ではCさんは徐々に職場内で孤立する様子がうかがえた。これは職場内でCさんの病気や症状に対する理解が得られないことが一因として挙げられる。近年では難病相談支援センターに相談員が配置され，難病患

者の本人だけでなく，就労先のサポートもハローワークと提携しながら行っているセンターもある。例えば，難病相談支援センターのソーシャルワーカーが会社に患者とともに訪問し，病状などを伝え，患者の思いを代弁することができる。そして，どのようなサポートがあれば就労ができるのか，どのような形態の就労が可能なのかなど，具体的な相談支援も可能であろう。それにより，会社内の限られたソーシャル・キャピタルによる「閉じたネットワーク」だけでは，解決できない課題に対しアプローチすることができる。本人のネットワークと会社内のネットワークを相談員などが介入することで，「開いたネットワーク」へと向かわせることができる。その結果，ソーシャルワーカーは難病の理解を促し，働きやすい環境づくりの継続的支援ができるのである。

（5）事例4：外出の困難による孤立

第2節（4）の事例では，Dさんは徐々に症状が進行することで，介護が必要な状態へと変化していた。そして，なるべく母親による介護を希望していたため，Dさんの生活はほとんどが母との二人きりの生活になり，時々訪問する看護師など以外とはかかわらない生活となっている。この事例ではDさんが最低限の在宅サービスのみを利用することで，Dさんと母親の在宅生活におけるボンディングがより結束し，他者に対する排他的傾向がみられた。それにより，他者の協力が必要となる外出が困難になっている。

外出が困難なDさんに対しては，ソーシャルワーカーはアウトリーチとしてDさん宅を訪問し，Dさんとともに現状を確認しながら相談支援を行うことが望ましい。訪問の際には，相談員だけでなく，地域の保健師などとも連携し，Dさんの状況について情報共有ができるとよい。それにより，Dさんや家族の抱える課題をより適切に支援できるだろう。2階に住むDさんにとって外出は非常に困難ではあるが，「外出したい」というDさんの思いを自身が表現できるようにエンパワメントを促し，そのためにエレベーターを設置する等の住宅改修も視野に入れた相談支援を展開できる可能性がある。また，実際に重度訪問介護などを利用することで重度の身体障害があるDさんでもヘル

パーを利用し外出できることを伝え、家族だけの閉じたネットワークから、外出を通した開いたネットワークへとつなげていくこともできるだろう。ソーシャルワーカーには、Dさんのソーシャル・キャピタルを増やしていく支援が必要となる。

（6）事例5：コミュニケーションの困難による孤立

　Eさんには進行性の難病があり、徐々に筋力が衰えていく。それにより、他者とのコミュニケーション方法は限られ、物理的な孤立に陥る。特に、Eさんのコミュニケーションには時間と技術が必要となるため、コミュニケーション相手が限られていく傾向にある。コミュニケーションの減少は物理的にも心理的にも孤立と孤独をもたらすため、決して良い状況は導かない。Eさんの思いが汲み取れないと、Eさんが過ごしやすい在宅生活を送ることも不可能となる。それを防ぐためにも、ソーシャルワーカーはもちろん、充分ではないものの自ら難病の人に合わせたコミュニケーション技術を獲得する努力をしなければならない。難病ある人とのコミュニケーションが図れない場合、家族に意思を確認してしまいがちだが、本人の意思は家族と異なる場合も多くある。したがって、まずは難病のある人とコミュニケーションを図る方法を自らが模索していくことが重要となるだろう。そして、方法を見つけたならば、他の専門職にも伝え、難病のある人の症状に合わせたコミュニケーションをさまざまな専門職も行う必要性の意義を共有していかなければならない。それにより、意思疎通が図れる家族とのみの閉じたネットワークから、専門職などとのコミュニケーションも可能となる開いたネットワークへと導くことができる。そして、ソーシャル・キャピタルの充実へとつなげていくこともできるだろう。

　また、難病ある人は障害福祉サービスも利用できる場合があり、支給決定は市区町村による裁量が非常に大きい。市区町村独自のサービスがある場合もある。例えば、ALSのような筋力が衰えていく難病ある人にとって、PCなどを使用したコミュニケーションは非常に重要な手段となる。しかしながら、高額であるため、購入は難しい。難病ある人にとって、どれくらいPCなどのコ

ミュニケーション機器が重要な役割を果たしているのか,ソーシャルワーカーは代弁していかなければならない。それにより,購入費の補助が認められる場合がある。ソーシャルワーカーはどのようなケースでは,何が認められたのかなど,常に情報収集を行う必要があるだろう。

(7) 事例6:希少難病患者の孤立

　障害者総合支援法により,一定の条件を満たした難病ある人は公的支援サービスが受けられるようになった。しかし,厚生労働省が認める難病は拡大しているとはいえ,多くの希少難病患者は厚生労働省が定める定義に当てはまらずさまざまな公的支援を受けられずにいる。希少難病患者は数が少なく,そのため研究も進んでいない。近年は,そのような状況を打開するため,個々の難病患者支援組織ではなく「希少難病」全般を対象とした患者組織も展開されるようになってきた。希少難病の各自の疾患や症状は異なるものの,抱える困難には共通事項も見られる。例えば,前述したように,同病患者が少ないため参考や相談できる同病患者を見つけられず,つながりたくてもつながることができない状況にある。つまり,ソーシャル・キャピタルが乏しいため,開いたネットワークを構築しようとしても,非常に難しい状況にあるということである。また,医療や福祉サービスも受けられず,研究も進められていないため治療方法が見つかる展望もないなど,日々の不安は大きい。これらを少しでも改善するために,希少難病のある人たちが一緒に活動し,国や市区町村に改善を求めていくことで,今後,さらに希少難病ある人々の支援も行われていく可能性がある。しかしながら,希少難病ある人々は不安定な症状を抱えているため,そのような活動を継続的に続けていくことは困難である。したがって,ソーシャルワーカーは希少難病ある人々の声を集めて,国や市区町村に届けていく代弁を協働して行いながら,実際に制度の実現へと結び付けていくソーシャルアクションを積極的に行っていくことが求められるだろう。

引用・参考文献

Coleman, J. S.(1988)"Social Capital in the Creation of Human Capital", *American Journal of Sociology*, 94 : S95-S120.(＝2006，金光淳訳「人的資本の形成における社会関係資本」，野沢慎司編・監訳『リーディングス ネットワーク論――家族・コミュニティ・社会関係資本』勁草書房。)

稲葉陽二(2011)『ソーシャル・キャピタル入門――孤立から絆へ』中央公論新社。

厚生労働省「難病対策」(http://www.mhlw.go.jp/stf/seisakunitsuite/bunya/kenkou_iryou/kenkou/nanbyou/, 2016.7.1)。

難病情報センター「特定疾患医療受給者証所持者数」(http://www.nanbyou.or.jp/entry/1356, 2016.7.1)。

Putnam, R. D.(2000)*Bowling Alone : The Collapse and Revival of American community*. New York : Simon & Schuster.(＝2006，柴内康文訳『孤独なボウリング――米国コミュニティの崩壊と再生』柏書房。)

第11章
セルフ・ネグレクトによる孤立
――ごみ屋敷問題における援助「拒否」への対応と取り組みから――

小口将典

　今日の社会的孤立にはセルフ・ネグレクトの問題が潜んでいる。言い換えれば，セルフ・ネグレクトケースの中に，社会福祉援助を必要とする近年の個人・家族の今日的課題がもっとも鮮明に現れているといえるのではないだろうか。

　そこで本章では次の2点からセルフ・ネグレクトケース，いわゆる「ごみ屋敷問題」における介入を，ソーシャル・キャピタルの視点から考える。ひとつは社会福祉サービスの中で福祉専門職を悩ませるクライエントの援助「拒否」[1]に着目し，生活が後退していくプロセスを考え，「生活の縮小」「生活が後退」する一過程を仮説的に提示する。もうひとつは，セルフ・ネグレクトケースへの介入を，「生活の後退からの回復」と名づけ，本人（クライエント）の「心地よさの体験」と「生活イメージの回復」[2]という援助の試論を提示し，人々がもつ信頼関係や人間関係（社会的ネットワーク）によって，解決する手がかりを見出したい。

第1節　社会福祉におけるセルフ・ネグレクトへの関心

（1）セルフ・ネグレクトの定義

　セルフ・ネグレクトという語は，わが国においては，法的な定義もなく専門職の間でもまだ一定の共通認識がなされていない状況にある。「東京都高齢者虐待対応マニュアル」では，高齢者のセルフ・ネグレクトを「一人暮らしなどの高齢者で，認知症やうつなどのために生活能力・意欲が低下し，極端に不衛生な環境で生活している，必要な栄養摂取ができない等，客観的にみると本人

の人権が侵害されている事例」として，自己放任と定義したうえで，高齢者虐待に準じて対応すべきと示している。

　本章でも，セルフ・ネグレクトを東京都の定義と同様に捉え，津村らが定義した「高齢者が通常一人の人間として，生活において当然行うべき行為を行わない，あるいは行う能力がないことから，自己の安全や健康が脅かされる状態に陥ること」（津村知恵子ほか，2006：2）を用いる。この定義は，「行う能力がある」のに「生活において当然行うべき行為を行わない人」と，「行う能力がない」ために「生活において当然行うべき行為を行わない人」の両方を含めているからである。それは，認知症や精神疾患等により認知・判断力が低下してセルフ・ネグレクト状態に陥っている場合（意図的でない）であっても，認知・判断力の低下はなく，本人が何らかの意図に基づいてセルフ・ネグレクト状態に陥っている場合（意図的）であっても，生命や健康にかかわる状態であれば，社会福祉の援助の対象となるべきであると考えるからである。さらに，日本人の国民性として，世間体や気兼ねから必要な支援・サービスを受けることを躊躇したり，行政の申請主義や申請手続きが複雑な日本の制度・システムを考慮した場合に，本人が意図的に行っているのかどうかという判断はきわめて難しく（岸恵美子，2013），援助におけるアウトリーチの重要性も含めた概念として捉えなければならないという理由も含まれている。

（2）セルフ・ネグレクトへの援助における「拒否」の概念

　セルフ・ネグレクトへの援助において大きな問題となるのが「拒否」の問題である。クライエントはしばしば，介入に際して強い抵抗を示すことがある。それは，問題に対する自覚の乏しさや問題状況についての誤った認識に結びついている場合と，実は気づきながらも問題状況が解決されることへの不安や恐怖感が引き起こしている場合がある。したがって，その問題状況を生み出している構造について，その問題の性質から理解する視点をもつことが援助者の必要条件となる。そこで，セルフ・ネグレクトにおける援助「拒否」への介入の概念を以下のように示す。

セルフ・ネグレクトにおける援助「拒否」を生活の後退の中で示される自己主張として受けとめ，クライエントのQOL（生活の質）を高める機会として，これまでの生活の後退，悪化・悪循環から抜けだせるよう，日常生活の回復や立て直しをはかっていくものである。また，それらは一方的に利用者の生活を変えるものではなく，これまでの生活の中で忘れられた，過去の心地よい生活のイメージを呼びおこし，「心地よさ」の体験を手がかりに，本人の主体的な生活後退(3)からの回復をめざす一連の援助活動である。

第2節　セルフ・ネグレクトケースにおける多様な「拒否」

(1)「拒否」の類型と場面

　セルフ・ネグレクトケースの，いわゆるごみ屋敷問題で多いのが入室の「拒否」である。訪問をしても「結構です」と断られたり，訪問初日から会うこともできない「拒絶」の事態などがある。また，玄関など家の中に入ることができても「特に困っていることはないので結構です」と玄関からの入室や，サービスの申し出も断られることもある。本人が拒み否定的な態度で接してくるなどのケースなどである。

　このように，「拒否」にはさまざまな内容と場面がある。しかし，それを本人の心理的要因だけに限定せず，生活費・住宅費・諸サービスなどの生活手段，家族，近隣・社会関係，生活歴も含めた本人のパーソナリティなどの現状を広く見渡すことが必要となる（小川栄二，1999）。

(2)「拒否」の背景のアセスメントおよび考察

　それでは，具体的な場面からその背景にあるクライエントの状況と対応を考察する。具体的なワーカーのアセスメントの視点と行動の一例は表11-1に示した通りである。クライエントが示す「拒否」の背景にある意味をアセスメントし，ソーシャルワーカーとしてどのようなかかわりをしていくのかが重要となる。

表11-1 「拒否」のアセスメント

場面	拒否の表現	アセスメント	次の行動
クライエントに出会う前	電話に出ない 電話を切る	・電話の音が聞こえない（聴力） ・歩きにくくて電話に出るまでに時間がかかる（歩行能力） ・受話器越しの声は聞こえない（聴力、意思決定力） ・話すことができない（意思伝達力） ・面倒くさい（意欲） ・警戒心が強い（意思決定力）	・身体能力に関する情報を周囲から収集する ・自宅を訪れる ・自宅を訪れる前に申請者が安心できる人に同行を依頼する
	自宅を訪れるが、返事がない	・洗濯物が干されているかを確認（整容意欲） ・庭の木々や草の生え方を確認（活動範囲） ・自動車の有無を確認（活動範囲） ・電気がついていないかを確認（生活歴） ・ベッドがあいないかどうかを確認（衛生意欲） ・自宅周辺のにおいを確認（生活歴） ・自宅内の物音がしないかを確認（聴力）	・自宅にいるかどうかを確認する ・申請者の生活を感じる情報を収集して、その生活を想像する
クライエントに出会った時	玄関を開けてもらえずに「お帰りください」と言われる	・足音の速度はどうか（歩行能力） ・返事がある（聴力、意思伝達力） ・声かけが理解できる（認知能力） ・声のトーン（体調、気分）	・来訪した事情を話り出す ・「お元気そうですね」「体調はいかがですか」など、一般的な短い質問をする ・諦めて帰る
	・少し戸を開けて、「けっこうです」と言われる ・少し戸を開けて、目を合わすことなく「何ですか?」と聞かれる	・自宅内のにおい（排泄、調理、衛生意欲） 	・「お庭をずいぶんときれいにされているのですね」「今日は天気がいいから洗濯物が良く乾きそうですね」など、自宅周辺の様子を肯定的に話す
	奥のガラス窓から不可解な表情でこちらを見ている	・支援者が確認できる（視力） ・玄関まで歩けない（歩行能力）	・名札を掲げて頭を下げ、用事があって来たことを表現する ・申請者のもとへゆっくりと歩いていく

182

第11章　セルフ・ネグレクトによる孤立

場面	クライエントの様子	観察項目	対応
「帰れ」と怒られる	感情に不安定さがあるか（認知機能）		・来訪した事情を語り出す ・「体調はいかがですか」など、一般的な短い質問をする ・諦めて帰る
クライエントに出会ってから	・不機嫌そうな表情でこちらを見ている ・話しかけても返事がない ・自分から話そうとしない	・目が合うか（視力） ・表情や目元、口元はどうか（体調、程度） ・衣服や頭髪に乱れはないか（衣服の着脱、整容意欲） ・室内の整頓状況や床や畳の状況（整容意欲、掃除状況） ・カレンダーや時計（日時の理解力） ・玄関に置いてあるもの（来客頻度） ・壁に貼ってある写真（家族関係） ・すぐに手が届く机の上にあるトロフィー（過去の生活感） ・室内のにおい（排泄の失敗、入浴頻度、調理使用の有無、ペットの有無、整容意欲） ・室内の湿度（拒否の程度、衛生意欲） ・カーテンの状況（衛生意欲）	・訪問をした一般的な話をする ・自宅周辺の様子から、申請者が生活の中で大切にしているであろう事柄を話題にする ・今日の体調を聞いてみる ・「今、食事をとられたのですか」と、嗅覚から想像される内容を聞いてみる ・症状とトロフィーの内容について触れてみる
	自分のできることばかりを主張し、事実を話さない 途中で話すのをやめ、その場からいなくなる		・申請者の主張を受容し、その途中で客観的事実から、生活を語ってもらう ・本人の後を追う ・しばらく待つ ・日を改める

資料：度会広域連合　上田浩史作成。
出所：小口将典（2015）「セルフ・ネグレクトにおける援助「拒否」への介入と援助展開」『大坂社会福祉士』第21号，36-37を一部改変。

① 家の外での拒否：家に入れてもらえない場合
- 事例：何度も訪問をするが本人とは一度も接触できないケース

　地域住民からの「ごみが家の周りに集められており，異臭に困っている」という通報により，ソーシャルワーカーは何度も家を訪問しているがドアの鍵がかかっており本人に会うことができない。家の中からは，人がいる気配はするがカーテンを閉め，こちらからの問いかけに応じないことが，半年以上続いている。地域住民との関係も悪化しており，においや，虫，衛生面などの苦情が寄せられている。

　ドアを開けないのは，他人との接触そのものを拒んでいると考えられるが，応答がある場合とない場合，応答がなくても家の中から物音がする場合と全くしない場合では対応は異なってくる。全く応答がなく気配がなかったとしても，家の中で身体の体調が悪くて倒れていることも考えられるため，電気メーターの確認や，郵便・新聞などがたまってはいないか，近所の人から最近の様子を聞くなど，ドアを開けることができない中でも可能なアセスメントを通して，間近な生活を探る必要がある。その他，なぜ「拒否」をしているかということについては，以下のような理由が考えられる。

- 相手が誰だかわからず警戒して拒否している場合

　めったに来談者がないので突然の訪問に驚いている，耳が遠いために閉じこもり他人に懐疑的になっている，他人の認識に障害（例えば，認知症，知的障害）がある，来談者がわからないなどの場合にクライエントに強い警戒心が生まれる。特に，近年では高齢者を狙った悪徳なセールスや勧誘などの事件が多発しているために，自己防衛の手段として警戒していると考えることもできる。

- 福祉関係の職員であると知って拒否している場合

　役所，福祉関係の職員や近隣の地域住民に対する誤解や嫌な体験をもっていることが想定される。そのために，こちらが本人にとって対立的な関係ではないことをいかにして伝えるのかが大きな鍵となる。繰り返しの訪問や，本人の「拒否」にどのような事情があるのかをつかむことが必要となる。

② 本人と接触できたが室内には入れてくれない場合

ドアを開き，本人に会い，話をすることができれば，次の項目に注目する（小川栄二，1999）。

- 本人の身体の様子

日常生活動作（ADL）・顔貌・表情・視線・服装と清潔状態・皮膚・髪，爪などの各部分。

- 玄関，見える範囲の室内の様子

履物の様子によって外出の有無が確認できる。玄関に入った時のにおい，室内の整理整頓，ほこりの積もり方，家財・窓・室内の暗さ，など。

- その他の後退していると思われる生活の状況

具合の悪いところはないか，食事は食べたか，何時ごろ起きているのか，家族・親族・近隣関係の有無のほか，家や室内に入れてくれない場合は，家の中を見られたくない，または入り込まれたくない，という気持ちが強くあると考えられる。散らかっているので恥ずかしい，あれこれと言われそう，地域から疎外・迫害されるのではないかという不安もあり，公的な福祉は費用がかかるのでサービスを受けることなど考えられないといったように，世話を受ける価値観とイメージの欠如が「拒否」を強化することもある。

また，そこには本人の自立観の問題も考えられる。福祉のサービスを利用するのではなく，他人の世話・迷惑にならないで生きていきたいというものである。こうした，心理的な背景の中で，認知症，対人関係の不和，家族問題，生活意欲の低下，閉じこもり，孤立，地域からの疎外などの問題が覆いかぶさり問題が複雑化していることが考えられる。

③ 本人とのかかわりの中で示す「拒否」の場合

- 事例：かかわりの中で示す「拒否」

普段は温厚なAさん（女性，82歳）は，いつもと違う介護者がオムツの交換をしようとすると，「触らないで」と怒鳴る。いつも担当しているホームヘルパーのDさんが訪問する日には，これまで問題が起こったことはない。Bさん（男性，76歳）は，デイサービス利用の「拒否」，通院の「拒否」，入浴の

「拒否」，保清，室内清掃，摂食，オムツ交換，などの福祉サービスや援助内容の「拒否」などを示し，支援を開始することができない。また，明確な「拒否」までには至らないが，Cさん（男性，70歳）は，高血圧や糖尿病などの疾患のため食事の助言をしても，「わかりました」と言って一向に改善する気配はない。

　Aさん，Bさんのケースは，体に触れられることの「拒否」の例として挙げられる。リウマチ・拘縮など身体を動かすと痛む場合や，障害を見られたくない，恥じらいとして具体的な介護場面で「拒否」として現れることが考えられる。Cさんは，福祉専門職の介入によってこれまでの生活の中で固定化されている生活のリズムや内容を変えることに「拒否」を示すこともある。

　このように，援助「拒否」の類型の一部ではあるが，その「拒否」の背景にある本人の心理的な側面や，「拒否」を強化してしまうこれまでの社会関係や生活歴をも含めた多くの要因に着目することの重要性を考えてきた。「拒否」は援助者側からすれば，困った事態ではあるが，その背景・原因を理解する中で，「拒否」は生活の後退の中で表出される，クライエントの自己主張を表すものだと考えることができる。

第3節　セルフ・ネグレクトにおける生活の後退のプロセス

（1）生活の後退の始まり

　老いは，深刻な状態に直面するまでは，自覚されず予測されずに進んでいくものである。特に高齢者の生活の変化は，体力が低下し虚弱な状態になるとともに次第に閉じこもりがちになり，生活意欲をも低下させながら進んでいくことが一般的である。しかも，それらの多くは活動的な仕事からの引退も伴っており，偏ったあるいは限られた運動や食事なども問題として自覚されていないことが多い。

　こうした生活変化は，単にADLの低下を引き起こすだけではなく，社会関係とのつながりをも薄くしていく。社会的な孤立が進んだ結果，生活意欲が低

下し閉じこもりがちとなり，閉じこもりがちな生活の結果，ADLが低下していくという悪循環となる。それまで生活の大きな重心を占めていた仕事を失ったり，夫や妻や親しい友人の死などの喪失体験が引きがねとなることもある。

したがって，高齢者の生活の後退が始まる要因は，いくつかの要素がそれぞれに関連し合っていると考えられる。いくつかの要素が絡み合った結果，社会参加や交流の機会が少なくなり，閉じこもりや孤立が深まっていくのである。特に，単身高齢者であれば一日中誰とも会わず，話もしないことから，深刻な状況に陥りやすい傾向にある（小川，1999）。

- 事例：緩やかに進む生活範囲の縮小

Aさん（78歳，男性）は単身世帯である。65歳で定年退職するまでは町工場の職人として働いていた。社交的であり，旅行が趣味であったため定年後も多くの友だちと家で趣味の囲碁をしたり，外出の機会があった。しかし，体力の低下，足腰の痛みとともに生活範囲の縮小は穏やかに進み，例えば毎日入っていた風呂は，掃除が大変なことや節約を兼ねて週1～2回となり，着替えや洗濯の機会も減っていった。最近では，掃除もあまりしなくなり，来談者が少なくなってきたことからさらに省略されている。

食事については，重い買い物が億劫になったり，調理して後片づけが大変であることから，でき合いの栄養の偏ったものを食べるようにもなってきた。室内の様子は，身の回りの物がすぐに取れるように，コタツや布団の回りにさまざまな物が集められるようになり，決まった空間と衣類，物で1日の大半を過ごしている。

このように，生活の縮小は緩やかに進むため，「生活の後退」は本人には自覚されにくい一面をもっているため，援助者からの，生活を「もとに戻す」「変える」という提案に対して抵抗感を示したり，日々の生活は成り立っているため，「特に困っていない」と答えることが多いのが特徴である。

（2）社会関係の縮小から孤立へ

外出の機会と訪れる人が減れば，社会関係とのつながりも縮小してくる。耳

が遠くなれば人との会話が面倒になったり，これまで訪れていた知人などが，入院したり亡くなれば訪れる人も次第に減る。さらに，眼も悪くなることと，古紙を出すことが面倒になることなどから，年金と貯蓄が頼りの多くの世帯では新聞を止めることもある。耳も遠くなり，テレビをつけていても聴いていない。こうして，社会関係が縮小して情報から遠ざかり，生活に不安や暗いイメージを抱くようになる（小川，1999）。

親しくつき合う人の数は減り，長い閉じこもり状態の中で，客間は生活の場，もしくは物置となり，家の中に他人を上げて接待する空間がなくなっていることが多いのである。そして，散らかった部屋を見られたくないので，来談者があっても玄関先での対応で止めてしまう傾向にある（小川，1999）。

社会関係が稀薄になり，情報が少なく，見知らぬ他人に対して強い警戒心を抱いていれば，社会的なサービスの積極的な利用とはなりにくい。自身の生活の後退に気づかず，近隣から気づかれず，公的なサービスがあることも知らないために，生活上の問題は「相談・申請」として現れることなく埋もれてしまう（小川，1999）。また，情報が正確ではなく，福祉サービスへの誤解としての認識があれば，ホームヘルパーの訪問は見知らぬ他人が家に上がり込むことであったり，デイサービスでは，子どものようにあしらわれ，入浴については，裸にされて身体を拭かれることのように受けとめられかねない。よって，生活に困っていたとしても，「困っていない」「自分でできる」「申し訳ないから」という理由で福祉サービスへの自制が現れてくる。

（3）生活の縮小から生活の後退へ

生活不活発病が助長され，生活の後退が進む中で，脳梗塞や肺炎，転倒による打撲，きょうだいや親しい知人が亡くなるといった精神的なショックや喪失体験をきっかけに，急速に体力が落ち，寝たきりになるケースも多い。もともと，ギリギリで何とか維持していた生活であるために，生活の退転は急速に進む。次第に生活全体を自身の力では保持できなくなり，日常生活の悪化が勝手に進んでいく状況になってゆく。室内は雑然とし，食事や排泄，衛生や健康上

図11-1 生活が後退するプロセス

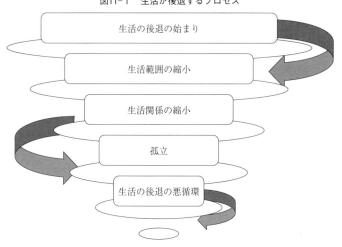

に大きな問題を抱える状況になっているが、精神的に疲労し、どうしてよいのか見通しもつかず、意欲も失われる。こうして生活の悪循環は加速されていく（図11-1）。このような過程の中で、ますます援助を求めることもなく、訪問を受けないという事態が生まれてくる。セルフ・ネグレクト状態は、生活後退の中で生まれてくる現象のひとつであり、そこで示される、「拒否」は、クライエントの自立観を背景としながら、生活の後退と悪化・悪循環の現れであり、援助「拒否」は本人の主張として受けとめることができるのである。

　歴史的にみれば、福祉は基本的には「貧困」の問題を中心的な対象としてきた。現代社会においても、収入がないことや不安定なことは、さまざまなかたちで個人や家族の生活の基盤を弱めてその成立を困難にしている。しかも、生活が縮小し、後退していく中で見られる生活困難は、経済的な領域に留まってはいない。その渦中にいる人々が求める援助もまた、経済的な保障だけではなく、心の貧困問題であったり、さまざまな社会的排除のもとで、不安と緊張が強い状態にある。多様なネットワークの喪失は、貧困の結果もたらされる困難の最大限のものであり、そこから「社会的に孤立している生活」の姿が、今日の大きな援助課題として浮かび上がってきているのである。

第4節　セルフ・ネグレクトへのはたらきかけ

（1）「生活困難」を「生の営みの困難」として捉える

　一般的に「生活」という語は，英語のライフ（life）に相当する意味で用いられることが多い。特に福祉援助においては，ライフを「生命活動」，「日々の暮らし」，「人生」という3つの次元で，それぞれが深く相互に関連していることを改めて認識しなければならない。

　わが国では「生活」は「日々の暮らし」を表すものとして理解され援助を展開しているケースがほとんどである。したがって，援助においてはいかにして生活を成り立たせ，維持していくのかに援助内容の重きが置かれ，生活困難の状況そのものの解決・改善・緩和に向けての援助展開となってしまう。そうしてしまうと，例えばごみ屋敷問題などのケースでは，どのようにして，ごみを片づけるのかという援助に終始してしまったり，既存の福祉サービスでは補うことのできない問題の場合，問題ケース，処遇困難ケースとして扱われることが多くなってしまうのである。

　こうした問題認識から，窪田暁子（2013）は，「生の営みの困難」ということばを用いることを提案している。この提案には，これまで生活困難として称してきた概念の内容に，単に日常生活あるいは生計ということには限定せずに，その人の人生の歩みの全てを含ませて考えなくてはならないことが込められている。「困難さ」を「生きることの困難」として捉え，その人の人生，感情，精神，心理世界にかかわりのある事柄を日常生活の手がかりに，援助の計画，評価に至る全ての過程において，「生」と「生の営みの困難」を視野にいれなければならないと指摘する。しかも，「生」という全体の中で課題を捉えることによって，具体的な困難状況への福祉制度の活用という作業に加えて，長期にわたる生活の回復をめざした生活設計や，家族や近隣住民などの関係調整，職業，趣味など「生の営み」を支える福祉以外のさまざまな領域との連携が広く深いものになっていく。ここに，セルフ・ネグレクトにおけるソーシャ

ル・キャピタルの関係を見出すことができる。

（2）生活のイメージという暮らしの統合性の立て直し

　セルフ・ネグレクトケースの場合，社会的に孤立している中で，生活の統合性が失われている状態であるといえる。人間の生活は，常に小さな目標と当面の見通しをもって成り立っている。例えば，週末や年末まで……というような当面の予定，仕事における目標，将来の目標など，それぞれが見通しのもった予定と目標の中で生活が統合されて日々営まれている。しかし，セルフ・ネグレクトケースでの生活においては，当面の生活が見えていない状態にある。つまり，多くの生活が，その日暮らし，その時暮らしであり，生活の当面の予定や目標もなく，その統合性が失われているのである。

　したがって，援助にあたっては，それぞれの生活における重み，重心をどこに見出すのかが大きな課題となってくる。「生の営みの困難」として理解し，クライエント自身が生活を立て直していく中で，目標として描く生活の姿をイメージできるようにすることが援助において重要となる。

（3）「拒否」の解除と緩和をめざしたはたらきかけ

　これまで，「拒否」は本人の主張であることを重視すべきと強調してきた。「拒否」の場面は多様であるが，まずは「拒否」にある背景を探りながら，クライエントとの関係性の構築に向けたコミュニケーションを模索することから始まる。援助の介入にあたっては，必ずしも生活課題やニーズからではなく，クライエントのさしせまった要望に聞くことが有用であることが多い。クライエントが一番困っていること，一番気になっているところの解決から進めることである。例えば，電球の取り替え，たこあし配線の処理，仏壇掃除，庭の草とり，トイレの水つまり，扉の油さし，網戸の修理などである。それらは，一見それほど重大なことではないと思われがちだが，日々の暮らしの中で頻繁に遭遇することであり，自力で解決できず，とても困っている場合もある。

　クライエントのさしせまった要望から開始される援助は，必ずしも生活の維

持・改善に直接アプローチするものではないが，クライエントは援助者を直接かかわる人として受け入れていく過程として重視される。自分のことを，しかも日常的な生活の中で誰も一般的には気にかけてくれないことを案じてくれる人物に出会ったという体験と，それがもたらす安堵感が信頼関係へとつながっていく。目標は，クライエントが気にしている心の壁を一つひとつ取り外していく中で，「拒否」という表現から適切な要望へと方向を変え，主体的にサービスを使い，生活の回復をめざすことである。

（4）実践的展開場面としての心地よさの体験と生活のイメージの回復

　次の段階で，はたらきかけに対する具体的な構想のひとつが心地よさの体験である。それは，「美味しい」と思える食事や満腹感であったり，きれいな台所で調理した食事，久しぶりのヒゲ剃り，足浴，洗髪，入浴，洗われた服に着替えること，日に干された布団と新しく交換され，整えられたシーツ，暖かい新鮮な空気が通った部屋，花の飾られた仏壇の前に座って手を合わせること，自分を気にしてくれる人との会話などである。

　例えば，長い間入浴を「拒否」していた男性に，顔拭き用の熱い蒸しタオルを手渡して，シャワー浴に至ったケースなどでは，蒸しタオルの心地よさが保清への感覚を引き出すといったことは代表的な展開方法である。そこで重要なことは，利用者の仕草，表情に対し「美味しかったですか」「さっぱりしましたね」「よく眠れましたか」「楽になりましたか」といった共感的な態度を示しながら，本人が味わった心地よさの体験がはっきりと意識化できることである。

　クライエントがこのような体験を意識的に積み重ねていくことによって，忘れていた生活感覚を呼び起こし，次第に生活のイメージが形成されていく。その結果，自身の当面の生活に対するイメージそのものに変化が生じ，生活の統合性を回復するきっかけとなる。心地よさの体験がもつ意味は，「生の営みの困難さ」である，生きていることの辛さ，苦しさ，いたみ，不安，見通しのなさなどの体験と実感の積み重ねによって形成されてきたイメージに対して，さ

第11章　セルフ・ネグレクトによる孤立

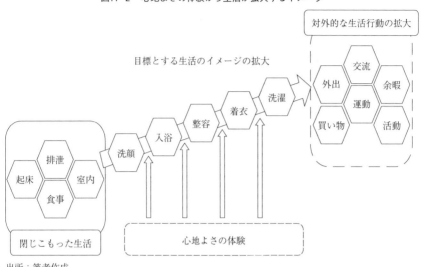

図11-2　心地よさの体験から生活が拡大するイメージ

出所：筆者作成。

まざまな「いたみ」への軽減を図ることで生活に対する肯定的な実感，イメージへと転換することにある（図11-2）。

　あきらめかけていた願望や希望が，援助者とのかかわりの中で実現可能であることをクライエントが感じたときに，それをきっかけに生活意欲が回復し生活改善へとつなげていくのである。

（5）人との意味あるつながりが生活を回復させる

　一般的に援助の受け入れを「拒否」している事例では，自尊心が強く，惨めな姿を人に見られたくない，生活に干渉されたくない，自分のペースを乱されたくないなどの理由によって援助を拒むことが多い。人には，「いいところを見せたい」「弱みを見せたくない」などの気持ちから，強がりを言い，罵声をあびせることもある。しかし，強い自尊心は，その人を支える強い力であると捉えることもでき，その人が自らの生活を回復させる大きな手がかりとなるものである。したがって，援助に対する強い「拒否」の姿勢は，利用者の自己表

193

現として受けとめて，その強い自尊心を手がかりにしつつ，自己決定の気持ちに寄り添いながらはたらきかけを行うことが肝要である。

　セルフ・ネグレクト状態に陥り，援助への「拒否」を示すクライエントに対し，その「拒否」を本人理解とはたらきかけの鍵として援助を開始する。心地よさの体験をすすめていく中で，自身の生活のイメージを明るく塗り替え，生きる意欲を呼びおこさなくてはならない。生活のイメージの回復・立て直しには，自身の生活を描き，先の生活を見通す力が欠かすことができないからである。クライエント自身が自らの日々の生活のあり方，生きている理由・意味・意欲を取り戻し，静かな回復を見守る中で，援助者はクライエントの生活の回復と自立の過程を援助している。そのためにも，これまで「生活課題」「生活問題」として扱われてきた援助の視点を，本人の「生の営みの困難」へと転換し，援助者側からの一方的な介入ではなく，相互の関係や社会的ネットワークの構築が，セルフ・ネグレクトへの介入において重要であることを指摘しておきたい。

　本章は『大阪社会福祉士』(2015) に投稿された筆書の論文「セルフ・ネグレクトにおける援助「拒否」への介入と援助展開」に加筆・修正を加えたものである。

注
(1)　本章では，援助の受け入れを拒むなどの問題を表現する適切な用語がないため，カッコ付で「拒否」という用語を用いる。
(2)　「心地よさの体験」「生活のイメージの回復」の概念は，著者によって生み出したものではなく，1997年から1998年にかけてホームヘルプサービスの専門性について当時，窪田暁子（中部学院大学教授），小松啓（東京YMCA専門学校）の助言を得ながら小川栄二（北沢保健福祉センター）ら現場職員とすすめられた研究会によって，概念整理され，援助を「拒否」する利用者へのホームヘルパーによる介入方法が検討されている。生活のイメージとは，「利用者が生活を立て直していく際に目標として描く生活の姿」であり，そのために「心地よさの体験」を通して，生活のマイナスのイメージの中に，プラスの実感，またはプラスのイメージを持ち込むことができるとしている。その報告書として，世田谷対人援助研究会編(1999)『ホームヘルプにおける援助「拒否」と援助

展開を考える』筒井書房が発刊されている。本章では，その概念をセルフ・ネグレクトケースにて再考するものである。
(3) 「生活後退」という語は，世田谷対人援助研究会にて示されたものであり，在宅の高齢者・障害者などがもつ生活問題の中で，衣・食・住を中心とした基本的な生活の局面の中で現れる生活の悪化・貧困化が生じ，自律的な回復が困難な状況を表している。
(4) これまで廃用症候群と呼ばれていたものである。安静状態や身体を動かさない状態が続くことにより，心身の機能が低下する症状。

引用・参考文献

岸恵美子(2013)「ごみ屋敷にすむ人々——セルフ・ネグレクトの実態と対応」『日本在宅ケア学会誌』17（1）27-32。

小長谷百絵・岸恵美子・野村祥平(2006)「高齢者のセルフ・ネグレクトを構成する因子の抽出——専門職のセルフ・ネグレクトへの支援の必要性の認識から」『高齢者虐待防止研究』9（1）54-63。

窪田暁子(2013)『福祉援助の臨床——共感する他者として』誠信書房。

小川栄二(1999)「援助「拒否」とは何か」世田谷対人援助研究会編『ホームヘルプにおける援助「拒否」と援助展開を考える』筒井書房。

津村智惠子・入江安子・廣田麻子・岡本双美子(2006)「高齢者のセルフ・ネグレクトに関する課題」『大阪市立大学看護学雑誌』2，2。

第12章
生活困窮者の孤立
―― 日雇労働者の社会的孤立と支援策 ――

海老一郎

　筆者が勤務する公益財団法人西成労働福祉センター(1)（以下，センター）は，日本最大の日雇労働市場であるあいりん地域において，日雇労働者の就労と生活の安定を図ることを目的に設置された機関である(2)。高度経済成長期以降，建設業の求人が多くを占めてきたが，1990年代以降の日本の建設業は，失業者の受け皿から失業者を排出する産業に変容してきた。あいりん地域でも，多くの日雇労働者が，失業により生活困窮に陥り，野宿をせざるを得ない状況がみられた。2002年8月には，「ホームレスの自立の支援等に関する特別措置法」が成立したが，稼働能力のある者は生活保護の受給は認められず，自立支援センターへの入所をはじめとする就労自立支援策が実施された。しかし，低迷する景気動向により，建設業での求人は伸び悩む中で，2008年の「リーマンショック」では「日雇派遣」と称する製造業等に従事する労働者が「派遣切り」にあい，失業して仕事を求めてあいりん地域へ流入した。

　本章では，第1節であいりん地域の日雇労働者の社会的孤立の要因となる背景を地域の現状を通して論じる。第2節では，センターでの総合支援相談の現状を通して，地域の日雇労働者の社会的孤立の実態を明らかにする。第3節では，これまでセンターにおいて実施してきた就労や生活の相談を通して，日雇労働者が野宿状態に陥らないために必要な支援は何かを明らかにする。あわせて，あいりん地域内ですすめられている他機関での生活困窮者に対する相談事業の現状を通してセンターとの連携の課題を論じる。最後に，生活困窮者としての日雇労働者が直面している課題を明らかにし，ソーシャル・キャピタルという視点から社会的孤立から脱却するための支援について考える。

第Ⅱ部　社会的孤立の現状と課題

第1節　日雇労働者の社会的孤立の要因

（1）あいりん地域の概要と西成労働福祉センターの事業概括

あいりん地域は，大阪市西成区の北東部，JR新今宮駅の南側に位置し，面積は0.62km^{2}と非常に狭い地域である。この地域には，日雇労働者が居住する多数の簡易宿泊所がある。約8000～1万1500人の日雇労働者が早朝から仕事を求めて動き出す。その中で，センターは日雇労働者に対する職業紹介と労働・生活相談業務を行っている。センターに来所する日雇労働者の主な目的の多くは求職相談である。就労先の多くが，現在は建設業である。建設業は重層構造のもとで，あいりん地域の労働者は下請けの最末端の事業所に雇用される。労働条件が不明確であり，労働基準法を遵守しない現場で就労することもある。また，建設業は屋外労働であることから労働災害の発生が多発する産業である。こうした労働者の実情に対応するセンターは，設立当初から，事業目的の柱に，日雇労働者を取り巻く不安定な雇用関係に対する「就労の正常化」と「労働福祉事業」の展開をすえた。1961年8月に発生した第一次釜ヶ崎暴動の背景となった日雇労働者の前近代的な就労環境の劣悪さと社会保障の未整備を解消するため，官民一体となった組織の設立が求められた。設立趣意には労働施策だけでなく，福利厚生を含む労働福祉事業の推進が必要と明記されている。

（2）三大日雇労働市場の比較でみたあいりん地域の特性

全国にはあいりん地域と並んで東京の山谷，横浜の寿の「三大日雇労働市場」が存在する。いずれの地域も1960年代の高度経済成長期において，関東地方では北海道や東北の出稼ぎ労働者が労働力として，同地域から全国の建設現場に駆り出された。あいりん地域のある関西地方では九州の炭鉱閉山地帯や離農による失業者が流入してきた。そしていずれの地域でも日雇労働者を雇用する先は建設業であった。しかし，表12-1をみると，それぞれの地域で相違点

第12章　生活困窮者の孤立

表12-1　わが国の三大日雇労働市場の一覧表

地　域	あいりん地域	山谷区域	寿地区
地域町名	大阪市西成区山王，太子，萩之茶屋，天下茶屋北1丁目，花園北1・2丁目	東京都台東区清川，東浅草，日本堤，橋場　荒川区南千住	横浜市中区寿町，松影町，長者町，三吉町の一部
調査名	2010年国勢調査	2010年1月（住民基本台帳）	2009年3月31日横浜市調査
世帯数	22,681	19,882	8,054
人口（人）	25,774	34,596	9,235
うち男性（人）	21,438	19,558	7,470
うち女性（人）	4,336	15,037	1,765
男性の比率（％）	83.2	56.5	80.9
世帯構成（人）	1.13	1.74	1.15
面積（km^2）	0.62	1.65	0.177（寿地区0.09）
人口密度（人/km^2）	41,582	20,967	52,175
平均年齢（歳）	52.4（2013年度末あいりん職安有効求職者）	66.1歳（2015年度簡易宿泊所調査）	57.2
推定労働者数（人）	8,000～11,500	4,000～5,000	約5,000
有効求職者数（人）	1,558（2014年度10月現在）	2,254（2009年11月）	1,407（2009年11月）
日雇求人延人数（人）	316,916（2013年度）	29,743（2010年）	10,458（2008年度）
特別就労事業（人）	59,856（2013年度）	19,100（2008年）	―
簡易宿泊所数	56軒・日払いアパート26軒（2014年5月）[1]	157軒（2015年10月）	122軒（2013年度）
簡易宿泊所収容能力	7,012人（2014年5月）/宿泊率62.7％	6,201室（宿泊者数4,682人）	8,499室（宿泊者数6,322人）
シェルター	2箇所1040人定員[2]/1日平均416人（2011年）	5箇所454人定員（2009年）	1箇所30人定員
自立支援センター	4箇所440人定員（2010年）	5箇所326人定員（2009年）	1箇所226人定員
野宿者数（人）	約1,000（2010年）	約700（2009年）	約30（2009年）
生活保護	9,467世帯（2011年）	台東区3,501世帯，荒川区677世帯（いずれも2015年度）	5,760人（2009年）
結核罹患数（人）	653.3（2007年）	138.7（台東区のみ2009年）	402.5（2007年）

注：1）簡易宿泊所以外に転用アパートが116箇所10,409室（2013年9月）。
　　2）現在は1箇所定員600人。
出所：西成労働福祉センター「事業報告」，城北労働・福祉センター「事業概要」，神奈川県労働福祉協会寿労働センター無料職業紹介所「事業概要」をもとに筆者作成。

がみえる。とりわけ労働市場の規模の違い,労働力の供給システムの違い,福祉行政における生活保護施策や労働行政における職業紹介システムの違いが起因し,各地で問題の現れ方に違いがある。そのことは,1990年代後半のバブル経済崩壊後の建設業構造の変化により顕著になっている。

① 労働市場の規模および労働力の供給システムの違い

労働者人口や求人数をみるとあいりん地域がもっとも多いことがわかる。特に近年はいずれの地域でも日雇労働者の高齢化や生活保護世帯の増加がみられ現役労働者の減少が顕著である。しかし,建設業の求人において技能を有する職種が職業紹介機関であるセンターには比較的多いが,山谷の東京都城北労働・福祉センター,横浜の寿労働センターでは事業所が求人を出しても労働者が集まらないという現状である。

また関東と関西では建設業の労働力供給システムに相違がある。1980年代に制度化された労働者派遣事業において建設業は法律で禁止されている労務供給が,関西地方では法律の網の目をくぐって一定程度存在してきた。ところが関東地方では,山谷や寿の日雇労働者の高齢化があいりん地域より早期にあらわれたこともあり,業界が労働力を日雇労働市場から調達することをせず,職人集団を各層の下請け業者が直接募集することになってきたことが考えられる。

② 行政施策の違い

戦後のわが国の労働施策や福祉施策の体系をみるとき,2000年代の地方分権化以前には,労働行政は国,福祉行政は基礎自治体が主にかかわるという時代が続いてきた。とりわけ,あいりん地域では日雇労働者に対する職業紹介は国の職業安定行政機関であるあいりん労働公共職業安定所では実施されず,無料職業紹介事業を実施している大阪府の出資法人であるセンターが担っている。日雇労働者の不明確な就労状況を改善することに法的権限をもたないセンターでは限界がある。しかし,山谷や寿では民間団体である各センターとともに国の職業安定機関も職業紹介を行っている。

一方,福祉行政における生活保護の実施方法にも違いがある。あいりん地域ではリーマンショックが発生するまで,稼動能力を有する日雇労働者が失業に

よる要因で生活困窮に陥っても，居宅による生活保護を受給することはできなかった。いわゆる「住所不定」者は施設や病院での収容保護に限定されていた。また，山谷や寿で認められている簡易宿泊所での居宅保護もあいりん地域では現在も実施されていない。しかし，リーマンショック以降，ようやく簡易宿泊所がアパートに転用され，生活保護を受給する者が増加した。

③　問題の現れ方の違い

バブル経済崩壊後の「ホームレス」問題の深刻な状態は，全国最大の日雇労働者を抱えるあいりん地域でより顕著であった。失業する日雇労働者を居宅による生活保護で対応しなかった。また，行路死亡人や行路病人が年間300人以上発生していたこともそのあらわれであることが考えられる。あいりん地域では，失業と貧困を解決するために当事者である日雇労働者が行政に対して特別就労対策を実施する取り組みが1994年から本格化したこともこうした厳しい実態がその背景にあったことが考察できる。

（3）日雇労働者の特性——就労・生活の不安定性と人間関係の希薄さ

①　就　労

日雇労働者は，毎朝，誰よりも早く起きて，仕事を見つけるために就職活動を行う。あいりん地域では，センターや大阪社会医療センター[3]，あいりん労働公共職業安定所[4]が入る「あいりん総合センター」の労働市場（寄場）で仕事を得るために事業所に自らの労働力をアピールして，その日の仕事にありつく。しかし，求人動向は，景気や気候に左右される。図12−1の通り，バブル経済最盛期の1989年の日雇求人数は年間約187万人（1日平均9614人）であったが，2015年度には年間約25万人（2016年4月現在，1日平均1064人）と激減した。仕事に就けない労働者は，「失業」が「野宿」につながる要因となる。

②　住　居

あいりん地域では，「三畳一間」の簡易宿泊所が56軒ある。かつては190軒ほどあったが，バブル経済崩壊で建設業の構造的不況が長引き，失業を余儀なくされた労働者は，生活に困窮し，住居費を支払うことができなくなった。その

図12-1　あいりん職安有効手帳所持者数と就労斡旋者数の推移

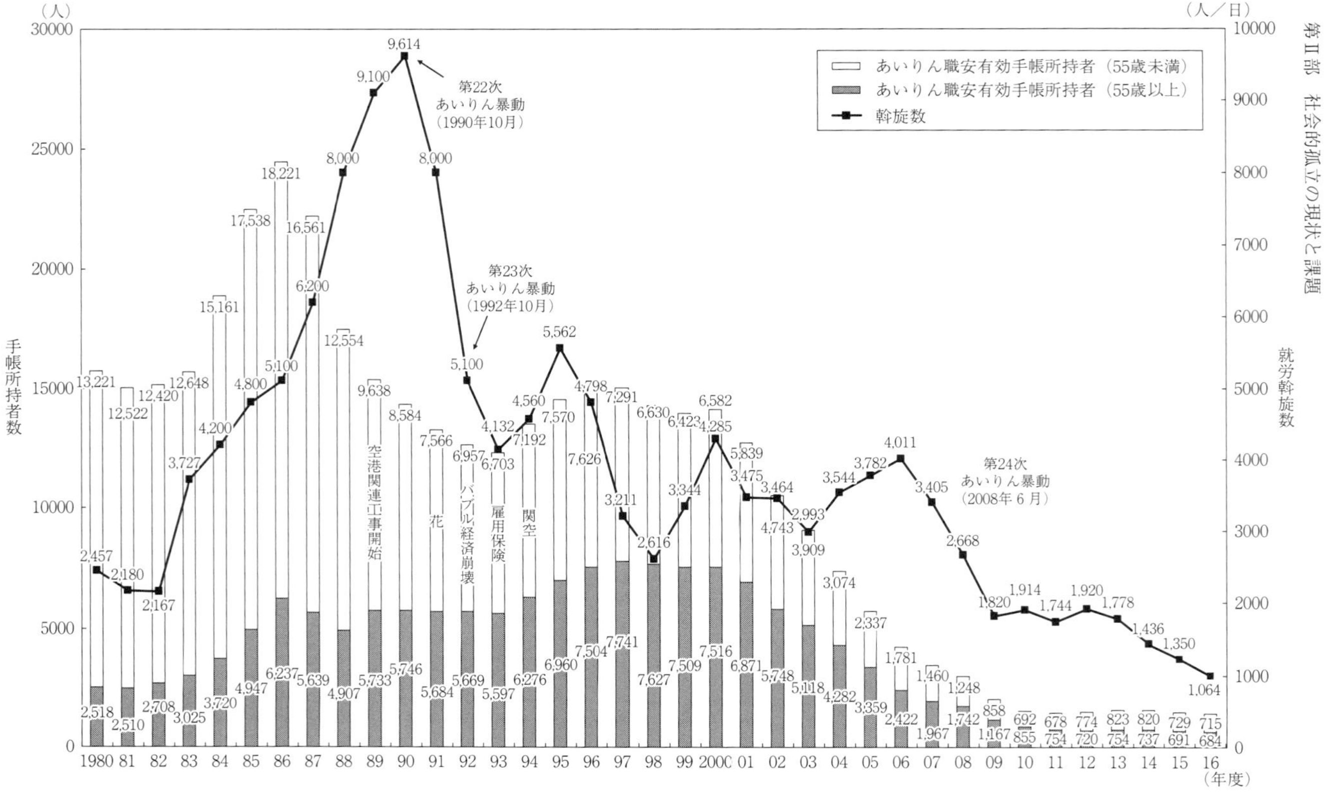

注：１）斡施数は，年度を通じた１日あたりの日々＋期間雇用の平均値。
　　２）手帳所持者数は，各年度３月末時点の値。2016年度は４月末の値。
出所：西成労働福祉センター「西成労働福祉センター事業概要」，あいりん労働公共労働職業安定所「あいりん労働公共職業安定所業務概要」各年度版。

ため多くの簡易宿泊所に空き部屋が目立った。宿泊代は安いところで1泊500円，多くが1000円から1500円である。いずれも日払いである。日雇労働者は，基本的には会社から賃金を毎日受け取るためである。ここでも「失業」＝「野宿」の構図が明らかになっている。

③ 社会保障

日雇労働者にとって独自な制度として存在する雇用保険や健康保険は，厳格な給付要件がある。前2か月で26日間就労し，それぞれ賃金から控除するという保険料納付の形式をとっている。景気や季節に左右され，仕事に就くことができなければ，被保険者であっても給付を受けられない。

労働災害の多い建設業では，被災した場合，労働者災害補償保険は元請責任によって対応しなければならない。しかしながら，重層下請構造のもとでは，地域の労働者を雇用する事業所は，元請に対してすぐに労災保険の手続きを依頼することにはならない。労災保険を適用することによって，元請は保険料が上がるだけでなく，スーパーゼネコン（特に規模の大きな会社）から安全衛生面で厳しく指導され，場合によっては，仕事をまわしてもらえなくなる。こうしたことが影響して，労働者は負傷しても泣き寝入りになることもある。

④ 単身世帯

あいりん地域の高齢化率は40％を超え，単身で生活する労働者が8000人を超えている（原口・稲田・白波瀬・平川，2011：323）。地域内の簡易宿泊所の部屋の広さが1畳から3畳と狭く，家族で生活することは困難である。そのうえ，家族をもたない労働者の生活内の機能（食事・労働力の回復など）が住居にないため，一つひとつ金銭をかけて自らのものにしていかなければならない。しかし，家族機能をもたない労働者にとって，相談相手や社会的な居場所を有することは個人の努力では限界がある。

第Ⅱ部　社会的孤立の現状と課題

表12-2　総合支援新規相談にみる来所目的（2015年度）

来所目的	件数	%
求職	58	85.3
技能講習	5	7.4
生活・生活保護相談	2	2.9
戸籍・住民票	1	1.5
医療相談	1	1.5
労災相談	1	1.5
合計	68	―

注：複数回答あり。
出所：西成労働福祉センター（2016）「事業報告」No.54, 9。

表12-3　総合支援における具体的支援内容（2015年度）

支援内容	件数	%
求職相談	53	77.9
建設業紹介	16	23.5
清掃業紹介	9	13.2
警備業紹介	7	10.3
カウンセリング	13	19.1
履歴書支援	1	1.5
技能講習受講相談	19	28.0
短泊紹介	11	16.2
行政機関への誘導	5	7.4
支援団体への誘導	3	4.4
物品支給	12	17.6
修了証再交付	1	1.5
小口貸付	10	14.7
戸籍関係	1	1.5
合計	161	―

注：複数回答あり。
出所：西成労働福祉センター「事業報告」No.54, 10。

第2節　あいりん地域における日雇労働者を取り巻く社会的孤立の現状

（1）西成労働福祉センターにおける総合相談の現状

2012年3月からセンターでは，相談者一人ひとりの状況を聞き取り，本人の状況を把握しながら必要な支援を行うため，総合支援事業を実施している。相談をワンストップで対応し，課・係の枠を越えて総合支援を行っている。新規相談者の主な特徴は，以下の通りである。

- 40歳以下が20人（37.0％）で，平均年齢は48.8歳である。
- 野宿経験のある者が25人（36.8％）である。
- 来所目的では，「求職」相談が58人（85.3％）ともっとも多く，「技能講習」受講相談が5人（7.4％）とあわせて就労に関する目的で来所するものが突出している（表12-2）。

- 総合支援での具体的支援内容は，求職目的で来所した58人に対して，「求職相談」を通じて建設業や清掃業，警備業等への紹介を32人に行った（表12-3）。その中には，「はぎさぽーと」（第3節で触れる）からの依頼で来所した労働者2人が紹介課との連携により警備業に就職した。

（2）「孤立」に着目した事例から

① 事例：失業，離婚，被災が原因で野宿（建設経験のないケース）

Aさん（男性，60歳）は，高校卒業後，地元で運送業に従事する。25歳で結婚したが，2009年の台風による水害で自宅が流され，その結果として，失業に重ねて住居を確保するための借金が原因で離婚する。その後兄と同居し，求職活動をするが年齢的に正規社員の採用は難しくなり，焦りもあってうつ病を患った。6か月の入院生活の後，兄との関係が悪化したため，退院後自宅を出てしまった。大阪のあいりん地域に来れば仕事があると考え，2012年6月大阪に出てきた。しかし，建設業に従事した経験がなく，仕事に就けず，貯金と年金を切り崩してしまった。結局6か月間，野宿生活をしたが，何とか仕事をしたいと考え，センターに相談した。センターからの援助としては，建設業の経験がないため，造園業の草刈作業の現金の仕事を紹介した。また，高齢者特別清掃事業への輪番登録手続きの相談を受け，日雇雇用保険手帳作成の仕方を説明した。2015年度からは，高齢者特別清掃で月4～5日の就労と民間会社の草刈作業に従事することができ，年金および雇用保険の失業給付とあわせて10万円程度の収入を得てようやくアパートを借りて生活できるようになった。

② 支援の効果と課題

あいりん地域で求職活動を始めた本人は，当初は建設労働の経験がないため仕事に就くことができず，生活費が底をつく寸前でセンターに来所した。そこで，センターの総合支援として，「とりあえず収入を得ることができる」就労の場へと誘導を行った。その後社会資源として雇用保険手帳をつくり，地域の簡易宿泊所で生活を始めた。地域のNPOがかかわる就労支援事業での就労と日雇労働の収入と雇用保険の失業給付でついにマンションでの生活へとこぎつ

けた。

　Aさんの支援の効果を「ソーシャル・キャピタル」の視点で検証すると，次のようなことが明らかとなる。OECDがソーシャル・キャピタルの指標として「個人関係，社会的ネットワークによる支援，市民活動・参加，信頼と協力規範」（坪郷實，2015：6）を挙げている。Aさんの就労先は地域のNPOが行政から委託された就労支援事業である。また社会保障制度や住宅などのさまざまな社会資源の情報は，Aさん自身の人間関係やあいりん地域での社会的ネットワークによって構築されたものである。そこにはAさんを再び野宿に戻させないための構造ないし活動が地域に存在しており，Aさん自身も仕事や生活を通じて得た友人との信頼関係の中で，地域において生きていくためのさまざまな情報を習得している。今後は，過去に発病したうつ状態への再発にも気を配りながら，センターでは清掃関連の常用就職の支援の可能性を探っている。

第3節　日雇労働者への社会的孤立に対する支援とは

（1）日雇労働者を社会的孤立から守る役割と課題

　これまでみてきたようにセンターの役割は，第1に対象者の就労支援を通して，生活の安定を図ることである。第2に対象者が仕事に就く中で，社会資源の存在を知らせ，既存の制度に対象者を近づけることである。第3には，対象者を雇用する事業所に対して，法令を遵守させ，公正な労働を保障することである。

　センターでは建設業のみならず，運輸業や製造業，警備業や清掃業など，人手不足で求人を希望する事業所への求人開拓を行っている。職業訓練（日雇労働者等技能講習事業[5]）を受講し，技能資格を有している労働者への求職相談につなげ，安定就労をめざす支援をしている。また，失業中で野宿を余儀なくされる労働者が，とりあえず仕事と住居が必要な場合，建設業の経験の少ない人でも雇用してもらえる事業所へつないでいる。さらに，高齢のため建設業に従

図12-2 西成労働福祉センターにおける総合支援と安定就労へのステップアップ

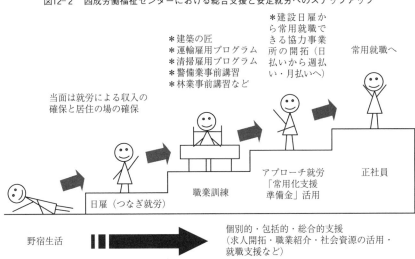

出所：筆者作成。

事することができない日雇労働者に対して「あいりん地域高齢日雇労働者特別清掃事業」[6]の紹介を実施している。この事業は，野宿をせざるを得ない状態の労働者にとって命の綱となっているだけでなく，就労を通してあいりん地域の環境改善という効果や就労者同士の社会的つながりを築く役割も果たしている。

図12-2でみるように野宿生活を脱し，希望する職種や雇用形態にあった就労支援を行い，個別的，包括的，総合的な支援を進めていくことが求められる。

(2)「生活困窮者自立支援法」をめぐる動きとあいりん地域での関係機関との連携の模索

2012年4月に社会保障審議会で「生活困窮者の生活支援の在り方に関する特別部会」が設置された。そこでは生活困窮者支援体系を7つのポイントとして挙げている（福原宏幸・中村健吾，2012：271）。2013年1月には報告書がまとま

り，同年12月生活保護法の改正と「生活困窮者自立支援法」が成立した。この動きにあわせて，大阪市は「生活困窮者自立促進支援モデル事業」を西成区，西淀川区，東淀川区において開始した。自立相談支援事業は社会福祉法人西成区社会福祉協議会（はぎさぽーと），就労促進のための支援事業は特定非営利活動法人釜ヶ崎支援機構がそれぞれ受託している。

ここでは2014年1月に開設された生活自立相談支援窓口である「はぎさぽーと」について，相談体制とこれまでの主な相談内容について触れてみたい。

相談体制は，主任相談支援員1人と相談支援員7人で対応し，うち3人があいりん地域に配置されている。相談件数は，1月から6月まで延べ295件（実人数87人）で，すべて男性からの相談である。年齢構成は20代4人，30代が17人，40代が14人，50代が18人，60代が9人，70代が9人である。

相談内容（2014年6月現在）をみると，仕事に関するものが7件，収入や生活費についてが4件，住居については3件，その他2件である。毎月「あいりん地域におけるモデルケース会議」が開催され，センターをはじめ29の関係機関や団体が参加している。センターの就労相談へつなげるケースが少ないのは，相談者が就労困難層で，建設業などの重労働への就労が体力的に困難な者が多いためである。センターの総合支援相談からは，就労困難なケースの場合，「はぎさぽーと」の支援メニューにつなげることになる。

（3）「個別的」「包括的」「総合的」な就労支援の課題とは

生活困窮者自立支援法が2015年4月から施行されたが，生活困窮者としての日雇労働者が社会的孤立から脱却するための支援として，あらためて何が必要なのか，センターの相談業務からあがってくる課題について述べたい。

① 非正規雇用の拡大＝安定就労への困難性

労働者派遣法の改正や労働法制の規制緩和がすすむ中で，今後非正規雇用が拡大されることが考えられる。あいりん地域においてセンターがかかわってきた，日雇労働者の職業紹介業務は，監督官庁からますます法令遵守を問われるようになってきた。労働条件のチェックや就労の正常化をはかるため，悪質な

事業所への対応が求められてきている。このことは，労働者への広報啓発にもつながっている。

② 雇用と福祉の連携がより必要になってくる

国や地方自治体において就労支援を労働行政（公共職業安定所）と民生行政（福祉事務所や保健福祉センター）との連携によりすすめていく動きが今後も継続されている。生活保護への受給抑制策のみではなく，生活保護を受給しながら就労ができるシステムを築く必要がある。センターでも，対象者にあった就労支援のメニューをつくっていくことが求められている。

③ 精神疾患のある対象者の増加にどう対応していくか

若年層だけでなく，幅広い年齢層にみられる精神疾患のある労働者の就労支援は，センターで紹介する求人は重労働が多いため適さないことが多い。しかし，こうした対象者であっても，地域の関係機関や団体のつながりを活かし，専門家の助言を受けられる相談体制を確立することが必要である。また，職員の研修体制も重要になってくる。

④ 今求められている「個別的」「包括的」「総合的」な支援とは

センターにおける生活困窮者の就労支援の強みは，失業やそれによる住居喪失に対応する緊急的な就労や生活支援という「かけこみ」的な相談から「日雇から常用へ」の安定就労にむけた支援を対象者のニーズに応じた方法ですすめてきた。

しかしながら，「経済的な困窮」に対応するだけでなく，特に若年層には日常生活自立や社会的自立が必要なケースが多くみられる。画一的な就労をあっせんするという支援にとどまることなく，一時的な宿泊支援や職業訓練などのハード面から本人が抱える困難な課題をどのようにしたら解決できるかを話し合いながらすすめている。そのためには，経済的支援である「物的資本」に加えて労働者の教育などの「人的資本」も含まれるという「ソーシャル・キャピタル」の視点（稲葉陽二，2011：15）を重視した支援のメニューを検討するとともに，支援の内容を「人々が何らかの行為を行うためにアクセスし活用する社会的ネットワークに埋め込まれた資源」（ナン・リン，2008：32）をみつけ，

「個別的」「包括的」「総合的」な支援をすすめていかなければならない。

（4）あいりん対策の見直しでセンターの役割は変わるか

　2012年に開催された「西成特区有識者座談会」の議論とつながった「あいりん総合センター」のあり方の議論が2016年1月から有識者，地元自治会や労働団体等から選ばれた委員で構成された「労働施設検討会議」で本格的にすすめられた。7月26日には大阪市長や大阪府知事が出席した「あいりん地域まちづくり会議」で「あいりん総合センター」の建て替えについて議論され，耐震基準を満たしていない現在の建物では利用者の安全性が確保できないため，南海電車高架下に仮移転後，建替えを具体的にすすめることが決まった。

　現在のところ大阪市長は「日雇労働市場はなくさない」としながらも，規模の縮小を明言している。日雇労働者の就労の正常化や野宿を余儀なくされている人たちの社会的な居場所として機能している現状がどのようにつくり変えられるのか，労働の現場からの提案が必要となっている。

注
(1) 大阪府商工労働部の出資法人で，1961年の第一次釜ヶ崎暴動直後に地区労働対策を実施するために設立された。日雇労働者に対する無料職業紹介および高齢者特別清掃事業の輪番紹介，労働福祉（生活・賃金不払いや未払い相談・労災相談・技能講習・広報啓発活動等）の業務を行っている。
(2) あいりん地域は，通称釜ヶ崎と呼ばれている。釜ヶ崎という地名は1901（明治34）年に正式名称から姿を消した。1966年8月，大阪府・大阪市・大阪府警本部による愛隣対策三者連絡協議会で「あいりん地区」と改称された。その後「地区」という呼称は，日雇労働者以外の地域住民の反発があり，行政機関は「地域」という呼称に変更された。本章内では，筆者が勤務しているセンターで業務上使用しているあいりん地域という呼称を用いている。
(3) 済生会今宮診療所が前身である。社会福祉法人で無料低額診療事業を行う。外来患者の90％，入院患者のほぼ全てが医療扶助となっている。入床届出は60床で，診療科目は外科，内科，整形外科，精神科，心療内科，皮膚科である。
(4) 開設当初は，電光掲示板を設置して窓口での職業紹介の実施に臨んだが，求人車両への労働者の無理乗りに対応する職員の安全性の確保等の理由から，窓口での職業紹介を中止せざるを得なくなった。現在まで，あいりん職安は，雇用保険の失業給付金の支給のみを行っている。

(5) 厚生労働省から受託している事業で，2001年から実施している。講習科目は年間52科目1103人の募集を行い，41科目599人が修了している。建設関連以外に造園・林業，介護，警備，運輸関連の講習を行っている。
(6) 地域労働者の反失業闘争の取り組みによって生まれたこの事業は，1994年10月に開始された。当初から大阪府，大阪市の財源で，特定非営利活動法人釜ヶ崎支援機構と㈱大阪環境整備が事業委託をしている。就労先は，大阪府内の河川・道路・公園等の清掃，あいりん地域内の道路清掃である。年間の求人数は約6万人で，登録者数は1278人（2015年度）である。あいりん地域で就労する55歳以上の高齢日雇労働者が対象となる。
(7) 「西成特区構想」の各分野を議論するため，2012年6月から9月まで12回に分けて開催された。テーマは「まちづくり」「生活保護」「地域福祉」「医療・結核対策」「住宅問題」「観光振興」「労働」などで，それらについて議論がなされた。この中で，日雇労働市場の今後のあり方とあいりん総合センターのあり方について4つの選択肢が提案された（鈴木亘，2013：57-58）。

引用・参考文献

福原宏幸・中村健吾編(2012)『21世紀のヨーロッパ福祉レジーム──アクティベーション改革の多様性と日本』糺の森書房。
原口剛・稲田七海・白波瀬達也・平川隆啓編著(2011)『釜ヶ崎のススメ』洛北出版。
稲葉陽二(2011)『ソーシャル・キャピタル入門──孤立から絆へ』中央公論新社。
公益財団法人西成労働福祉センター(2014)「西成地域日雇労働者の就労と福祉のために──事業の報告」。
公益財団法人日本都市センター編(2014)「生活困窮者自立支援・生活保護に関する都市自治体の役割と地域社会との連携」。
公益財団法人城北労働・福祉センター(2013)「事業案内」。
宮下忠子編(1999)『現状報告 路上に生きる命の群──ホームレス問題の対策と提案』随想舎。
内閣府(2003)『平成14年度ソーシャル・キャピタル──豊かな人間関係と市民活動の好循環を求めて』(https://www.npo-homepage.go.jp/toukei/2009izen-chousa/2009izen-sonota/2002social-capita, 2015.8.23)。
ナン・リン／筒井淳也・石田光規・桜井政成・三輪哲・土岐智賀子訳(2008)『ソーシャル・キャピタル──社会構造と行為の理論』ミネルヴァ書房。
奥田知志・稲月正・垣田裕介・堤圭史郎(2014)『生活困窮者への伴走型支援──経済的困窮と社会的孤立に対応するトータルサポート』明石書店。
大阪市「生活保護の適正化」(http://www.city.osaka.lg.jp/fukushi/page/0000086801.html, 2014.8.20)。
大阪市立大学都市研究プラザ編(2011)『大阪府簡易宿泊所生活衛生同業組合50年誌』大阪市立大学都市研究プラザ。
大阪市立大学都市研究プラザ編(2012)『あいりん地域の現状と今後──あいりん施策のあり方検討報告書』大阪市立大学都市研究プラザ。

鈴木亘編著(2013)『脱・貧困のまちづくり「西成特区構想」の挑戦』明石書店。
高田敏・桑原洋子・逢坂隆子編(2007)『ホームレス研究――釜ヶ崎からの発信』信山社。
東京都福祉保健局(2013)『山谷地域――宿泊者とその生活』東京都福祉保健局生活福祉部生活支援課。
坪郷實編著(2015)『ソーシャル・キャピタル』ミネルヴァ書房。
上畑恵宣(2012)『失業と貧困の原点――「釜ヶ崎」五〇年からみえるもの』高菅出版。
埋橋孝文・連合総合生活開発研究所編(2010)『参加と連帯のセーフティネット――人間らしい品格ある社会への提言』ミネルヴァ書房。
財団法人神奈川県労働福祉協会寿労働センター無料職業紹介所(2002)「無料職業紹介事業の概況平成14年度」『ことぶき』29。
自立相談支援事業従事者養成研修テキスト編集委員会編(2014)『生活困窮者自立支援法自立相談支援事業従事者養成研修テキスト』中央法規出版。

第13章
矯正施設退所者と孤立
―― 再犯を防ぐ社会的支援 ――

吉田卓司

　筆者は，学生時代から，BBS 運動（Big Brothers and Sisters Movement）[1]にかかわり，非行問題や犯罪防止に関心を寄せてきた（吉田卓司，1985）。そして，高校教師として青少年にかかわり，その後研究者として，刑事司法と教育・福祉の交錯領域を専攻分野として考究を続けてきたが，その過程で，筆者自身が常に感じてきたことは，非行や犯罪の問題が社会的孤立と密接な関係性を有するということである。

　本章では，まず，矯正施設（刑務所，少年刑務所，拘置所，少年院）退所者の社会的孤立の現状と問題を法務省の統計および研究報告等に基づいて明らかにし，そして，問題解決に向けた現行施策の進展状況と課題を整理したうえで，ソーシャル・キャピタル（SC）の活用という観点から，矯正施設退所者等の社会的孤立の課題解決の展望について検討する。

第1節　犯罪者と社会的孤立

（1）犯罪者の社会的孤立の現実

　前述のように，筆者は法学部生のころから，非行少年の立ち直りや更生保護の支援にかかわり，その後，教員，研究者として，非行少年や少年院等の施設収容経験のある人と接する機会を得た。その過程で，筆者自身が痛感してきたことは，非行少年や矯正施設退所者の多くが，強い社会的孤立感を抱いているということである。

　ある時，性犯罪歴のある A さん（男性，30代）は，「アルバイト先で，自分が休憩室に入ると，女性の職員は，皆すぐに出て行ったりする。女性職員とは

仕事の話も十分にできず、居づらくなって仕事を辞めたことがある。地元の友達と飲んでいても、何年も前の事件のことを話題にされたりした。言いたくないことを興味本位に聞かれるので、事件前の友達とは疎遠になった。また新しい知人にも事件のことは知られたくないので、自分から話すことはないが、いつかは事件のことを知られるかもしれないと思い、いつも、ビクビクしている。安心して楽しく話のできる友達がいなくなった」と話してくれたことがある。このケースでは、矯正施設退所後、数度の転職がみられたものの、就労状況や更生意欲も非常に良好で、外形的には全く問題のない事例と見られていたが、本人の孤立感は極めて強く、同年代のボランティアによる継続的支援の必要な事例と考えられる。

また、矯正施設から退所して数年が経つBさん（男性、40代）は、「今でも本当は、物を捕ったり、人を叩いたりすることが、どうして悪いのかわからないし、納得できていないところはある。でも、警察につかまり、刑務所に入って、『盗みや暴行をしてはいけない』ということは、わかった。退所後は毎日ボランティア団体のミーティングに通うのが日課で、『犯罪を犯さないこと』が自分にとっての『仕事』のようなもの」と語っていた。

発達上の障害があり、親族の支援がほとんどないBさんにとって、公的扶助による生活支援とNPOとのつながりが、再犯をかろうじて防いできたといえる。それは、社会的孤立に対する地域のセーフティーネットが機能し、ソーシャル・キャピタルが活かされている1ケースといってもよいだろう。

犯罪は、多くの被害者にとって忘れえぬ悲劇であると同時に、加害者にとっても、刑期を終えてもなお拭い去ることが困難な禍根を残すことが少なくない。そして、矯正施設（刑務所、少年刑務所、拘置所、少年院）退所者の中には、高齢または心身の障害のため、自立した生活を送ることが困難であるにもかかわらず、必要かつ十分な福祉的支援を受けてきていない人は少なくない。

（2）犯罪および非行と社会的孤立の関係

社会的孤立と犯罪の関係性は、2つの側面から考えることができる。ひとつ

は，犯罪の要因としての社会的孤立という側面である。もうひとつは，犯罪や非行の結果として，犯罪者および非行少年の社会的孤立が生じるという側面である。再犯は，この2つの側面の悪循環による犯罪行為の連鎖と捉えることができる。

後節以降では，このような社会的孤立と犯罪の関係性の両面を反映する再犯の問題について，法務省が2013年に公刊した研究報告（法務総合研究所，2013）に基づいて，社会的孤立と再犯の関係性を明らかにし，それらの問題解決をめざして，矯正と更生保護の領域で取り組まれている施策，とりわけソーシャルワークを通じたソーシャル・キャピタルの活用，特に福祉関係機関・団体との連携について論じていきたい。

第2節　犯罪要因としての社会的孤立
――無差別殺傷事犯に関する研究報告にもとづいて

（1）法務総合研究所研究報告の概要

法務省の法務総合研究所による「無差別殺傷事犯に関する研究報告」は，無差別殺傷事件を起こして2000～2009年度に有罪が確定した者（52人）について，刑事事件記録，刑事施設の記録，保護観察所の記録等にもとづいて，犯行を行った者の属性，犯行内容，動機，犯行の背景等の実態，さらに，捜査，裁判から受刑，仮釈放後の保護観察までの処遇の実情を調査したもので，その内容は，当該事件にかかわる事項から，矯正施設内での懲罰処分歴および施設退所後の再犯状況まで含まれている（法務総合研究所，2013：2）。

このような調査報告を法務省が公表したのは，初めてのことであり，社会的孤立の観点から同報告書を検討する意義は少なくないであろう。

（2）無差別殺傷事犯と社会的孤立

同報告書によれば，事件前の生活環境や人間関係について，犯行時に学校や職場などに友人がいなかったと答えた者は28人（54％）で，交友関係が希薄だった者も含めると33人（63％）に上っている。また，無職の者は42人

(81％)，収入がなかった者は31人（60％）であった（法務総合研究所，2013：43-44）。すなわち，無差別殺傷事犯の調査対象者のうち，約60％が社会的に孤立していたことになる。

また，犯行前に抱えていた主観的な不満や閉塞感等の代表的なものとして「友人ができないことから誰からも相手にされないという対人的孤立感」「誰にも必要とされていないという対人的疎外感」「守るもの，失うもの，居場所が何もないという孤独感や虚無感」「自分だけがみじめな思いをしてきたのに周りがぬくぬく生きているという被害感や怒り」などが例示されている（法務総合研究所，2013：78）。

このように調査対象者の心理には，社会への強い不満，あるいは社会からの絶望的な孤立感がうかがえるが，このような心理状況を生じる背景として，生活実態としての社会的孤立が関連していることは否定しようのない事実である。

（3）刑事施設退所者の社会復帰の課題

さらに，同報告書では，社会復帰の難しさも明らかにしている。死刑囚6人と判決確定後の自殺者1人を除く45人のうち，釈放後の引き受け先が決まっていたのは23人で，調査対象者の約半数であった。家族と疎遠などの理由で，更生保護施設を希望した者は10人いたが，いずれも「施設になじまない」等として施設入所を拒否されたと報告されている。

出所後の受け入れ先や帰住先がなければ，生活再建ができず，再犯のリスクが高まる。このような孤立状況の回避が，再犯防止に寄与することは多言を要しない。

同研究にかかわった国立精神・神経医療研究センター精神保健研究所の岡田幸之は，犯行前の問題行動として，自殺未遂が23人（44％），引きこもりが12人（23％）おり，粗暴な行為などを含めると80％以上に問題行動があった点に関して，「精神的に満たされず，追い込まれた人が事件を起こしていることが確認できた。無差別殺傷事件には『動機がない』と言われ，犯人は特殊だと思

われがちだが，そうではないことが裏付けられた」(読売新聞，2013) と述べている。

同報告書も，「元被告人らは社会的弱者の一面が強い」と指摘し，孤立を防ぐことが再発防止につながると強調している。

第3節　矯正施設退所者に対する孤立防止の取り組み

(1) 地域生活定着支援センターの設置と特別調整
──保護観察所・矯正施設との連携

矯正施設入所者の中には，高齢または障害により自立した生活を送ることが困難であるにもかかわらず，それまで必要な福祉的支援を受けてきていない人が少なくはない。2006年の法務省特別調査によると，親族等の受け入れ先がない満期釈放者が約7200人。さらに高齢または障害のため，自立が困難な者が約1000人いると報告されている。65歳以上の満期釈放者の5年以内に刑務所に再入所する比率は70％前後で，64歳以下の年齢層（60％前後）に比べて高いことが知られている。

また，『犯罪白書』(平成27年版) の「出所受刑者の2年以内累積再入率の推移」をみると年齢層が上がるにつれて再入率が高くなる傾向にある。特に65歳以上の高齢出所者層では，2年以内累積再入率が，2009年以降低下傾向にあったが，再び2013年は前年より2ポイント上昇し，他の年齢層と比しても高い（図13-1）。また，1996年ころから65歳以上の高齢者の一般刑法犯の検挙人数の増加傾向が目立ち，2014年には4万7252人（前年比2.2％増）となった。この検挙数は1995年の約4倍であり，成人の他の年齢層と比較してもっとも多い状況である（図13-2）。

以上のように高齢者に対する更生保護と福祉政策の連携は刑事政策上も喫緊の課題といってよい。

このような状況下，厚生労働省は2009年度から，高齢または障害を有し，かつ適当な帰住先がない者については，矯正施設釈放後，速やかに，適切な介

第Ⅱ部　社会的孤立の現状と課題

図13-1　出所受刑者の2年以内累積再入率の推移（年齢層別）

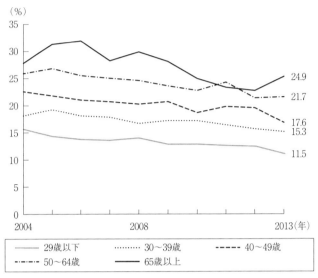

注：1）法務省大臣官房司法法制部の資料による。
　　2）前刑出所後の犯罪により再入所した者で，かつ，前刑出所事由が満期釈放または仮釈放の者を計上している。
　　3）「2年以内累積再入率」は，各年の出所受刑者の人員に占める，出所年を含む2年間に再入所した者の累積人員の比率をいう。
　　4）「年齢層」は，前刑出所時の年齢による。再入者の前刑出所時年齢は，再入所時の年齢および前刑出所年から算出した推計値である。
出所：法務省（2015）『平成27年版　犯罪白書』4-1-3-7図。

護，医療等の福祉サービスを受けることができるようにするため，「地域生活定着支援事業」を創設した。

　支援対象者は，高齢または障害のため福祉的な支援を必要とする矯正施設退所者であり，退所後直ちに福祉サービス等（障害者手帳の発給，社会福祉施設への入所など）につなげるための準備を，保護観察所と協働して進める「地域生活定着支援センター」を各都道府県に整備することとしたのである。2011年度末には，全都道府県に地域生活定着支援センターが開設された[2]（厚生労働省，2014）。

　そして，保護観察所が中心となり，厚生労働省事業として各都道府県に整備

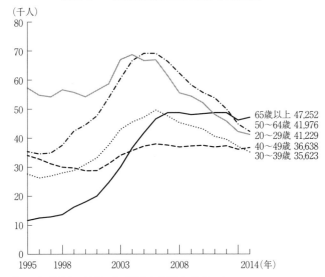

図13-2　一般刑法犯検挙人員の推移（年齢層別）

注：1）警察庁の統計および警察庁交通局の資料による。
　　2）犯行時の年齢による。
出所：法務省（2015）『平成27年版　犯罪白書』4-5-1-1図。

された地域生活定着支援センター，刑事施設等と連携しつつ，矯正施設出所者等を地域における福祉サービスに円滑につなげるための調整が「特別調整」である。

　しかし，前節で取り上げた法務省調査では，「精神障害等を有し，かつ適当な帰住先がない」として特別調整の対象として選定されたのは，受刑中の調査対象者30人のうち1人だけであった。「精神障害や性格傾向・対人関係に問題がある者が多い」という調査対象者の属性から考えれば，まだまだ，特別調整が十分に活用されているとは言い難い状況である。

　省庁横断的連携である特別調整は，犯罪者の更生保護と犯罪防止の面でも，極めて大きな意義がある。今後この調整をスムーズに行うためには，更生保護分野でのソーシャルワーカーの活用は欠かせない。特に，2014年は，更生保護におけるソーシャルワークに関して，画期的な年度となった。それは，4月1

日から全国の12の刑務所に社会福祉士等の資格を有する福祉専門官が常勤配置されることになったからである。このように，近年，更正保護の分野におけるソーシャルワークの導入と，それに伴うソーシャル・キャピタルの活用は，大きな進展を見せようとしている。

(2) 刑事施設への福祉専門官の配置

2007年からの一部の刑務所における釈放時の保護業務を主目的とした社会福祉士等の配置（非常勤）が始まり，2009年からほぼ全国の刑務所と一部の少年院に社会福祉士等の配置（非常勤）が進められた。それらのソーシャルワーカーの活動実績を踏まえて2014年度からは，常勤職としてソーシャルワーカーが福祉専門官として配置されることとなった。

常勤の福祉専門官を配置することになった理由について，日本社会福祉士会は「高齢又は障害により自立が困難な被収容者について，出所時の適切な福祉サービスにつなげることは，円滑な社会復帰及び再犯防止の観点から重要であるため，支援の充実強化が重要であり，現在，ほぼ全国の刑事施設に非常勤職員として社会福祉士が配置されているものの，高齢又は障害を有する等の理由で，福祉的支援を要する受刑者が増加している中，今後，対象者の増加に伴う業務量の増加だけでなく，再犯防止の観点からも福祉的支援の必要性が高まっていたところ，非常勤職員に依存する運営では十分とはいえず，常勤の職員を採用する必要性があった」からであるとしている（日本社会福祉士会，2014：7）。

しかし，従来の非常勤ソーシャルワーカーがすべて常勤化されるわけではなく，刑事施設には，従来から着任している「非常勤のソーシャルワーカー」と福祉専門官が併置される施設も少なくないとみられている。したがって，福祉専門官と「非常勤のソーシャルワーカー」との関係については，「福祉専門官の方が，より専門的知識を要する困難な事例を扱うこと」および福祉専門官が「非常勤のソーシャルワーカー」に対して「指導・助言を行うこと」が想定されている（日本社会福祉士会，2014：7）。

このように常勤職として採用される「福祉専門官」は,「社会福祉士,精神保健福祉士の資格を有し,かつ,福祉施設,社会福祉協議会,福祉事務所,医療機関,行政機関等において福祉的業務に係る実務経験がおおむね5年以上ある者」という高い専門性とキャリア,さらには,非常勤のソーシャルワーカーに対する指導・助言等の高度な専門的指導力を求められることになる。それにもかかわらず,福祉専門官の任期が3年とされているのは,大きな制度的矛盾である。

各地域の特性に応じたソーシャル・キャピタルの活用や人的ネットワークの構築ができてこそ,実りあるソーシャルワークが可能となる。支援対象者との継続的なソーシャルワークの実施,換言すれば社会的孤立の防止の課題達成にとって,福祉専門官の「任期付き採用」は,ソーシャル・キャピタルの活用に大きな困難をもたらすだけでなく,有為の人材を得難くするという二重の課題をもたらす可能性が高い。

このように福祉専門官の導入に期待すべき点も多いが,他方,効果的なソーシャルワークを行ううえで制度上の課題があることも確かである。

第4節　矯正施設収容者,退所者の社会的孤立を考える視点

(1) ソーシャルワーク導入の課題

このように,更生保護の分野におけるソーシャルワークの導入や関係機関の調整は,徐々に進められている。

しかし,ここでそれらのソーシャルワークの実施や機関連携を行う際に,それぞれの場面で,もっとも留意されねばならないのは,支援対象となる当事者のニーズにそった支援となっているか,また,福祉サービスの提供にあたって,当事者の主体性が尊重されているかどうかである。

例えば,約20年間の受刑経験を有する五十嵐弘志(2013)は,宗教的絆(愛)を手がかりに,自ら社会復帰と更生を果たすとともに,NPO法人「マザーハウス」[3]の理事長として,受刑者と退所者の支援に尽力している。その「マザー

ハウス」のパンフレットには「受刑者が社会とのつながりを失い孤立することなく，誰かに『助けて』と言える環境作りが必要です」と記されている。

　全国の都道府県に設置された地域生活定着支援センターについても，その事業主体は都道府県であるが，その業務を社会福祉協議会や社会福祉士会等の民間に委託している自治体が多く，そのために業務内容は，都道府県によって相当な差違が生じている。また，前述のように保護観察所と同センターおよび刑事施設との特別調整も，支援の必要なケースに対するサポートが十分に実施できているとはいえないであろう。

（2）矯正施設出所者等の社会的孤立解消に向けて

　矯正施設出所者等の社会復帰を担っている基幹的な法制度は，保護観察である。保護観察は，国家公務員である保護観察官と民間の篤志家である保護司（法務大臣から委嘱を受けた非常勤職員）との協働体制で実施されている。

　保護観察所に所属し，実際に保護観察に当たっている保護観察官の数は，2013年度で約1000人（所長，課長，係長等の管理職を含む）である。この保護観察官が1年間に約8万5000人の保護観察対象者数を観察しているのが現在の保護観察の実情である。それを補佐するために，法務大臣から委嘱された保護司が，無給の非常勤職員として全国に配置されている。2015年1月1日現在，保護司として4万7872人が委嘱されている（法務省，2015）。保護観察対象者の近隣に住む保護司は篤志家，ボランティアとして活動し，地域事情に精通していることなどの特性を生かして，対象者と定期的に面接し，生活状況の把握，対象者に対する指導，助言を行うこととされている。

　しかし，本章でも触れてきたように，高齢や障害のある者に対する保護観察を含めて，現在の保護観察制度は，更生保護と再犯防止に十分な成果を上げているとは言い難い（前野育三ほか，2007：95）。保護観察官1人当たり，1年間におよそ80〜90人の対象者を担当する状況下では，高齢や障害のある者に対するケアを含めて，受刑者，出所者・退院者の声に真摯に耳を傾け，その社会的孤立の防止を期待することは難しい。また，それ以上に，篤志家である保護司

に対して，個別ニーズに応じたソーシャル・キャピタル活用などの専門的支援を期待することも酷であろう。

　更生保護に関しては，保護観察所から委託を受け，住居や身寄りがないなどの理由で出所後の自立が難しい保護観察または更生緊急保護の対象者を宿泊させ，就職援助や生活指導等を行う更生保護施設が全国に約100施設ある。しかし，この更生保護施設の収容にも限界があるため，2011年度からは，「緊急的住居確保・自立支援対策」が開始された。これは，あらかじめ保護観察所に登録した民間法人・団体等の事業者に，保護観察所が，宿泊場所の供与と自立のための生活指導（自立準備支援）などを委託するもので，「自立準備ホーム」と呼ばれる。2015年3月31日現在の登録事業者数は332。2014年度の委託実人員は1497人（うち新規委託開始人員1279人），延べ人員は9万1985人であった（法務省，2015）。

　矯正施設出所者の場合，社会的孤立を防止し，ソーシャル・キャピタルを構築することが極めて困難な事例は少なくない。このような課題の克服にとって，更生保護制度の改革というマクロの領域から，個々のケースのニーズにそったソーシャルワーク実践というミクロの視点まで，ソーシャル・キャピタルを活かす運動が求められているといえよう。

　本章で取り上げた事例は，個人情報保護に関する倫理的配慮から類似ケースを統合し，匿名化して表記したものである。

注
(1) BBS運動とは，主として更生保護にかかわるボランティア活動である。兄や姉のような身近な存在として，ケースワークやグループワークを通じて，非行等のさまざまな問題を抱える少年とかかわり，問題解決や健全な成長を支援する青年ボランティア団体である。2015年4月1日現在，BBS会の会員数は4512人である（法務省，2015）。
(2) 法務省保観第206号，社援発第0401019号（通知）「刑事施設，少年院及び保護観察所と地方公共団体，公共の衛生福祉に関する機関等との連携の確保について」平成21年4月1日。
(3) 「マザーハウス」は，東京都渋谷区にある特定非営利活動法人である。受刑者たちの心身のケア，社会復帰の支援を活動目的とする。五十嵐は，「マザーハウス」の創設，

運営のみならず，学会報告(日本司法福祉学会2014年15回大会第 7 分科会「学校教育における紛争解決教育」や講演活動を通じて，非行少年や矯正施設退所者の孤立の克服と他者との関係修復，自分自身との修復の重要性を啓発する活動にも取り組んでいる。

引用・参考文献

古川隆司(2015)「高齢犯罪者の社会復帰支援の取り組みの現状と課題──矯正と保護の連携を中心に」『犯罪と非行』180，日立みらい財団。
法務省(2007)『平成19年版　犯罪白書』。
法務省(2012)『平成24年版　犯罪白書』。
法務省(2013)『平成25年版　犯罪白書』。
法務省(2015)『平成27年版　犯罪白書』。
法務省ホームページ（www.moj.go.jp/hisho/seisakuhyouka/hisho04_00040.html，2016. 8. 10)。
法務総合研究所(2013)「無差別殺傷事犯に関する研究」『研究部報告』50。
五十嵐弘志(2013)「人生は出会いで決まる──獄中で真の愛に出会って」『共生と修復』共生と修復研究会 3，42-46。
伊豆丸剛史(2015)「地域生活定着支援センターと多機関連携」『犯罪と非行』180，日立みらい財団。
厚生労働省(2014)「矯正施設退所者の地域生活定着支援」(http://www.mhlw.go.jp/stf/seisakunitsuite/bunya/hukushi_kaigo/seikatsuhogo/kyouseishisetsu/index.html，2016. 8. 10)。
前野育三・松原英世・平山真理(2007)『刑事政策のすすめ［第 2 版］』法律文化社。
中村葉子(2015)「検察における起訴猶予者等に対する再犯防止の取組について──京都地方検察庁における取組を中心に」『犯罪と非行』180，日立みらい財団。
日本社会福祉士会(2014)「刑務所に社会福祉士等の福祉専門官を常勤配置へ」『日本社会福祉士会 NEWS』171，7。
大橋哲(2015)「刑事施設における受刑者の更生支援について」『犯罪と非行』180，日立みらい財団。
杉山弘晃(2015)「刑務所出所者等の就労支援について──協力雇用主のもとでの就労の拡大に向けて」『犯罪と非行』180，日立みらい財団。
吉田卓司(1985)「BBS 運動の現状と展望（ 4 ・完)──BBS の史的展開と今日的課題」『関西非行問題研究』関西非行問題研究会10，72-81。
『読売新聞』(2013)「無差別殺傷・孤立が背景──友人いない・交友希薄63％」 9 月28日付東京版朝刊。

第14章
被災地の人々の孤立
──分断された絆を再び紡ぐ支援──

家髙将明

　本章は，被災地における孤立死(1)に焦点を当て，その防止策について検討する。しかしながら孤立死とは，「社縁」「地縁」「血縁」と呼ばれる人々のつながりが縮小化する中で生じる現象であり，被災地特有の現象ではない。そこで震災関連死に至るメカニズムから，被災地における孤立死が，平時における一般的なものと異なる可能性があることをみていく。また被災地における孤立死が災害時に特有のものであるならば，その原因となる孤立という現象も災害の影響によってもたらされた可能性がある。本章では，孤立という現象が生み出される要因のひとつとして災害が大きくかかわっていることを示すとともに，事例を通じて孤立と災害との関連を具体化する。さらに市町村社会福祉協議会に配置される生活支援相談員が行う実践に着目し，彼らが行う活動が被災者のソーシャル・キャピタルを高め，それによって孤立死を防止することができる可能性についてみていく。

第1節　被災地における孤立死の状況

（1）東日本大震災および阪神・淡路大震災の特徴

　2011年3月11日14時46分，三陸沖を震源地とする東日本大震災が発生した。東日本大震災の特徴としては，津波による被害が発生し，被害の範囲が広範にわたったことに加え，福島県においては原発事故に伴う放射能汚染による被害もみられた。大地震というと1995年に発生した阪神・淡路大震災も記憶に新しい。しかし，この2つの大地震には2つの大きく異なる点がある。まず，津波の被害については，阪神・淡路大震災においては数十cmの津波は観測された

が被害がなかったのに対して，東日本大震災においては甚大な津波と地盤沈下が重なり，浸水面積は全国で561km^2（青森県24km^2，岩手県58km^2，宮城県327km^2，福島県112km^2，茨城県23km^2，千葉県17km^2）であったことが報告されている（内閣府，2011：14）。また人的被害については，阪神・淡路大震災が死者6434名（2006年5月19日現在）であったのに対して，東日本大震災は1万9225人（2015年3月1日現在）であり，ここからも被害の甚大さがわかる（内閣府，2015：附33）。

また避難者数の状況については，2011年3月14日時点で約47万人に上り，阪神・淡路大震災の約1.5倍に上ったことが報告されている（内閣府，2011：39）。

（2）災害時における孤立死の発生件数

阪神・淡路大震災における孤立死の発生件数については，田中らが兵庫県観察医務室の死体検案書および警察による死体発見報告書をもとに応急仮設住宅および災害復興住宅ごとに算出している[(2)]。この田中らの報告（田中正人・上野易弘，2011：437-443）によれば，孤立死は震災発生の年である1995年に仮設住宅で14件が発生し，その後1997年に30件となりピークを迎えたことが報告されている。また復興住宅については，1997年に1件が発生し，その後震災から7年後の2002年に48件とピークを迎えたことが報告されている。年齢別発生件数については，仮設住宅で60代が35％ともっとも多く，次いで50代が20％となっている。同じく復興住宅では，70代が62％でもっとも多く，次いで60代が51％となっている。さらに神戸新聞の調べでは，2013年の阪神・淡路大震災の災害復興住宅での孤立死は46件発生しており，その平均年齢は78.3歳であることが報じられている（神戸新聞，2014）。

一方，東日本大震災における孤立死については，詳細な調査報告は実施されておらず，新聞報道によって発表されているだけである。そこで新聞報道をもとに，東日本大震災における孤立死の発生件数をみると，仮設住宅における孤立死に限られるが，震災後5年間で岩手県38人，宮城県84人，福島県66人の合計188人に上ることが東京新聞によって報じられている（東京新聞，2016）。

次に災害時における孤立死の死因についてみていきたい。上述したように，東日本大震災における孤立死については，現時点において詳細な調査報告が実施されていないため，ここでは阪神・淡路大震災のデータのみを取り扱う。そして阪神・淡路大震災における孤立死の死因については，兵庫県監察医の検死記録及び新聞報道資料などに基づき，震災発生直後（1995年1月）から1999年4月までの兵庫県内の仮設住宅において独居状態で孤立死したケースを対象に調査した上野の報告がある（上野易弘，1999：34-47）。この報告では孤立死をした者のうち，病死は84％，自殺12％，事故死4％であったとされている。そして病死における死因については，男性は「心血管疾患」が38.9％ともっとも多く，次いで「肝疾患」が31.5％，「脳血管疾患」が12.8％と続く。女性においては，「心血管疾患」が66.1％ともっとも多く，次いで「脳血管疾患」が16.1％であり，男性に多かった「肝疾患」が4.8％にとどまっていると報告されている。さらに男性の「肝疾患」のうち，72.3％がアルコール性の肝疾患であったとされている。

第2節　災害と孤立死との関連

孤立死の問題が社会問題化したのは，1995年の3月9日に尼崎市の仮設住宅で63歳の被災者が死後2日経って発見されたことを契機とする。しかしながら孤立死とは，「社縁」「地縁」「血縁」と呼ばれる人々のつながりが縮小化する中で生じる現象であり，被災地特有の現象ではない。実際に，震災前と震災後の孤立死数の変化を検討した上野らの報告においても，震災のあった1995年および震災1年後の1996年の孤立死数は，震災前の1994年よりも減少していることが報告されている（上野易弘・主田英之，1998：279-285）。

しかし災害時における孤立死を，一般的な孤立死と同一視することは問題であり，災害時における特性を明示することによって初めて，その対応策を導き出すことが可能となる。よってここでは，災害時における孤立死の対策を検討する前提として，その特性を明確にすることで，災害時における孤立死の実態

について明らかにしたい。

（1）被災地における孤立死発生の要因

　先述した上田らの報告からもわかるように，病死による孤立死の死因としてもっとも多かったのは男女ともに「心血管疾患」であり，男性における病死による孤立死の38.9％，女性の66.1％を占める。しかしながら心臓・血管などの循環器における疾患である心血管疾患は，本来災害とは無関係な疾患であり，このデータをもって災害時における孤立死の状況を捉えることはできない。そこでここでは，災害と「心血管疾患」との関係性について考えるうえで，重要なヒントを与えてくれる上田の先行研究をみていきたい。

　この先行研究は，災害関連死が生じるメカニズムについて検討したものである（上田耕蔵，2005：18-29）。災害関連死とは，建物の倒壊や津波の被害など災害による直接的な影響で亡くなるのではなく，避難生活における心身の負担等による間接的な影響で亡くなる現象のことを指す。災害関連死は，阪神・淡路大震災で2005年3月31日時点において919人にのぼる（兵庫県，2005）。東日本大震災については，2013年3月31日現在において2688人となっている（内閣府，2013）。そして上田は，災害関連死における原因疾患の83％を占める心疾患をはじめとする循環器疾患が生じる要因について明らかにするために，ブルース・マキューアン等が提唱する「アロスタシス」概念を用いて災害関連死が発生するメカニズムを捉えている。

　上田によればアロスタシスとは，人々が困難な状況に対応するための外部ストレスに対する身体反応を指す。類似した概念としてホメオスタシスがあるが，これは恒常性と訳され，生体の内部環境を一定に保とうとする働きを担う。これに対してアロスタシスは，環境の変化に合わせて生体内の基準を変えることにより，内部環境を安定させる仕組みを指す。具体的な例としては，「危険な状況に直面すると，交感神経系が作動し肺と心臓を刺激して多くの酸素を送り込む」ことや「傷を負ってもすぐに止血できるように凝固系を昂進させる」ことなどが挙げられる（上田耕蔵，2005：18-29）。そしてこのアロスタ

シスが，正常に働き人々の身体を外的なストレスから守る役割を果たすばかりでなく，過度なストレスにより強い不快感や恐怖といった感情をもたらし，その結果としてアロスタシスが過剰に作用することで，身体に多大な負荷をかけ，災害関連死につながるとしている。

そこで次に，災害時に被災者が受けるストレスについてみていきたい。災害時において被災者が受けるストレスはさまざまであるが，藤原は災害時におけるストレス刺激について，①災害によって受けた死や負傷などの危険性に基づくショックや恐れの感情，②親，配偶者，兄弟，友人など親しい人を失う対象喪失，③家や財産などの個人にとってかけがえのないものを失う拡張自我の喪失体験，④失業や避難所での生活など環境の変化，⑤その他災害時に生じる日常生活のごたごたの5つに整理している(3)(藤原武弘，1997：51-53)。

そして災害時において被災者が受けるストレスについては，宮城県石巻市雄勝・牡鹿地区の東日本大震災の被災者1399人を対象とした健康調査において，身体面での健康状態については全国レベルと比して同様であったのに対し，不安・抑うつなどの精神面での問題については全国平均よりも高いことが報告されている（辻一郎，2011：18-21）。またこれと同様に，岩手県山田町で行われた調査においても，被災者における精神面での問題が岡山市の一般住民の平均よりも高いことが報告されている（坂田清美，2012：215-217）。

さらに阪神・淡路大震災の被災者である神戸市全区および阪神地区の市民748人を対象に調査を行い，被災者が受けるストレスについて年齢別に検討を行った城らの調査結果をみると，50代および60代のストレスが高く，避難所生活者においては60代が最も高いこと，避難所以外で生活する者については70代が最も高いことが報告されている（城仁士・小花和尚子，1995：232-241）。

これらのことから，災害によって被災者は平時よりも強いストレスにさらされ，何らかの精神的な問題を抱えるリスクが高まるといえる。またそうした傾向は，50代以上の者に顕著に表れる。そして50代以上の者が強いストレスにさらされるという結果は，災害時における孤立死の年齢別発生件数の結果と一致する。

さらに災害に関するストレスについて，阪神・淡路大震災の被災者である西宮市仮設住宅居住者を対象とした調査の結果から吉川は，周囲からの精神的なネットワークがない者はストレスが高く，精神的なネットワークがある者は「支えられている」ことへの安心がもたらされ，ストレスが少なくなる傾向があることを報告している（吉川かおり，1998：34-45）。また上述した宮城県石巻市雄勝・牡鹿地区の被災者1399人を対象とした被災者健康調査の結果においても，精神面の問題は，①震災によるトラウマ・喪失，②失業や経済上の困難，③ソーシャル・キャピタルの不足によって強まることが報告（辻一郎，2012：218-221）されており，ストレスと周囲の人間関係との関連が指摘されている。よってこの結果を踏まえるならば，災害時において孤立した状況に置かれることは，より過度なストレスにさらされるリスクが高まることを意味する。

　つまり災害時において，相対的に強いストレスを受けやすい50代以上の者が孤立化することによって，さらに過大なストレスにさらされる。そしてこの過大なストレスは，アロスタシスの過剰作用につながり，結果として心筋梗塞などの疾患が生じ，孤立死に至るというプロセスが被災地における孤立死発生のひとつの要因として推察される。

（2）孤立状態に陥る要因

　これまで被災地における孤立死発生の要因について検討し，孤立した状況が過度なストレスを生み，これがアロスタシスの過剰作用につながり，「心血管疾患」を原因とする孤立死を生み出す可能性についてみてきた。それではなぜ，人は孤立した状況に置かれるのであろうか。ここでは，被災者の生活を避難所生活期—仮設住宅生活期—復興住宅生活期の3つに区切ったうえで，仮設住宅生活期に焦点を当て孤立が生み出される要因についてみていきたい。

　阪神・淡路大震災では，高齢者や障害者を優先的に仮設住宅へ入居させたことで，コミュニティの分断を招き孤立死が相次いだ。東日本大震災では，この阪神・淡路大震災の反省を踏まえ，地域ごとにまとまって仮設住宅に入居できるよう配慮すべきであるという声が多く聞かれた。しかし現実には東日本大震

災における当時の状況を示した新聞報道をみると，建設された仮設住宅の戸数以上に申込み者が殺到し，抽選で入居者を決めざるを得なかったケース（毎日新聞，2011）などがみられ，さまざまな地域から仮設住宅への入居者を抽選で選んだ自治体が多かった（朝日新聞，2011）ようである。

またこうした仮設住宅への入居をめぐるコミュニティの分断により，人と人とのつながりが断たれることで，生活不活発病などの健康被害が新たに生み出されていることも報告されている（朝日新聞，2012）。生活不活発病とは，生活が不活発である状態が続くことにより，心身機能が低下していく症状を指すが，これについて鈴木は，住環境の変化や役割の変化などによる「『する』ことの喪失」，買い物をする場所や趣味活動の場の喪失などによる「外出場所（目的）の喪失」，知人の喪失や交通の便が悪いことなどによる「外出機会の喪失」によって生じることを指摘している（鈴木るり子，2013：258-268）。そして宮城県南三陸町の要介護認定を受けていない高齢者を対象とした大川の調査によれば，高齢者の23.9％が震災前よりも歩行が困難となっていることが報告されている（大川弥生，2013：29-33）。

よって被災地における孤立という現象は，避難所から仮設住宅への移行過程で生じたコミュニティの分断を契機としており，さらにコミュニティの分断によって人々は外出の機会や目的などが奪われ，生活不活発病を呈することで，孤立という問題がより恒常化しやすい状況に追いやられているといえるだろう。

第3節　被災地における孤立に対する支援

これまで過大なストレスがアロスタシスの過剰作用を生み出し，震災関連死に至るとする上田の知見から，被災地における孤立死が災害時における特有の現象である可能性があることをみた。また宮城県石巻市雄勝・牡鹿地区や岩手県山田町の被災者を対象とした健康調査の結果から，被災者は不安や抑うつなどの精神面での問題を抱えており，これら精神面での問題はソーシャル・キャ

ピタルの不足により強まる可能性があることをみてきた。精神面における問題とソーシャル・キャピタルとの関連については，先行研究においても認められており（岸玲子・堀川尚子，2004；村田千代栄ほか，2011；太田ひろみ，2014），支援を受けることのできるネットワークをもつことでストレスそのものにさらされることが少なくなるとともに，ストレスを緩和させることができることが報告されている（稲葉陽二，2007：127）。

しかし一方で，東日本大震災の被災地における状況は津波の影響によって被災地沿岸部は甚大な被害を受け，これにより仮設住宅への移行に際してコミュニティの分断が生じている。さらにこれらコミュニティの分断によって，人々は外出の機会や目的が奪われ，生活不活発病による身体機能の低下を引き起こし，さらに孤立しやすい状況に追いやられているケースも存在する。

被災地における孤立死を防止するためには，被災者一人ひとりの不安やストレスといった精神的な問題を軽減させることが重要であり，そのためには人々の失われたソーシャル・キャピタルを再形成することが求められる。

（1）被災地における孤立の実際

第3節では，被災地における孤立死を防止するための支援策を提示することを目的とするが，ここではまず，被災地における孤立の実際を捉えるために，孤立した被災者の生活を事例として示したい。

① 事例1：生活意欲の減退による孤立

妻と2人で小さな商店を営んでいたA氏（56歳）は，津波被害により自宅と店舗が流され，長年連れ添った妻も亡くした。被災から4か月後，A氏は震災前に暮らしていた市街地から離れた山間部の仮設住宅で新たな生活を送ることになった。この仮設住宅では，さまざまな地区から入居者が集まってきており，初めて顔を合わせる者が多かった。

仮設住宅における妻のいない一人での生活は，A氏の気を滅入らせた。「なぜあのとき妻を助けることができなかったのか。なぜ自分だけが生き残ってしまったのか」，そんな思いが頭の中をめぐり，眠れない日々が続いた。A氏が

暮らす仮設住宅では，週に数回，住民同士が集うイベントが開催されていたが，心の余裕がもてず，出かける気にはなれなかった。

家族を失ったことによる喪失感や孤独感，家族を救うことのできなかった自責の念，今後の生活に対する不安から，彼はストレスを募らせ，その生活は不規則なものとなっていった。一方で，彼はいつまでも前に踏み出すことのできない自分自身に対して，苛立ちも感じていた。「つらい思いをしているのは自分だけではない。みんな頑張っている。なぜ自分だけができないのか」と自分自身を責め，苛立ちを募らせる中で，次第に飲酒量が増えていった。

② 事例2：必要な情報と支援が届かないことによる孤立

自宅が全壊し，避難所での避難生活を送っていたＢ氏（女性，67歳）は，避難所での生活に馴染むことができず，夜も眠れない日々を送っていた。本来であれば，Ｂ氏は避難所から仮設住宅に移る予定であったが，仮設住宅の建設は建設用地の選定に時間を要し，遅れていた。そのため，Ｂ氏は仮設住宅の建設を待つことができず，民間賃貸住宅を仮設住宅としてみなす，「みなし仮設」に入居することになった。彼女が入居した「みなし仮設」は，被災前に暮らしていた市街地から十数キロ離れたところにあった。「みなし仮設」に移った当初は，土地勘もなく，どこで買い物をすればよいのかもわからなかった。

被災前のＢ氏の生活は，近所の人と一緒にカラオケに出かけたり，散歩をしたりと活発な生活を送っていたが，新しく移った土地では知人はおらず，日用品の買い出し以外に出かける理由がなかった。しかも車を運転できないＢ氏の移動は，もっぱら公共交通機関を利用しての移動であり，交通の便が悪いため，行動範囲も制限された。また民間賃貸住宅を利用したみなし仮設は，一般的な仮設住宅と異なり，地域に点在しているため，支援や情報も届かず，被災者同士のつながりも全くなかった。

そうした中，震災前と比べ日常生活における活動量の低下が顕著となったＢ氏に，次第に歩行や身の回りの動作などの生活動作に機能低下がみられるようになった。そしてさらに，機能低下がみられるようになったＢ氏の外出の機会は，ますます少なくなっていった。

(2) 孤立死を防止するための被災地の取り組み

　東日本大震災における孤立死対策のひとつとして，仮設住宅を生活支援相談員が巡回し，生活全般に関する相談に応じ，関係諸機関との連絡調整を行う取り組みが行われている。上述した2つの事例のようなケースにおいても，支援者が彼らのもとへと出向き，彼らの声に耳を傾けるとともに，関係諸機関と連携し，生活を立て直すアプローチが求められる。そこでここでは，この生活支援相談員の取り組みについてみることで，被災地における孤立死を防止するための支援策を検討していきたい。

　生活支援相談員の活動は，阪神・淡路大震災において生活支援アドバイザーの活動にその萌芽がみられ，東日本大震災では市町村社会福祉協議会に「生活支援相談員」が配置され，その活動が展開されている。この生活支援相談員は，2012年3月1日現在，岩手・宮城・福島の3県を合わせて567人が配置されている（大規模災害における被災者への生活支援のあり方研究委員会〔以下，あり方研究委員会〕，2012：2）。

　生活支援相談員は，当初2011年度の第一次補正予算における生活福祉資金関連の補助金を受けて配置され，翌年度からは緊急雇用創出事業臨時特例基金において予算措置されており，有期雇用契約の職員として位置づけられている（筒井のり子，2013：54-67）。また福祉・医療関連資格の保有を必ずしも必要とするものではなく，生活支援相談員としての採用時に相談業務および福祉関係の現場経験のない者も多く含まれている。このように支援者としての体系的な教育を必ずしも受けているとはいえない生活支援相談員について，専門的な支援を行う支援者としてみることはできないかもしれない。しかし後述する生活支援相談員の機能をみてわかるように，彼らが展開する支援はソーシャルワークとしての機能の一旦を担っている（大島隆代，2011：122-129）。

　生活支援相談員の活動展開の基本的考え方をまとめたあり方研究委員会の報告書によれば，生活支援相談員の業務内容は表14-1のように整理される。

　以上からわかるように，生活支援相談員の業務内容は，被災者の心配ごと・困りごとの把握を行う「ニーズの把握」，見守り活動や福祉サービスの利用援

表14-1　生活支援相談員の業務内容

【ニーズ把握／全戸対象の活動】 ①心配ごと・困りごと（ニーズ）の把握（初期に全戸訪問等で実施。その後，必要に応じて実施） 【訪問活動（個別支援）】 ②訪問による見守り，相談，情報提供，生活支援の実施 ③生活福祉資金貸付に関する相談 ④福祉サービス（介護保険等による制度サービス）や生活支援サービス（食事サービス，ふれあいいきいきサロン，子育てサロン，買物支援サービス，移動サービス等）の利用援助 ⑤福祉サービス，生活支援サービス利用者を支えるための，近隣住民・ボランティアへの協力依頼や調整 【住民同士のつながり，地域の福祉活動支援（地域支援）】 ①集う場（集会所，公民館，仮設住宅等の集会室，福祉施設，自宅，公共スペース〔屋内外〕等）づくりとコミュニティづくりの推進（交流イベント等交流事業を含む） ②福祉・医療等の専門職による出張相談の調整 ③住民・ボランティアによる見守り・支援ネットワーク活動の立ち上げ，運営支援 ④各種生活支援サービスの立ち上げ，運営支援 ⑤被災者支援にかかわる諸団体，自治体との連絡調整

出所：大規模災害における被災者への生活支援のあり方研究委員会（2012）『東日本大震災被災地社協における被災者への生活支援・相談活動の現状と課題——大規模災害における被災者への生活支援のあり方研究報告書』全国社会福祉協議会。

助などを行う「個別支援」，住民同士の集う場の形成や住民・ボランティアによる支援ネットワーク活動の立ち上げなどを行う「地域支援」の３つからなる。さらに新潟県中越地震における生活支援相談員へのヒアリング調査を行い支援機能を抽出した加納は，「縛りのない支援活動」という概念を用いて生活支援相談員が担う機能を捉えている（加納佑一，2012：32-38）。この「縛りのない支援活動」という概念は，生活支援相談員の「被災者からの相談は何でも聞いて，何でも一緒に考えていく」という基本的な姿勢を表しており，さらにそこで明らかとなったニーズについて行政や他機関へつなぐとともに，既存の社会資源だけで行き届かないものにおいては生活支援相談員がカバーするという役割を示している。

　東日本大震災における被災者は日常の生活基盤を奪われ，復興までの仮の住まいである仮設住宅での長期に及ぶ不安で不自由な生活を強いられている。そうした彼らのニーズは特定の専門職がもつ既存の枠組みだけでは捉えることができない。また被災者のニーズは時間の経過とともに刻々と変化しており，そ

の時々に応じた適切な支援が求められている。生活支援相談員が担う「縛りのない支援活動」は，そうした被災者の生活を支えるうえで重要な意味をもつ。つまり生活支援相談員が担う「個別支援」とは，訪問活動を通じて，枠組みにとらわれることなく仮設住宅で暮らす住民の声に耳を傾け，福祉ニーズを表明できない人たちの「声なき声」も拾い上げていくアウトリーチ型のかかわりを基本として，被災者のニーズを必要なサービスや資源につなげ，それらで対応できないものについては自ら支援を展開していく役割が期待されている。

さらに生活支援相談員が担う役割には，「地域支援」も含まれる。そしてこの「地域支援」は，そこで暮らす人々が集まることのできる集いの場をつくることや交流イベント等を企画することにとどまらず，住民による見守り・支援ネットワーク活動の立ち上げや，生活支援サービスの立ち上げまでも含むものであり，「個別支援」と総合的に展開されることが求められている（あり方研究委員会，2012：112）。つまり訪問活動による「ニーズの把握」によって明らかとされた「個」の問題を「地域」の課題として取り上げ，共有化し，住民同士が一緒に考えながら，地域で支えていく仕組みをつくり上げていくことが期待されている。そしてこのような「個別支援」と「地域支援」が一体となって展開される実践は，「個別支援」により一人ひとりが抱える生活課題や福祉課題を解消することで生活上の不安を軽減するとともに，「個」の問題をきっかけとして住民同士が支え合うことで互いに絆を深め，失われたソーシャル・キャピタルの再形成につながっていくものである。

先の事例で示したような，生活意欲の減退による「閉じこもり」や，必要となる情報や支援が行き届かないために孤立化して生じた生活不活発病への対応は，単に集いの場をつくったり，交流イベント等を企画したりすることだけで解決するものではなく，「個別支援」と「地域支援」の両者が一体となった統合的実践を展開することにより，はじめて意味をもつようになる。「個別支援」と「地域支援」が一体となった統合的実践の展開が生活支援相談員に期待されている。

（3）支援者に対する後方支援の取り組み

　ここまであり方研究委員会が示す生活支援相談員の業務内容をもとに，生活支援相談員の役割についてみてきた。しかし前述したように，生活支援相談員の中には相談業務および福祉関係における現場経験のない者も多く含まれており，支援に関する力量が十分に形成されていないとする指摘がある。また生活支援相談員が一般的に伴う対人援助のストレスに加え，実践基盤が脆弱な中で，被災者住民や所属組織からの期待に応えなければならない重圧を受けつつ，難易度の高い課題に向き合っているとする指摘もあり，生活支援相談員に対する教育的機能および支持的機能を担保したスーパービジョン(5)の必要性が叫ばれている（木村淳也，2014：61-78）。

　宮城県では，岩手県や福島県にはない独自の取り組みとして，2011年9月に宮城県社会福祉士会に委託するかたちで，生活支援相談員などを含む被災者支援を担う支援者に対して支援を行う機関である「宮城県サポートセンター支援事務所」（以下，センター支援事務所）を開設している。この組織は，宮城県社会福祉士会，宮城県ケアマネジャー協会，仙台弁護士会，NPO法人コミュニティライフサポートセンター，NPO法人ワンファミリー仙台，宮城県社会福祉協議会，宮城県介護福祉士協会，みやぎ連携復興センターなどが協力団体としてセンター支援事務所の活動に携わり運営が展開されている。またセンター支援事務所は，生活支援相談員に対する教育および支援を専属で行う機関ではなく，仮設住宅地域において総合相談や生活支援等を行うサポート拠点としてサポートセンター(6)が設けられており，このサポートセンターに対する運営の相談・ノウハウの提供やスタッフの人材育成を行うことを主たる目的としている。生活支援相談員に対する支援は，その一環として実施されている。

　センター支援事務所が行う事業は，①被災者支援に携わる従事者研修を行う「支援者研修」，②サポートセンター等に協力し，各専門職を派遣する「専門職（家）派遣」，③各専門家と連携し，アドバイザーを派遣する「アドバイザー派遣」，④サポートセンタースタッフ等への聞き取り調査を通じ，サポートセンター事業を円滑に資する支援を行う「ヒアリング事業」，⑤みなし仮設や自宅

で暮らす被災者への支援を行う「みなし・在宅被災者支援」、⑥支援事務所によるサポートセンター運営にかかわる評価を行う「調査研究」、⑦要援護者支援にかかわる関係者の連絡会議を開催する「連絡会議」の7つの機能を担っている。[7]

　そして①の「支援者研修」においては、災害支援業務に従事するに当たって身に付けておくべき基礎的なコミュニケーション技法や現場での心構え、個別支援および地域支援における実践方法について学ぶ「基礎研修」や、ごみ屋敷や近隣トラブルなどの具体的な事例をもとに実践力を高める「ステップアップ研修」、災害公営住宅への転居を見据え、転居を進めるうえでの支援方法を学ぶ「災害公営住宅への移行対策研修」などが実施されている。センター支援事務所が行うこれらのスーパービジョンは教育的機能だけでなく、講師が研修参加者に対して支持的にかかわり、悩みを受け止める支持的機能も果たしていることが報告されている（平野隆之ほか、2014：67-88）。

　またセンター支援事務所では、支援者に対する直接的な研修だけでなく、支援者への助言・指導を行う管理・監督の立場にある職員に求められるスーパーバイズを学ぶ「スーパーバイザー研修」も実施している。さらにセンター支援事務所では、「ヒアリング事業」において生活支援相談員などの災害支援を行う支援者に対するヒアリングを行い、その声を踏まえ、必要とされる研修を企画することや「アドバイザー派遣」を実施することなど、必要な支援対策の検討を行っている。

　このようにセンター支援事務所が行う支援者に対する後方支援は、生活支援相談員などの被災者支援を行う支援者に対するスキルアップのための研修を実施するとともに、研修の中で支持的なかかわりを図ることで彼らを支える「直接的後方支援」と、管理・監督者へのスーパーバイズを実施することで、それぞれの支援者が所属する組織レベルでの支援体制の形成も図る「間接的後方支援」を展開している。そして第一線で活躍する支援者の声を拾い上げ、そこから必要な支援者対策を検討する「ヒアリング事業」は、センター支援事務所が行う「直接的後方支援」および「間接的後方支援」をより有用なものにする

ファクターとなっている。

　被災地における孤立死を防止するためには，生活支援相談員が担う「個別支援」と「地域支援」が一体的に展開される必要があるが，しかしその支援展開は個々の生活支援相談員がもつ力量だけによってなされるものではなく，センター支援事務所が担うような後方支援と有機的に結びつくことによってはじめて可能となる。さらにそこで行われる後方支援は，上述した「ヒアリング事業」にみられるように，後方支援を行う者から一方的に行われるものではなく，現場で支援を展開する者と後方支援を行う者との対話をもとに組み立てられる必要がある。

注
(1)　一般的に「孤独死」と「孤立死」は明確な使い分けがされておらず，震災関連で発表される統計資料においてはおおむね「孤独死」という用語が用いられている。しかし本章では，生前の状況に着目し，周囲から全く顧みられることなく，孤立した状況に置かれ，社会的なつながりがないまま誰にも看取られることなく単独で死亡した者の死を「孤立死」と定義し，「孤立死」に統一して表現する。
(2)　田中らの報告は，神戸市内のうち北区および西区を除いた仮設住宅171団地，復興住宅192団地を対象としている。
(3)　藤原は，「その他災害時に生じる日常生活のごたごた」について，水くみ，救援物資を貰いにいく，壊れた家から家具を取り出す，食料品の買い出し，電話の応対，訪問者への応対，金銭面でのやり繰り，再建計画などの具体例を挙げている。
(4)　東日本大震災においては，仮設住宅等で避難生活を送る被災者への生活支援を行うものとして，生活支援相談員以外に，高齢者等サポート拠点に配置されたLSA（ライフサポートアドバイザー）や，緊急雇用創出事業の枠組みで配置された支援員などがある。
(5)　岩手県における生活支援相談員を対象とした調査において，63.2％の人が業務に対するストレスを感じていることが報告されている（特定非営利活動法人 Facilitator Fellows「平成23年度社会福祉推進事業（厚生労働省）生活支援相談員に対する支援のあり方とその手法に関する調査研究報告書」〔http://www.facili.jp/wp/wp-content/uploads/2012/04/iwatecyousa2012.pdf，2016.8.28〕）。
(6)　2012年12月7日現在で宮城県に62か所のサポートセンターが設置されている。また岩手県に28か所，福島県に25か所設置されている（厚生労働省「介護等のサポート拠点について」〔https://www.reconstruction.go.jp/topics/20130208_kaigo.pdf，2016.8.28〕）。
(7)　ここで示す7つの機能は，2014年現在のものである（宮城県サポートセンター支援事務所〔http://m-saposen.jp/jigyou.html，2014.10.15〕）。

第Ⅱ部　社会的孤立の現状と課題

引用・参考文献

『朝日新聞』「仮設住宅での孤独死防げ」2011年7月6日付朝刊。

『朝日新聞』「(共に生きる　1・17　3・11：下)地縁切れ，お年寄り孤立」2012年1月19日付朝刊。

大規模災害における被災者への生活支援のあり方研究委員会(2012)『東日本大震災被災地社協における被災者への生活支援・相談活動の現状と課題——大規模災害における被災者への生活支援のあり方研究報告書』全国社会福祉協議会。

藤原武弘(1997)「1995阪神大震災による災害ストレス反応」『関西学院大学社会学部紀要』77, 51-54。

平野隆之・小木曽早苗・ほか(2014)「東日本大震災における被災者支援の課題と今後の展開——自立支援を目指す地域支援の視点から」『日本福祉大学社会福祉論集』130, 67-88。

兵庫県(2005)「阪神・淡路大震災の死者にかかる調査について」(http://web.pref.hyogo.jp/pa20/pa20_000000016.html, 2014.8.28)。

稲葉陽二(2007)『ソーシャル・キャピタル——「信頼の絆」で解く現代経済・社会の諸課題』生産性出版。

城仁士・小花和尚子(1995)「阪神大震災による災害ストレスの諸相」『実験社会心理学研究』35(2), 232-242。

加納佑一(2012)「新潟県中越地震における生活支援相談員の聞き取り調査から」『ソーシャルワーク研究』38(1), 32-38。

木村淳也(2014)「福島県における生活支援相談員に対するスーパービジョン実践と課題」『会津大学短期大学部研究年報』71, 61-78。

岸玲子・堀川尚子(2004)「高齢者の早期死亡ならびに身体機能に及ぼす社会的サポートネットワークの役割　内外の研究動向と今後の課題」『日本公衆衛生雑誌』51(2), 79-93。

『神戸新聞』「復興住宅の「独居死」　13年, 46人すべて50歳以上」2014年1月11日付。

『毎日新聞』「東日本大震災——仮設住宅不足, 抽選で入居者決定　集落維持, 厳しい現実」2011年5月9日付朝刊。

村田千代栄・斉藤嘉孝・ほか(2011)「地域在住高齢者における社会的サポートと抑うつの関連——AGESプロジェクト」『老年社会科学』33(1), 15-22。

内閣府(2011)『平成23年版　防災白書』佐伯印刷。

内閣府(2013)『平成25年版　防災白書』佐伯印刷。

内閣府(2015)『平成27年版　防災白書』佐伯印刷。

大川弥生(2013)「災害時の生活不活発病——予防・改善のターゲットとして」『ふれあいケア』19(3), 29-33。

大島隆代(2011)「被災者の『住まい』と暮らしの再建を考える——仮設住宅における生活支援相談員による支援実践を手がかりに」『社会福祉研究』110, 122-129。

太田ひろみ(2014)「個人レベルのソーシャル・キャピタルと高齢者の主観的健康観・抑うつとの関連　男女別の検討」『日本公衆衛生雑誌』61(2), 71-88。

坂田清美(2012)「東日本大震災から1年 岩手県からの報告 被災者の健康に関する長期追跡研究を実施中」『公衆衛生』76(3), 215-217。

鈴木るり子(2013)「災害と孤立問題」河合克義・菅野道生・板倉香子編著『社会的孤立問題への挑戦——分析の視座と福祉実践』法律文化社, 258-268。

田中正人・上野易弘(2011)「被災市街地の住宅セイフティネットにおける『孤独死』の発生実態とその背景——阪神・淡路大震災の事例を通して」『地域安全学会論文集』15, 437-444。

『東京新聞』「仮設孤独死5年で188人」2016年3月1日付朝刊。

辻一郎(2011)「喪失体験, 失業, 孤立に被災者は苦しんでいる 東日本大震災健康調査から考える今後の被災地支援」『日本医事新報』4569, 18-21。

辻一郎(2012)「東日本大震災から1年 宮城県からの報告」『公衆衛生』76(3), 218-221。

筒井のり子(2013)「東日本大震災における仮設住宅等入居被災者の生活支援のあり方」『龍谷大学社会学部紀要』42, 54-67。

上田耕蔵(2005)「中越地震と阪神・淡路大震災——関連死は何をつたえているのか」『月刊保団連』862, 18-29。

上野易弘(1999)「震災死と『孤独死』」『都市政策』96, 34-47。

上野易弘・主田英之(1998)「震災前後における神戸市内の独居死の比較検討」『神戸大学都市安全研究センター研究報告』2, 279-284。

吉川かおり(1998)「生活再建過程におけるネットワーキング——社会的孤立の深化を防ぐために」『生活問題研究』5, 34-45。

第Ⅲ部
社会的孤立に対する社会福祉の挑戦

第15章
個人情報の保護と共有のジレンマ

今井慶宗

　社会的弱者といわれる人たちもプライバシーや個人情報が尊重されなければならないことは当然である。しかし，近年，プライバシーの尊重や個人情報保護が強調されるあまり，社会的弱者を支援する活動をしている個人や団体が法的問題に直面することとなったり，地域住民同士の助け合いや見守り活動が萎縮することもみられる。これらの結果，支援を必要とする社会的弱者への援助が滞り，適切なタイミングで必要な支援がなされる機会を逸してしまう事態も少なくない。

　現代の日本の社会においては，核家族化や一人暮らしの増加など世帯規模が小さくなる現象が進行している。高齢者のみの世帯や一人暮らしの障害者であって，日常的な世話や見守りをしている介護者等もいない家庭も少なくない。これらの人にとって，日常の見守りや体調急変の際の対応，災害・犯罪発生時の処置など，他の人・世帯にも増して社会とのつながりや支援が必要であると考えられる。場合によっては早期の介入が必要と考えられるケースもある。しかし，そのような人・世帯に対する支援を行おうとしたとき，問題となるのがプライバシーや個人情報保護の観点である。支援者にとって一歩踏み込んだ援助に立ちはだかる壁となってしまうこともある。そこで本章では，その壁にどう対応するべきか法令やガイドライン，行政の取り扱い実務を中心にみてみたい。

第1節　個人情報保護法

（1）個人情報保護法
① 個人情報保護法と個人情報保護条例

　個人情報の保護に関する法律（以下，個人情報保護法）は，2003年5月に制定され，2005年4月に全面施行された。この法律は，「高度情報通信社会の進展に伴い個人情報の利用が著しく拡大していることに鑑み，個人情報の適正な取扱いに関し，基本理念及び政府による基本方針の作成その他の個人情報の保護に関する施策の基本となる事項を定め，国及び地方公共団体の責務等を明らかにするとともに，個人情報を取り扱う事業者の遵守すべき義務等を定めることにより，（中略）個人情報の有用性に配慮しつつ，個人の権利利益を保護すること」を目的としている（第1条）。

　また，個人情報についても定義していて，「生存する個人に関する情報であって，当該情報に含まれる氏名，生年月日その他の記述等により特定の個人を識別することができるもの（他の情報と容易に照合することができ，それにより特定の個人を識別することができることとなるものを含む。）をいう」としている（第2条）。また，2006年には，全市区町村において個人情報保護条例が制定された。

　なお，これらにおいて「事業」とは，反復継続して遂行される同種の行為を指し，営利であるか非営利であるかは問わない。当然のこととして，社会福祉に関する事業も含まれる。

② 開示の可否の判断を定める規定

　災害など緊急の事態において，援護を必要としている人がいる。しかしながら，これらの場合においても個人情報やその保護が必要であることを理由として，情報が支援者に伝わらず，援護が必要な人に支援が届かないという問題も指摘されている。災害をはじめとする緊急時や日常的な支援が必要な場合に，法令の規定がどうなっているかを確認しておかなければならない。

個人情報保護法では，基本理念を謳う第3条で，「個人情報は，個人の人格尊重の理念の下に慎重に取り扱われるべきものであることにかんがみ，その適正な取扱いが図られなければならない」としている。「人格尊重」と「適正な取扱い」が定められている。非開示をはじめとする保護だけではなく，「人格尊重」のため「適正な取扱い」が必要な場合があることが法文の解釈から導き出される。

(2) 福祉分野の個人情報保護と要支援者
① 福祉分野における個人情報保護に関するガイドライン

社会的に孤立している者に対する支援は，司法や医療の役割でもあるが，福祉分野がかかわることが多いと考えられる。そこで，福祉分野における個人情報保護の仕組みについて検討することが必要となる。この領域において，もっとも整備されているのは，2013年3月に公表された厚生労働省による「福祉分野における個人情報保護に関するガイドライン」である。

このガイドラインは，個人情報保護法や「個人情報の保護に関する基本方針」を踏まえ，社会福祉法に規定する社会福祉事業を実施する事業者（福祉関係事業者）が行う「個人情報の適正な取扱いの確保に関する活動を支援するため，当該分野の実情や特性等を踏まえ，福祉関係事業者が講じる措置が適切かつ有効に実施されるよう具体的な指針として定める」とされている（第1「趣旨」1「本ガイドラインの趣旨」）。

② 災害対策基本法および「避難行動要支援者の避難行動支援に関する取組指針」の避難行動要支援者に関する規定

2013年6月，災害対策基本法が改正され，要配慮者（高齢者・障害者・乳幼児等の防災施策において特に配慮を要する者）のうち，災害発生時の避難等に特に支援を要する者の名簿（避難行動要支援者名簿）の作成を義務付けること等が定められた。この改正では，避難行動要支援者名簿を活用した実効性のある避難支援がなされるよう，(a) 避難行動要支援者名簿の作成を市町村に義務付けるとともに，その作成に際し必要な個人情報を利用できること，(b) 避難行

動要支援者本人からの同意を得て，平常時から消防機関や民生委員等の避難支援等関係者に情報提供すること，(c) 現に災害が発生，または発生のおそれが生じた場合には，本人の同意の有無にかかわらず，名簿情報を避難支援等関係者その他の者に提供できること，(d) 名簿情報の提供を受けた者に守秘義務を課すとともに，市町村においては，名簿情報の漏えいの防止のため必要な措置を講ずること，などが定められた。

③ 「地域において支援を必要とする者の把握及び適切な支援のための方策等について」

また，行政の通達として，2012年5月11日社援地発0511第1号厚生労働省社会・援護局地域福祉課長通知「地域において支援を必要とする者の把握及び適切な支援のための方策等について」がある。

本通知の「2個人情報の取扱い」では，次のように記されている（一部略）。

「福祉部局との連携に際しては，特にライフライン関係事業者の協力が重要となるが，個人情報の保護に関する法律（以下「個人情報保護法」）との関係から情報提供に躊躇されているのではないかとの指摘がある。

このようなことから，今般当職より（略）民間事業者に適用される個人情報保護法においては，「人の生命，身体又は財産の保護のために必要がある場合であって，本人の同意を得ることが困難であるとき」に該当する場合は，あらかじめ本人の同意を得なくても個人情報の利用・個人データの提供が可能とされている（第16条〔利用目的による制限〕，第23条〔第三者提供の制限〕）点について確認を行ったところである。

なお，それぞれの事業を所管する省庁の主務大臣は個人情報取扱事業者に対し，個人情報の取扱いに関する助言等を行うことができることとされている。（略）

個人情報取扱事業者である水道・電気・ガス事業者に対して，個人情報保護法第16条（利用目的による制限）及び第23条（第三者提供の制限）は，「人の生命，身体又は財産の保護のために必要がある場合であって，本人の同意を

得ることが困難であるとき」に該当する場合はこれらの制限は適用除外となり，あらかじめ本人の同意を得なくてもよいとされていることに留意すること，また，地方公共団体である水道事業者に対しては，条例に（略）規定がある場合においてそれに該当するときは，当該規定を適用するよう助言等がなされたところである。

　なお，自治体が保有している個人情報の取扱いについては，各自治体が自ら定めた条例によることとされ，個人情報の保護に関する基本方針（平成16年4月2日閣議決定，平成20年4月25日一部変更）においては，「いわゆる『過剰反応』が一部に見られることを踏まえ，地方公共団体においても，法の趣旨にのっとり，条例の適切な解釈・運用を行うことが求められる。」とされているので合わせて参考とされたい。」

　この通知により，生活困窮者など地域において支援を必要とする者が社会的に孤立しがちであること，支援の手を差しのべようとしても個人情報保護の規定が障壁となり必要な情報の収集に困難をきたしていること，各種通達等により「人の生命，身体又は財産の保護のために必要がある場合であって，本人の同意を得ることが困難であるとき」に該当する場合はこれらの制限は適用除外となり得ることが確認されていること，等が国により明らかにされていると考えられる。とりわけ，「情報を一元的に受け止め，必要な支援に結びつける体制を構築されるとともに，事業者と福祉関係部局との連携についても特段のご配慮」をという文言は，民間の支援者との協力関係構築にも活かされるべき箇所であると考えられる。

（3）高齢者と子どもの支援
① 高齢者の社会的孤立の防止対策等に関する行政評価・監視〈結果に基づく勧告〉

総務省行政評価局は，2013年4月「高齢者の社会的孤立の防止対策等に関する行政評価・監視〈結果に基づく勧告〉」を公表している。これは，「高齢者の

社会的孤立の防止対策及び災害時の保護を推進する観点から，国庫補助等による関係対策の実施状況や支援が必要な高齢者等の実態把握の状況，災害時における高齢者の避難支援の取組状況等を調査し，その結果を取りまとめ，必要な改善措置について勧告する」ものである。

調査結果では，「高齢者の見守り活動等のための情報提供が不十分」としている。すなわち，「見守り活動を行う民生委員に提供していないものが約１割（５/48市区町村），同じく地域包括支援センターには約２割が未提供（6/48市区町村）。情報提供していても，民生委員が特に必要とする情報までは未提供（要介護度または障害程度区分を未提供（22/43市区町村），生活保護受給状況を未提供（10/43市区町村））」であった。

原因は，「個人情報を外部に提供することへの懸念が一つのネック」であり，「国は，個人情報条例の適切な解釈・運用による必要な情報共有を要請」するとしている。

そして勧告要旨③では，「見守りが必要な高齢者の個人情報を民生委員及び地域包括支援センターと共有し，見守り活動の効果的な実施を推進するため，市区町村，関係機関等に対し，国の解釈に基づく個人情報保護の取扱いを徹底し，必要な情報提供が行われるよう助言すること」とし，また避難支援対策の充実の箇所での勧告要旨は「内閣府，総務省（消防庁）及び厚生労働省は，災害時において真に避難支援を必要とする高齢者等への支援の実効性を高める観点から，災害時要援護者名簿の作成などについて災害対策法制に位置付け，要援護者に係る個人情報の目的外利用や第三者提供について個人情報保護法制との関係を整理するとともに，『災害時要援護者の避難支援ガイドライン』の見直し結果と併せて周知を図ることなどにより，市区町村等における要援護者の避難支援対策の充実強化を図る必要がある」としている。

② 子ども虐待対応の手引き

「子ども虐待対応の手引きの改正について」（平成19年１月23日雇児発第0123003号厚生労働省雇用均等・児童家庭局総務課長通知）の「子ども虐待対応の手引き」「第１章子ども虐待の援助に関する基本事項」の「６（３）要保護児

童対策地域協議会の構成員の守秘義務について」では次のように整理されている。

「要保護児童の適切な保護を図るためには，市町村において取組が進められてきた虐待防止ネットワークのように，関係機関がその子ども等に関する情報や認識を共有し，適切な連携の下で対応していくことが重要である。

しかしながら，個人情報保護の要請が高まる中，関係機関における情報の共有と個人情報保護の関係が明確ではないため，関係機関から子どもの保護に必要な情報が円滑に提供されず，子どもの適切な保護を図る上で支障をきたしているとの指摘もあった。また，民間団体による活動は子ども虐待防止対策において重要な役割を果たしているにもかかわらず，守秘義務を負わないことから虐待防止ネットワークへの参加を懸念する指摘もあった。

このため，要保護児童対策地域協議会に係る規定の整備に当たっては，関係機関が個人情報保護に関する懸念を抱くことなく，情報の共有ができるよう，要保護児童等に関する情報の交換等を行う要保護児童対策地域協議会の構成員に守秘義務をかけることとした。

また，要保護児童対策地域協議会は，保護を要する子ども等に関する情報の交換や支援の内容に関する協議を行うために必要があると認めるときは，関係機関等に対し，資料又は情報の提供，意見の開陳その他必要な協力を求めることができることとされている（児童福祉法第25条の3）。

この協力要請は，要保護児童対策地域協議会の構成員以外の関係機関等に対して行うことも可能であるが，この要請に基づき当該関係機関等から協議会に対し一方的に情報の提供等が行われる場合はともかく，今後の支援の内容に関する協議など，当該関係機関等と協議会の構成員の間で双方向の情報の交換等を行うことが見込まれる場合には，協力要請時に守秘義務が課せられる要保護児童対策地域協議会の構成員なることについても要請することが適当である。

なお，医師や地方公務員等については，他の法令により守秘義務が課せら

れているが，保護を要する子どもの適切な保護を図るために，この規定に基づき情報を提供する場合には，基本的にはこれらの法令による守秘義務に反することとはならないものと考えられる。」

児童虐待防止分野では，「民間団体による活動」が大きな割合を占めることもあり，要保護児童対策地域協議会にかかる規定の整備に当たって，要保護児童対策地域協議会の構成員となったときに守秘義務を課すことによって，個人情報保護についての懸念をなくすようにしたうえで，情報の共有をしている。援助者・団体が個人情報の壁を乗り越えることができるようにする一方策として評価することができると考えられる。

第2節　事例にみる個人情報保護とそれを乗り越える動き

(1) 高松市の事例：活動内容と法的論点の克服

「『孤立死』対策としての見守り活動に係る個人情報の取扱事例集」(2014年5月消費者庁) では高松市の事例として次のような内容が取り上げられている（一部抜粋・要約）。

以下に示す事例では，対象者からの個別の事前同意はないが，高松市個人情報保護審議会に諮問したうえで，高松市個人情報保護条例第11条第1項第7号に該当する旨の答申を得ていることを根拠としている。個別の本人の同意を得ることは望ましいことはいうまでもない。しかし，身体・精神状態から本人の同意を得ることが難しいことや，支援が必要であるにもかかわらず本人が拒否している事案もある。また，水道メータ検針業者，電力事業者，新聞配達業者等多様な事業者と協定を結んでいるが，個人情報の提供は民生委員・児童委員および水道メータ検針業者にとどめている。一括しての承認と個人情報を提供する者の範囲を種別により限定していることが他自治体においても応用可能であると考える。一方で，次の室蘭市の事例に比し，法令に基づき福祉に関する支援活動をする者・団体のみに個人情報の提供を許す取り扱いをしなかった実

表15-1　高松市の事例の経緯

2006(平成18)年4月	市に対して水道メータ検針業者(公社)から高齢者の見守り活動の充実に向けた方策について提案がなされたことを契機に，水道メータ検針業者による高齢者への声掛け，見守り活動に関する検討に着手
2006(平成18)年9月	個人情報を外部機関に提供することについて問題はないか，高松市個人情報保護審議会へ諮問し，当該事務について適当との答申を受ける
2006(平成18)年10月	(財)高松市水道サービス公社と「水道メータ検針時に，声掛け等の方法による安否確認」について協定を締結
2011(平成23)年4月	水道検針受託業者である第一環境(株)と「水道メータ検針時に，声掛け等の方法による安否確認」について協定を締結
2013(平成25)年4月	高松市民生委員児童委員連盟および四国電力(株)高松支店との間で「高松市地域で支えあう見守り活動に関する協定（第1次）」を締結
2013(平成25)年11月	高松市民生委員児童委員連盟および四国新聞販売店会四国会ほか24事業者との間で「高松市地域で支えあう見守り活動に関する協定（第2次）」を締結

質的根拠は何かも問われることとなる。

　まず，経緯については，表15-1に示す。

① 目　的

　地域の人間関係の希薄化による高齢者の孤独死，孤立死等が社会問題化していたことから，高齢者が地域社会の中で不安のない安心した生活を送ることができる環境をつくることを目的として，水道メータ検針業者，電力事業者，新聞配達業者等と協定を結び，高齢者への地域の声掛け，見守りを行う。

② 議論の過程で挙がった問題点と問題点への対応

- 個人情報を契約職員である検針員に渡すことについて問題はないか。
  ⇒契約職員から嘱託職員に身分を変更し，また，水道サービス公社において正職員との月1回の定例会や研修を行うことにより，個人情報の取扱いに対する正しい知識の習得に努めた。
- 「マンションやアパートに住む全ての一人暮らし高齢者に対しては声掛けできないのではないか」「声掛けを好まない対象者について，どういう対応を行うのか」「声掛けを行うことによって検針業務に時間がかかり，検針業者に迷惑を掛けるのではないか，迷惑をかけることのない方法がないか」について，内部で検討した。

　　　　⇒検針業務の中で無理のない範囲で協力してもらい，また，声掛けを嫌がる対象者については，様子を窺うだけにする等，柔軟な対応を行うこととした。
- 「何らかの異変」とあるが，具体的にどのようなケースがあるのか例示がないと対応が難しい。
　　　　⇒協定締結事業者に対し，見守り活動のポイントをまとめた啓発用リーフレットを配付し，活動の実効性を高められるよう対応した。
- 事業者から，人によっては，通報を好まない人もいるので，異変を察知しても，連絡しづらいという声があった。
　　　　⇒通報に基づき市の職員が対象者を訪問した際に，「誰からの通報か」ということは絶対に言わないので，できる限り連絡してほしい旨対応を依頼した。

③　見守りの対象者・範囲
- 水道メータ検針業者

　民生委員・児童委員が，各担当地区の一人暮らし・寝たきり高齢者を把握するために作成していた要援護高齢者台帳に登載される要件を，見守りの対象者および範囲と定めている。具体的には，調査基準日（毎年6月30日）において65歳以上であり，在宅であって，1人世帯の者（3親等以内の人と同一敷地内あるいは同一家屋内で居住しているか，施設入所者および長期入院者は除く）または寝たきり高齢者のうち，一定以上の状態の者である。見守り対象者数は，2013年9月1日時点で9431人であった。

- その他の協定締結事業者

　地域に暮らす，高齢者や障害者等が対象

④　見守りの方法

　民生委員・児童委員は，随時見守りを行い，協定締結事業者は，市と協定を締結したうえで，業務の範囲内において見守りを行う。市は，異変発生時に協定締結事業者から連絡を受ける。市は，緊急時において，協定締結事業者から連絡が入った場合には，対象者の個人情報等の情報把握，民生委員・児童委員

が対象者の現状把握，対象者宅へ立ち入る等の必要性がある場合には警察の協力を受け，対象者の安否確認を行う。

⑤ 個人情報の共有・連携
- 地方公共団体から見守り実施者への個人情報の共有・連携の状況

民生委員・児童委員および水道メータ検針業者に対し，対象者の住所・氏名・性別・生年月日・年齢・寝たきり度・寝たきりの期間・入院，入所情報等を提供している。その他の協定締結事業者に対しては，個人情報の提供は行っていない。

- 見守り対象者からの同意の取付方法・拒否の理由

事前同意は取っていないが，高松市個人情報保護審議会に諮問し，高松市個人情報保護条例第11条第1項第7号に該当する旨の答申を得ている。

（2）室蘭市の事例

① 北海道庁の考え方

北海道では「個人情報保護に関するいわゆる『過剰反応』に係るQ＆A（北海道総務部人事局法制文書課行政情報センター　平成23年2月（平成23年5月改訂版））」がある。

本Q＆Aは冒頭において，まとめると，以下のように述べている。

「個人情報は門外不出，鍵をかけて金庫にしまい込んでおくことが個人情報の保護である，というような誤解が今でも見受けられる。例えば，台風などの災害時に周囲の助けが必要な高齢者の名簿がどこにもないといったことが生じている。個人情報をしまい込んでいるだけでは，万一の災害のときに誰が支援を必要としているかさえわからない。道で個人情報保護に関するいわゆる「過剰反応」について，道庁内及び道内全市町村を対象にその実態や対応状況などを調査したところ，たくさんの過剰反応事例等が寄せられた。個人情報を保護しながら，その一方で，個人情報を賢く使いこなしていくことが求められている」。

また，本Q＆AのQ6・A6では次のようなものが示されている。

「Q：民生委員・児童委員の活動のための個人情報を提供してもよいでしょうか。
A：民生委員及び児童委員は，福祉事務所などの協力機関として職務を行うものとされており，活動の円滑な実施のためには，個人情報の適切な提供を受ける必要があります。

民生委員・児童委員は特別職の地方公務員と整理されているため，個人情報取扱事業者が，本人の同意を得ずに民生委員・児童委員へその職務の遂行に必要な個人データの提供を行うことは，第三者提供の制限の例外（法第23条第1項第4号）として，可能と考えられます。

市町村から民生委員・児童委員への個人情報の提供については，その市町村の個人情報保護条例によりますが，第三者提供の禁止の例外規定に当てはまる場合には，民生委員・児童委員に提供することが可能です。

民生委員・児童委員が特別職の地方公務員とされていることや民生委員法において守秘義務が課せられていることも踏まえ，その活動に必要な個人情報が適切に提供されることが望ましいと考えられます。」

② 室蘭市情報公開・個人情報保護審査会答申

本Q＆Aの中に室蘭市の「保有個人情報の目的外の内部利用及び提供の禁止の原則に対する例外について」（室蘭市情報公開・個人情報保護審査会答申第1号（2004（平成16）年10月1日））がある。以下の内容である（一部要約）。

「(1) 室蘭市個人情報保護条例第9条第1項の規定により，市の実施機関は，個人情報の利用目的の範囲を超えて，その実施機関内における利用又はその実施機関以外のものへの提供を禁止することを原則としておりますが，これは，本人の知られたくない情報が広まったり，本人の意図しない目的で利用されるなど権利利益の侵害を防止するための制度であると考える。

しかしながら，住民負担の軽減，住民サービスの向上等の観点から利用目的以外の利用についても個人の権利利益との比較衡量のうえ認められる場合

が必要である。

　したがって，提供先から町会役員を削除する修正をしたうえ，以下7項目の類型に該当する場合については，個人情報の利用目的以外の目的において利用し，又は提供することは，やむを得ないものと考える。(中略)

　5.「高齢者，障害者等に対する福祉行政事務を行うに当たり，民生委員，社会福祉協議会等に協力を求めるため，それらの者の情報を，民生委員，社会福祉協議会等へ提供する場合，また，民生委員，社会福祉協議会等の情報を，相互連携のために民生委員，社会福祉協議会等に提供する場合」(中略)
(2) 附帯意見として，次のことに配慮することを求める。

　1. 上記類型を拡大解釈しないこと。

　2. 上記類型に該当する場合であっても，利用，提供しないことで図ることができる個人の権利利益の保護と，利用，提供することにより得られる住民サービスの向上，行政運営の効率化などの利益とを，比較衡量したうえで，利用，提供について検討すること。

　3. 上記類型に該当する場合であっても，本人の同意を得ることが比較的容易な場合については，本人の同意を得ること。

　4. 上記類型に該当する場合であっても，個人の権利利益を侵害することがないよう，必要かつ最小限度の個人情報の利用，提供とすること。個人情報の利用目的以外の目的において利用し，又は提供することは，やむを得ないものと考える。」

　ここでは，情報提供先として町会役員を除外し，民生委員・社会福祉協議会等に個人情報を提供することを可としている。その際にも，「利用，提供しないことで図ることができる個人の権利利益の保護と，利用，提供することにより得られる住民サービスの向上，行政運営の効率化などの利益とを，比較衡量したうえで，利用，提供について検討すること」を求めている。法令に基づき福祉に関する支援活動をする者・団体とそれ以外の者を区分し前者のみに個人情報の提供を許す取り扱いは疑義が生じ難い堅実な処理であるといえる。

他方，高松市のように例えば市の個人情報保護に関する審議会に諮問したうえで，個人情報の提供が許される旨の答申を得て拡大する必要性があるかどうかということも検討課題となる。

（3）これらの事例からみえるもの

　高齢者や障害者その他社会的な支援を要する者に対して，行政が福祉に関する事務を行う場合がある。これらを円滑に執行し実効性を確保するため，例えば民生委員・児童委員や社会福祉協議会のような法令に規定された支援者・団体をはじめ幅広い関係者に協力を求めたり情報を提供することが必要になる場合がある。これらの中には，福祉関係者だけではなく，電気・水道・ガスなどの事業者が含まれることもある。情報の中でも，生年月日，年齢，寝たきり度，寝たきりの期間，入院・入所情報等については，法令・条例にこれを許容する根拠があったり行政と特別に協定を結んだ者のみに提供している。

　しかし，それぞれの事例とも処理手続きについて，これらの扱いが違法とはいえないが法的な問題点が全くないわけでもない。この種の事案は増加しつつある。情報化社会において個人情報の流通は自治体の境界は実質的に意味をなさない。また，ある地方では援護活動のため個人情報を一定範囲のものに提供することが可能であるにもかかわらず，他の地方ではそれが不可であるとする実質的根拠も見出しがたい。

　この問題の根本的な解決のためには，個人情報保護法や福祉活動の各種の根拠法において，許容される場合が明示され全国的に統一処理がなされることが必要であると考える。

注
(1)　大橋洋一（2004）「国民保護法制における自治体の法的地位――災害対策法制と国民保護法制の比較を中心として」『法政研究』70（4），844は，「一言で言うならば，災害対策基本法が市町村を中心とした bottom-up の仕組みであったのに対して，国民保護法制は，内閣総理大臣の指示から始まる top-down の仕組みである」とする。
(2)　高松市個人情報保護条例第11条第1項第7号ではそれぞれ以下のように規定している。「第11条実施機関は，実施機関以外の者に保有個人情報を提供してはならない。た

だし，次の各号のいずれかに該当するときは，この限りでない」，「（7）前各号に掲げる場合のほか，あらかじめ審議会の意見を聴き，実施機関が特に必要があると認めるとき」．

引用・参考文献

独立行政法人国民生活センター(2014)「「孤立死」対策としての見守り活動に係る個人情報の取扱事例集」平成26年5月消費者庁，39-44（www.caa.go.jp/planning/kojin/mimamorijirei14_1.pdf，2015.5.1）．

北海道総務部人事局法制文書課行政情報センター(2011)「個人情報保護に関するいわゆる「過剰反応」に係るQ&A」平成23年5月改訂版（www.pref.hokkaido.lg.jp/file.jsp?id=15276，2015.5.1）．

厚生労働省(2007)「子ども虐待対応の手引きの改正について」平成19年1月23日雇児発第0123003号厚生労働省雇用均等・児童家庭局総務課長通知．

厚生労働省(2012)「地域において支援を必要とする者の把握及び適切な支援のための方策等について」平成24年5月11日社援地発0511第1号厚生労働省社会・援護局地域福祉課長通知．

厚生労働省(2013)「福祉分野における個人情報保護に関するガイドライン」（www.mhlw.go.jp/topics/bukyoku/seisaku/.../250329fukusi.pdf，2015.5.1）．

内閣府「防災情報のページ」（www.bousai.go.jp，2015.5.1）．

内閣府(2013)「避難行動要支援者の避難行動支援に関する取組指針」（www.bousai.go.jp/taisaku/.../h25/pdf/hinansien-honbun.pdf，2015.5.1）．

総務省(2013)「高齢者の社会的孤立の防止対策等に関する行政評価・監視〈結果に基づく勧告〉」（www.soumu.go.jp/main_content/000217313.pdf，2015.5.1）．

第16章
地域のつながりと連携，協働による孤立の防止に向けて

石川洋志

　筆者は高校生のときに，沢木耕太郎の『人の砂漠』に収められている「おばあさんが死んだ」というノンフィクション作品を読んだ。おばあさんが孤立し，餓死した状態で発見される。そのあと部屋からミイラ化した兄の死体が発見される。おばあさんの職業は歯科医師で，その収入で兄妹は暮らしていた。しかし，勤務医であったおばあさんの治療技術は古く，それが原因で失職し，兄妹は餓死してしまったのだ。近隣の人たちに叱責，呪詛のことばをあびせ，糞尿にまみれ，亡くなってしまったという。最後に「おかあさん」の一言を残して。40年近く前の作品だが，社会的孤立という現在と同じ課題がそこにあるといえるだろう。2010年にこの作品を東京芸術大学大学院映像研究科の学生たちが映画化したことからも，まさに現在の課題なのだとわかる。

　この章では，社会的孤立と地域社会のつながりが弱くなってきていることとの関係性を福祉課題の解決に向けた支援を通してみていく。筆者が勤務する東成区社会福祉協議会（以下，東成区社協）は，地域福祉を推進する団体として社会福祉法に規定された団体であり，地域福祉活動支援や見守り相談室，地域包括支援センター等の事業を実施している。そこで支援する要援護者は，地域社会とのつながりがないことで，発見が遅れ重症化していることが少なくない。そのため少しでも早く発見し，支援ができるよう要支援者と地域の福祉活動者，そして福祉や介護の専門職等がつながれるよう「おまもりネット事業」や「地域ケアネットワーク連絡会」に取り組んでいる。複雑，多様化し重症化する福祉課題の解決には，さまざまな組織や個人の参画と協働が求められているのである。

第1節　地域社会のつながりの希薄化と基礎構造改革により発生した新たな課題への対応

(1) 社会的孤立と地域社会のつながりの現状

　たくさんの人が暮らしている地域の中で，なぜ人は孤立するのだろうか。東成区社協のコミュニティ・ソーシャルワーカーには，そんな人々の相談が入ってくる。高齢者，障害者，子育て中の母親，生活困窮者など，本当に多くの人々が社会的に孤立している。孤立するには，さまざまな理由があり，現在の社会的孤立は，特殊な個人の課題を指すものではないと実感させられる。

　生活の場である地域が元来もっていたつながりが弱くなってきており，多くの人が社会的に孤立する可能性をもっている。実際，支援においては，地域とつながりをもち，社会的に孤立しないようにするのだが，つながることを拒否する人もいるのである。

　地域役員や地域において福祉活動に取り組む住民（以下，地域の福祉活動者）と，そんな地域社会におけるつながりの弱まりについて話をしていると「お葬式が地域の会館で執り行われなくなったことが大きいなあ」と言われることがよくある。葬儀が地域とつながっておく必要がある最後の理由だったのだと。三世代で同居している世帯が少なくなり，別の町で暮らしている子どもは，親の葬儀を地域の会館であげるための，準備や手続きがわからないことが多いうえ，その地域とのかかわりがないため，住民に尋ねることも難しい。「お互い様」という地域の規範から外れたところにいるのだ。そして葬儀の会場は，その方が便利で煩わしくないという理由で，地域の会館からセレモニーホールに移っていった。葬儀に限らず，便利さを優先することで地域のつながりは弱くなっていったといえるだろう。買い物は，町の商店から，スーパーや量販店へ，そしてインターネット通販へと変わってきている。地域の中から商店が減り，シャッター通り化する商店街も多い。町を元気にしていた商売人の「おっちゃん」や「おばちゃん」も減ってきている。このままの傾向が続けば職住分離は，ますます進むであろう。

（2）社会福祉基礎構造改革が生み出した新たな課題への対応

　そんな町の変容に応じて，当然のことながら地域において住民が主体的に福祉活動に取り組むことは難しくなってきている。住民からは活動者不足，活動者の高齢化，活動財源の欠乏，活動参加者の減少などが課題として挙げられている。これらの課題は，今後ますます深刻なものになっていくと予想できる。そのような現状にもかかわらず，いま，地域のつながりやその活動に期待されるところはどんどん大きくなってきている。地域のつながりや支え合いに大きな役割を期待して，法制度が改正されていく。

　2000年の社会福祉基礎構造改革から15年余りが経過し，介護サービスの利用が措置から契約へ変わり，介護保険法や障害者の日常生活及び社会生活を総合的に支援するための法律（障害者総合支援法）が施行され，そのサービスや支援の利用の仕方，介護保険料の納入をはじめ，大きな変化がみられる。これは，住民からもその変化がよく見えるので，わかりやすく，サービスも利用しやすくなったといえるだろう。しかし，同じく改革において新たに社会福祉法に規定された地域福祉についてはどうだろうか。住民の暮らしに何らかの良い影響を与えたのか。「地域福祉の主流化」や「地域福祉の時代」といわれてはいるが，何が生まれ，何が改められたのか。少なくとも住民にとって少しはわかりやすくなったのだろうか。この構造改革より以前から，東成区では地域のつながりを基盤に，ふれあい型高齢者食事サービス活動やふれあい喫茶サロン活動，子育て支援活動のほか，さまざまな地域福祉活動や行事に取り組まれていた。それらの活動や行事は現在でも，その必要性がしっかりとあり，継続されているのだが，地域において新たな活動に取り組むべき福祉課題は出てきてはいないのか。

　1951年に設立された東成区社協の活動の歴史をみると，浮浪児への支援，婦人団体連絡協議会（現，地域女性団体協議会）が中心に取り組んだヒロポン撲滅運動や週末里親活動など，その時代の要請を受け，さまざまな福祉課題の解決を目的とした具体的な取り組みを住民が主体となって取り組んできていたことがわかる。それでは，今の時代は何を要請しているのだろうか。住民が組織す

る任意団体から1992年に社会福祉法人となって，行政からの受託事業や介護保険事業を実施することにより職員数は増えてきたが，それらの事業が中心になってしまっているのではないか，東成区社協に対していま求められている役割は何なのか，新たな課題の把握とその支援に向け検討していた。

　そのような時，地域の福祉活動者や高齢者を支援する専門職との会議において新たな課題が住民から挙げられた。「これまで食事サービスやふれあい喫茶などの地域の福祉活動に参加していた高齢者が，介護保険によるサービスを利用するようになり，サービス利用日と活動日が重なってしまい，参加できなくなってしまったため地域では，その方の様子がわからなくなってしまった」というのだ。皮肉なことに「改革」されたことで地域のつながりにハレーションを起こしてしまっていた。その課題を解決するためさまざまな検討を行い，2007年度から「おまもりネット事業」という新たな地域福祉活動を地域組織，地域包括支援センター（ブランチ含む），東成区社協が連携し取り組むことになった。

第2節　地域の福祉活動者と福祉や介護の専門職との連携によるセーフティネット強化に向けた実践

（1）おまもりネット事業による支援とその成果

　おまもりネット事業は，先ほど挙げた「介護保険サービスを利用することで地域とのつながりが弱くなる」という課題を解決するため，「おまもりネット手帳」と「おまもりネットカード」という情報共有のためのツールを地域組織が発行し，地域とのつながりづくりやこれまでにあるつながりをさらに強めるよう取り組み，地域包括支援センターや東成区社協が個別援助課題への専門的な相談支援や発行事務等のサポートをするというものである。

　「おまもりネット手帳」（図16-1，図16-2）には，氏名や住所，緊急連絡先などの基本情報に加え，地域福祉活動への参加状況，福祉サービスや介護保険サービスの利用状況，かかりつけ医や既往歴等の医療情報などが記入できるようになっている。それを居室内のわかりやすいところに置いておき，ケアマネ

図16-1　おまもりネット手帳

図16-2　おまもりネット手帳の
フォーマット例

ジャーや地域の福祉活動者が本人の了解を得て手帳の内容を確認し，ケアプランの作成や支援に活用することで，地域福祉活動と介護保険サービスを有効に利用できるようにする。手帳は，高齢者が一人で記入するには，難しいところもあるので，地域の福祉活動者はその記入についても支援し，その記入作業を通して関係を強化していく。「おまもりネットカード」（図16-3，図16-4）には，氏名や住所，電話番号，写真，相談窓口の電話番号，緊急連絡先，かかりつけ医の情報が記載されている。カードは，「いざという時も安心」と伝え，外出時には必ず携行してもらうように勧めている。

　おまもりネット事業は2007年度に2地域でモデル実施され，2012年度に全11地域で実施されるようになった。現在の利用者は，4000人を超え，70歳以上の高齢者のおよそ4人に1人が利用する住民主体の事業となっている。2013年度には，「障がい者版」も完成し，利用対象者も広がった。

　利用者や家族からは，「おまもりネットがきっかけで町会に加入し，地域の高齢者食事サービスを利用するようになった」「登録時に持病があって不安だと口にしたことから，地域包括支援センターにつなげてもらえた」「登録をきっかけに夫はデイサービスを利用するようになった。私（妻）は，少し自分の時間がもてるようになって地域活動に参加できた」「認知症ではないかと心

図16-3　おまもりネットカード表　　図16-4　おまもりネットカード裏

配されていた80代の女性の行方がわからなくなり，おまもりネットを利用していたのでカードの顔写真を大きく引き伸ばし，警察へ届けたところ，区外の地域で保護されていることが判明。本人確認がスムーズに行え，地域の民生委員が身元引受人となり，無事帰宅できた」ほか，外出先での急な体調変化にカードが役に立ったという声もよく聞く。

　また，次のようなこともあった。「長屋でひとり暮らしをしているAさん（男性，84歳）は，認知症の傾向が見られ，普段からお金を持たずに近所の商店で買い物をしてしまうなど，心配なところがあり地域で見守りをしていた。ある日，隣市にある駅前交番から東成区社協に電話が入った。『Aさんが，商店で万引き（窃盗）をしたので，交番でお預かりをしている。ご家族には連絡がつかないので，引き取りに来てほしい』ということであった。東成区社協から地域の民生委員に連絡し，引き取りに行くことになった。その対応中に緊急連絡先になっていた子どもと連絡が取れ，無事帰宅できた」。

　この事業の内容を検討していた時には，急な体調変化等いざという時もイメージしていたが，万引き（窃盗）までは，想定していなかった。この後，警察に確認したところ，高齢者の徘徊による行方不明や，窃盗，喧嘩・暴力事象等は非常に増えてきており，対応に追われているとのことであった。

　地域に普段からのつながりがしっかりとあることで，支援者の想定を超えてもなんとか対応できる。地域のつながりは，さまざまな地域福祉活動の基盤になっており，それこそが地域福祉を推進していくうえで大切なソーシャル・キャピタルである。地域福祉を推進していくためには，その基盤を強くし，活

発にしていくことが必要不可欠であることがわかった。

（2）地域ケアネットワーク連絡会の設置とその成果

　夜間に開催される地域の会議において，地域福祉活動や介護保険制度等の説明を行った際，その終了後に参加していた町会役員や民生委員から要援護者の課題を相談されたことがあった。まだまだ専門職につながっていない人がいるという実態がみえてきた。しかし，その時間からでは，相談が受けられる件数に限界があり，新たな相談支援の取り組みを考えていく必要があった。

　一方では，おまもりネット事業を実施したことで，地域組織，地域包括支援センター（ブランチ含む），東成区社協が連携し，解決できる課題が増えてきていた。そこで，地域の福祉活動者や福祉，介護，医療の専門職等に対し，さらに高齢者の支援を充実させるためには，どのような活動が必要となるのかについてアンケート調査を行った。その結果，「地域住民が助け合うネットワークづくりが必要である」との回答を得た。

　そして，そのネットワークづくりには，①普段からのつながりの強化に向けた活動の担い手の確保，②活動の担い手を養成する学びの場，③学びの場，話し合いの場づくりに向けた福祉専門職の積極的な参画，④福祉専門職の参画と協働の体制づくりに向けた連絡会づくり，⑤連絡会づくりに向けた定例的で継続的な会議の場，という5つの条件を整備する必要があるとされた。その条件をいかに整備するかを検討し，新たに「地域ケアネットワーク連絡会」という会議を各地域の集会所で地域の福祉活動者，地域包括支援センター（ブランチ含む），東成区社協，区役所の参加により開催することとなった。

　この5つの条件を整備していくため「地域ケアネットワーク連絡会」は，次の8つの機能をもつ場となるよう推進していった。①課題共有の場＝地域の福祉課題を共有し，解決に向けて話し合う場，②学びの場＝地域福祉活動やボランティア活動について学び合う場，③情報共有，伝達の場＝地域の情報や福祉専門機関の情報等を相互に共有する場，④地域と専門職のつながりづくりの場＝地域福祉力の向上をめざし，地域と専門機関がつながる場，⑤課題等に気づ

く場＝情報共有し，地域にある新たな課題に気づく場，⑥活動をつくる場＝地域にある福祉課題の解決に向け新たな活動をつくる場，⑦活動者を見つける場＝地域福祉活動の担い手づくりをしていく場，⑧主体形成を図る場＝地域の強みを活かした活動の主体的な実施を図る場。

　これらの機能が有効に機能していく連絡会となるよう，地域の福祉活動者と福祉や介護の専門職が協働で取り組みを進めたことで，「地域ケアネットワーク連絡会」という枠組みは同じであるが，その内容は地域ごとの特徴が出たものになっていった。

　2014年度には，全11校下において80回の「地域ケアネットワーク連絡会」が開催され811人（地域役員・活動者331人，専門職・区役所241人，東成区社協239人）が出席し，さまざまな地域福祉活動の検討や個別支援課題の検討が行われた。

　個別支援課題については，延べ226件の課題が共有，検討された。その内容をいくつか紹介すると「認知症の母親を介護していた息子が，下血し，救急搬送された。見守り活動をしていた地域役員から地域の福祉活動者に連絡が入った。地域包括支援センターとケアマネジャーと連携し，緊急対応した」「認知症による被害妄想（隣家の住民が燻煙殺虫剤で殺そうとしている）のある女性の行動が問題となっている。夫も高齢のためか，判断が難しくなってきており，その話を信じている。町会長と民生委員が状況を把握し，地域包括支援センターに連絡。精神科への受診と介護保険申請を促し，支援につながった」「公園に野宿している50代の女性を支援につなげるため，地域活動者と東成区社協のコミュニティ・ソーシャルワーカーが声かけをしていた。その際，低体温症による体調の急変があり，警察，区役所と連携し病院へ救急搬送した」「妻が認知症になり，夫も判断能力が低下してきている高齢世帯。通帳と印鑑をどこに置いているのかわからなくなることもある。民生委員と高齢者の総合相談窓口の相談員が連携し，介護サービスの利用につながった」「アルコール依存症のある高齢者とその息子が同居している世帯を見守っていた民生委員から，しばらくの間，本人を見かけていないと連絡が入り，地域包括支援センターと連

携し確認したところ入院していることがわかった」などさまざまな課題を共有し，支援につながっている。

　これらの課題の多くは，町会長や民生委員，地域の福祉活動者は把握しているが福祉や介護の専門職にはつながっていなかった。「地域ケアネットワーク連絡会」が地域集会所や老人憩の家で定例的にかつ継続して開催されることで，地域役員や民生委員，地域活動者からいろいろな活動相談や個別支援課題の相談が受けられるようになった。福祉や介護の専門職が開催する地域ケア会議とは違い，地域を基盤にした会議としたことで，地域役員や地域の福祉活動者の主体的な参画につながっている。

　この連絡会は，地域における福祉活動の充実，強化にも有効で，地域福祉やボランティアについての学習会の企画や，地域役員と介護保険事業者の交流やまちづくりの取り組み，男性ボランティアがバリスタになって開催する「おやじカフェ」，地域集会所での「福祉なんでも相談窓口」の開設など新たな地域福祉活動に取り組むようになった。

第3節　地域福祉の活性化に向けたソーシャル・キャピタルの培養

（1）地域福祉の推進と「場」（フィールド）を意識した支援

　主体的な住民参加を基盤に地域福祉を推進し，さまざまな課題への支援を通して明らかになってきたのは，何らかの援護を必要としている人々は，社会的に孤立している状況にあることが多く，その課題は複雑，多様化し重症化してきているということであった。加えて，地域役員や地域の福祉活動者は把握しているが，福祉や介護の専門職につながっていない人が，まだまだ多くいるということもわかってきた。自ら助けてほしいというSOSを発信しない人の課題を専門職が把握するのは難しい。また，法律や制度の狭間にある要援護者に対しては専門職のアプローチは弱く，スピード感も遅くなるのが実態としてある。そのような諸問題は，さまざまな人の暮らしが集まっている場である「地域」の役員，地域の福祉活動者だからこそ把握できるのである。

しかしながら、これまでからの地域のつながりを基盤にした支え合いの活動で対応できない課題が増えてきている現実もある。例えば、オートロックのマンションが増え、見守り訪問活動も難しくなっているし、地域役員や地域の福祉活動者の固定化、新たな活動者不足の課題も深刻な状況になってきている。さらに経済重視の考え方の広がりに加え、職住分離も進み、地域とのつながりを求めない人も増えてきており、発見した時には専門的な支援が必要な状況になっていることも少なくない。地域役員や地域の福祉活動者だけに「任せて」しまうことはできないのである。地域役員からは、負担が大きすぎるという声があがることも少なくない。何らかの援護を必要している人々を、少しでも早く発見し、相談し、専門的な支援につなげていくような仕組みが求められている。

東成区社協では、図16-5のように、地域において住民の主体的な福祉活動を推進していくには、3つの「場」（フィールド）が必要と考えている。ひとつ目が「協議の場」、2つ目が「学習の場」、3つ目が「活動の場」である。その全てがうまく機能することで、さまざまな課題の解決につながっていくだけではなく、地域がその活動を通じて、元気になってくるという効果もある。しかし、現実はひとつ目に挙げた「協議の場」の設置やその機会づくりが非常に難しいため、個別支援課題の共有、解決に向けた検討、協議につながらない。一般コミュニティのまちづくりの話はできても、個別支援課題を把握していても地域として課題解決に向けた話し合いが進みにくい。そのような地域の現状を把握したうえで、東成区社協ではこれまでから地域福祉を推進するために図16-5のような支援フローを用いて展開している。

しかし、前述の通り地域のつながりは弱まってきており、住民相互が支え合う力も必然的に弱くなってきている現状があり、協議の場の設定が難しいところがあった。「地域ケアネットワーク連絡会」は、そのような現状を踏まえたうえでも有効な仕組みであった。地域の福祉課題の解決に向けて住民が主体的に話し合い、学び、活動を拡げる際に、福祉や介護の専門職がそれをサポートし、より有効な支援活動を実施していくことが可能になったと考えている。

第16章 地域のつながりと連携, 協働による孤立の防止に向けて

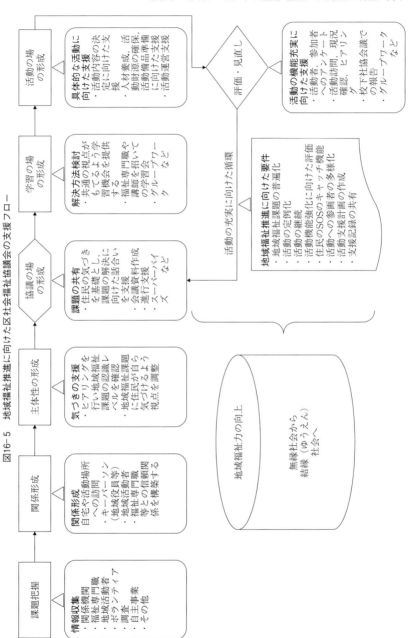

図16-5 地域福祉推進に向けた区社会福祉協議会の支援フロー

出所：筆者作成。

（2）地域と福祉・介護の専門職との連携，協働による支援とソーシャル・キャピタルの培養

　複雑，多様化し重症化している福祉課題の解決には，さまざまな組織や個人の参加と参画による地域福祉活動が求められるのは，ある意味当然のことであろうし，それがなければ活動がうまく成立しなくなってきている現状がある。さまざまな地域福祉活動を進めていくうえで拒否的な意見がないわけではない。地域役員から「総論賛成だけれど，各論では反対」と言われることも多い。説明された内容やそのことの大切さはわかるが，具体的に活動していくことは難しいというのだ。しかしながらそのことを受け入れているだけでは，活動は伸びていかない。具体的な福祉課題，援護を必要としている人々を前にしながら，放り出すことはできない。

　地域におけるさまざまな福祉課題を見るとき，そこには多様化する暮らしぶりの変化がある。そしてその変化は社会や経済の動向と非常に密接な関係がある。昔からいわれている「困ったときは，お互い様」が通用するつながりは，今や貴重なものとなっているようだ。しかしながら，地域に期待される役割は，今後，さらに大きくなってくることから，何とかしてそのつながりを取り戻していくことはできないのか。その根幹にあるものは何なのか，隣人愛や憐憫の情に似通った感情がその根幹にあるのかもしれないし，大阪でいうなら浪花節的な活動が求められているのかもしれない。少なくとも住民相互の助け合いの活動を進めていくうえでは，理念的な説明ではなく活動者の気持ちにシンクロする説明が必要になってくる。そのためにも地域におけるさまざまな暮らしにくさを解決していこうという課題の共有は必要不可欠である。それに加え，地域における活動者の現状，福祉課題の現状，なんらかの援護を必要としている人々の現状から考えると，住民相互の助け合いは，住民だけでは成立しづらい状況になっていることを忘れはいけない。図16-6のように地域における助け合い活動に対しても，福祉や介護の専門職が積極的に参加・参画し，専門性を活かした関係調整や活動実践に期待するところが大きくなってきている。

図16-6 地域福祉推進に向けた区社会福祉協議会の支援

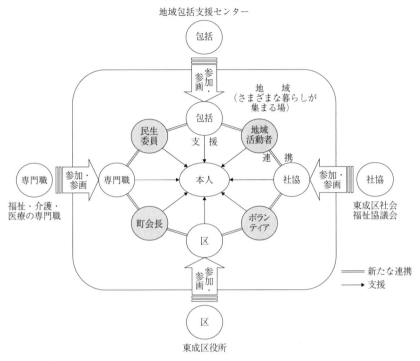

出所：筆者作成。

　ただし，地域の福祉活動者も福祉や介護の専門職も本当に"忙しい"のである。そんな状態であっても，具体的な福祉課題の解決に向けて話し合い「負担は増えるけど，なんとかやってみよう」「協力すればなんとかなる」と思えるような連携や協働，それぞれの強みを活かした支援の充実が必要になってくる。そのためにも今後は，同じ地域の活動者として互いの距離を狭めていかなければならない。そうすることで地域福祉を推進していくうえで必要なソーシャル・キャピタルがより豊かなものに培養されていくのである。

（3）これからの地域福祉の推進とソーシャル・キャピタルの関係

　これからの地域福祉の推進とソーシャル・キャピタルの関係について，実践

を通してわかったこと，感じていることをいくつか挙げておくことにする。

　まず，地域福祉の推進は，地域の外側から指導的な支援により操作するものではないということである。さまざまな暮らしが集まる場が地域であるということをしっかりと認識しておけば間違えることはないであろうが，専門職然として外部から指導，助言しようとするとその支援は全く役に立たないものになる。行政が制度や施策として，お金をかけて進める地域の福祉と，住民が自らの地域の課題に気づき，解決に向けて活動する地域福祉は別物である。だからこそ，地域の中に入り課題を把握し，地域役員や活動者との関係をつくり，話をし，地域の福祉課題に気づき主体的な活動に取り組めるよう支援していく。その支援においては，住民が暮らしの場である地域においてもっているべき「人と人とのつながり」を重視し，それを強めていくよう働きかけていく必要がある。しかしながら，例えば自治会組織のような結びつきは，そこに加入しない人を異質として排除しようとする動きが伴うことがあることも忘れてはいけない。つながりを強くする際には，地域は特定の組織や個人がリードするものではなく，さまざまな人の暮らしが集まっている場であることも強調しておく必要がある。

　次に，人と人とのつながりやそれを基盤とする地域福祉活動は，地域役員や福祉活動者にとっては，地域資源ではなく地域財産であることも忘れてはいけない。東成区社協では，地域の福祉活動者に対し，「地域のつながりや活動は，地域にとっての大切な財産（宝物）です。しかし，残念ながらその財産（宝物）は，人によって持っている内容に差があります。地域役員や福祉活動者は，そのたくさん持っている財産を少ない人に提供してください。普通の財産（宝物）なら，減ってしまいますが，この財産は不思議なことに提供すれば提供するほど，どんどん増えていきます」と説明している。社会的孤立が深刻化する現在において，地域における人と人とのつながりは，それくらい大切に守り，育てていかなければならないのである。

　最後に，地域福祉を推進していくには，地域全体をみる視点と一人ひとりの暮らしをみる視点の両方が必要になる。それぞれがどのような関係性によって

成り立っているのか，現状を常に観察し続ける必要がある。地域役員や福祉活動者，福祉や介護等の専門職，行政などに働きかけるタイミング，関係をつくるタイミング，具体的な支援につなげるタイミングを計っていくのである。

　昔からある地域のつながりという結合型のソーシャル・キャピタルと支援サービスの提供を主な目的として関係を形成する橋渡し型のソーシャル・キャピタルをうまくつなげていくことで，福祉課題の解決に向けた支援が充実していく。その支援スタイルをイメージするなら，要援護者に対し，住民によるネットワーク型の「手を携える支援」と福祉や介護の専門職による「手を差し伸べる支援」を有効につなげていくということである。そうすることで，社会的孤立という現在の課題の解決につながっていくのではないだろうか。

　社会的孤立という課題を解決するための特効薬はない。さまざまな人の暮らしの場である地域においては，住民一人ひとりが主役であり，誰かに「任せる」のではなく，自らできることに気づき，主体的に活動に参加，参画することなしには，この課題を解決していくことはできないであろう。

　東成区社協としては，これからも社会的孤立の解決に向け，暮らしの場における普段からのつながりを大切にした具体的な取り組みをさまざまな組織や活動者と話し合い，連携，協働により進めていきたいと考えている。

引用・参考文献
厚生労働省「ソーシャル・キャピタル」(http://www.mhlw.go.jp/stf/shingi/2r9852000001
　1w01-att/2r98520000011w95.pdf)。
小辻寿規(2011)「高齢者社会的孤立問題の分析視座」立命館大学『コア・エシックス』
　7，109-119。
内閣府経済社会総合研究所(2005)「コミュニティ機能再生とソーシャル・キャピタルに関
　する研究調査報告書」。
大阪市東成区社会福祉協議会(2008)「高齢者支援おまもりネット事業報告書」。
沢木耕太郎(1977)『人の砂漠』新潮社。

第17章
ソーシャル・キャピタルとソーシャルワークの共生

立花直樹

　これまで第Ⅱ部では，各領域におけるソーシャル・キャピタルとソーシャルワークの視点から問題提起を行ってきた。

　ソーシャルワークの援助がなく，ソーシャル・キャピタルが構築できない「孤立した状態」を，セルフネグレクト問題では「生活の後退」，子育て中の親では「自力による問題解決の難しいパワーレス」，難病患者では「今までもっていた人とのつながりが絶え，新たなつながりをつくりにくい状態」，児童生徒では「排除と剥奪の連鎖」，若者では「社会的居場所の喪失」，高齢者では「支援・見守りネットワークの希薄化と脆弱化」，家族介護者では「孤独感やストレスの膨張」等と呼んでいる。

　ソーシャルワーカーがかかわりソーシャルワーク援助が行われ，孤立した状態から脱却することを，セルフ・ネグレクト問題では「生活の後退からの回復」，子育て中の親では「寄り添い・伴走型支援」，難病患者においては「開いたネットワークへと導く支援」，児童生徒においては「ソーシャルサポート・ネットワークの形成」，若者では「相互に支援し合える社会システムの構築」，高齢者では「相互の存在を認め合う社会関係性の構築」，在宅介護者では「孤独感やストレスを解消するためのネットワークの構築」等と端的に言い表している。

　つまり，ソーシャル・キャピタルが十分に機能しない状態では，当事者は「パワーレス」「ストレスの増大」「人間関係の希薄化」「生活の後退」等により「互酬性の関係」が成立しない孤立状態となり，社会から排除されたりネットワークから脱落したりしていくのである。そこで有用な力を発揮する可能性を秘めているのが，ソーシャルワーク機能である。

第1節　リスクと持続可能な地域社会

（1）リスクと持続可能な地域社会

　当事者が危機的な状況や困難に直面している場合において，ソーシャルワーク機能を発揮するには，ソーシャルワーカー自身の知識・技術・価値・センス・経験が必要である。クライシス・インターベンション，リスクマネジメント（危機防止管理）とクライシスマネジメント（危機対応管理），いわゆる危機介入と危機管理が求められる。

　地域社会で，人々はそれぞれのライフステージにおける日常生活の中にさまざまなリスクを抱えている。第Ⅱ部で現状と課題が明らかにされた「児童虐待問題の増加」「いじめ・不登校の増加」「ニート・非正規雇用者の増加」「障害者サービス量や質の低下」「老老介護・一人暮らし高齢者・障害者の増加」「災害の増加」「低所得者世帯の増加」「矯正施設退所者の増加」等は，それぞれの対象者本人や該当世帯を不安にさせるだけでなく，地方自治体や国の財政や経済に多大な影響を与え，地域社会における人々のつながりや営みの継続を脅かすことになる。

　1984年に日本の提案によって，国際連合内に「国連環境と開発に関する世界委員会（WCED ＝ World Commission on Environment and Development）」が設けられた。「国連環境と開発に関する世界委員会（1984年から1987年）」は，当時ノルウェー首相であったグロ・ハーレム・ブルントラント（Gro Harlem Brundtland）を委員長としてさまざまな問題を協議し，1987年に最終報告書である「Our Common Future（地球の未来を守るために）」（以下，ブルントラント報告）を刊行した。「ブルントラント報告」では，乱開発による環境破壊や資源枯渇などの問題から，地球上のさまざまな地域で，人間や文化や文明を維持しながらも多様な生物と共存し，生命活動を将来にわたって持続できるかどうかを表す「持続可能性」という概念が提唱された。「ブルントラント報告」においては，「持続可能性」の概念を「将来にわたって，次世代のニーズを充足

させる能力を損なうことなく，現存する今日の世代のニーズを満たすような活動や開発」と解説している（United Nations, 1987）。そのため近年では，社会のさまざまな分野で「持続可能性」というキーワードが重要視され，地球規模の政策や国際的な活動だけでなく，各国内や各地域においても「持続可能性」が模索されている。

「持続可能性」が重要なキー概念であることは，国や地域だけでなく，企業や地方公共団体，各種団体等においても同様であり，災害・事故や政治問題・経済問題等の各種のリスクが発生した際に，あらゆるリスクに対応できる柔軟な事業継続マネジメント（BCM：Business continuity management）を構築していくことが求められている。

例えば，現在の社会を災害から守りその営みを持続させていくために，内閣府は「連携訓練の手引き」において，災害の発生後の「初動 ⇒ 応急 ⇒ 復旧 ⇒ 復興」という災害段階を縦軸に，産官民における連携範囲を点（部門連携，グループ連携），線（取引先連携），面（地域連携，業界連携），層（官公庁，指定公共団体）という連携範囲を横軸に設定し，災害発生後にスムーズに対応できるように普段から連携訓練をシミュレーションすることを推奨している（内閣府，2013：3）。この「点」「線」「面」「層」の連携というロジックは，リスクマネジメントとクライシスマネジメントに効果を発揮するものと考えられている。しかし，「点」「線」「面」「層」の連携というロジックは，何も災害時のみに当てはまるものではなく，さまざまな孤立状態の解消にも援用できるのではないだろうか。

（2）ユークリッドの定義から俯瞰する地域社会

前述のように，物事を見る視点として，「点」「線」「面」「立体（＝層）」というキーワードをよく耳にすることがある。点で物事を捉えるというのは，ある一方向から眺めて考え行動するということである。線で物事を捉えるというのは，両方向から考え行動するということである。さらに面で物事を捉えるということは，複数の方向から眺めて考え行動するということである。立体（複

層）で物事を捉えるということは，複数の方向のみならず複数のグループ（専門的視点）から複層的に検討を重ね考察し実践することである。

「点」「線」「面」「立体」の起源は，紀元前3世紀ごろにエジプトの第二都市であるアレクサンドリアにて活躍した数学者・天文学者であり，「幾何学の父」と称されたユークリッドによって編纂された数学書である『ユークリッド原論』にあるといわれている。この書物は，数学の知識を体系的にまとめ，数科学の基礎や地位を確立させ，約2300年間にわたって読み継がれてきた名著である。なお本章では，古代ギリシア語表記名の「エウクレイデス」ではなく，日本で一般的に用いられる英語表記名の「ユークリッド」を用いる。

ユークリッドは「点」「線」「面」について，以下のように定義している（ユークリッド，1971：1）。

①点は部分をもたないものである。
②線とは幅のない長さである。
③線の端は点である。
④直線とはその上にある点について一様な線である。
⑤面は長さと幅のみをもつものである。
⑥面の端は線である。
⑦面とはその上にある直線について一様に横たわる面である。

ユークリッドの定義に基づいて，地域における人と人とのつながりを「点」「線」「面」に見立てて説明すれば，「点」とは地域に住む私たち自身一人ひとりのことと捉えることができる。散在する「点」でしかなければ，他の人との交流やネットワークをもたず，他者とのつながりがなければ，「点」は存在意義や価値を認められず，ひとりぼっちで「点」のまま孤立してしまう（図17-1 a）。

ただし，まず複数の点と点が結びつけば，「短線」となることができる。この「短線」は双方向の交流やコミュニケーションの存在を表している。しかし，法則なく結びつく「短い線」には幅がなく関係性に広がりがない状況であり，「短線」の交流しかなければ，夫婦・きょうだい・家族や友人などのごく

図17-1　法則なき点の結びつき

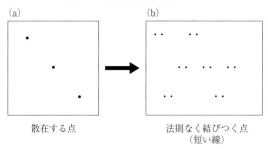

散在する点　　　　　　　　法則なく結びつく点
　　　　　　　　　　　　　　　（短い線）

出所：筆者作成。

図17-2　法則ある点の結びつき

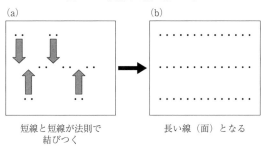

短線と短線が法則で　　　　長い線（面）となる
　結びつく

出所：筆者作成。

限定された人間関係しか存在しないことを指している。つまり，ひとりぼっちではないかもしれないが，限定されたスモールグループの人間関係でしか関係性のない状態も，他のスモールグループとの関係性（幅）がなく「孤立した集団」ということができる（図17-1b）。

さらに，複数の短線と短線が結びつけば，「長い線（面）」となることができる（図17-2a）。この「長い線（面）」はスモールグループ同士に交流や関係性（幅）がある状態を表している（図17-2b）。しかし，「面」は限定された区域や地域のスモールグループ同士の交流は，高さや奥行がない「面」の状況であることを指しており，「面」の交流しかなければ，限界集落のように限られた区域や地域の中のいくつかのスモールグループ同士の関係性や交流にとどまってしまう。つまり，孤立した集団ではないかもしれないが，限定された区域内や

地域内の結びつきは，陸や海の孤島であり，地震や土砂災害等の自然災害が発生するなどのクライシスな状況に孤立してしまうことを指している。つまり，限定された区域や地域内のみの交流では限界が生じ，危機的状況や時代・文化から取り残された「孤立した区域や地域」となってしまうだろう。

さらに『ユークリッド原論』の中で，ユークリッドは「立体」について，以下のように定義している（ユークリッド，1971：343）。

①立体とは長さと幅と高さを持つものである。

②立体の端は面である。

もし，面単体しか存在しなければ，面はそれ以上の広がりや深まりをもつことができない。しかし，複数の面と面が結びつけば，「立体」となることができる。この「立体」は，地域や区域同士に交流や関係性（高さ・奥行＝層）がある状態を示している。いわば，面から「立体」になることで，孤立した区域や地域でなくなり，複層的で多方向な地域間交流や地域間連携がある状態である。地震や土砂災害等の自然災害が発生するなどのクライシスな状況の際に助け合うことができる。さらには，区域や地域内のシステムに行き詰まった際に，文化交流やシステム交流を行うことでイノベーション（新しい創造）の発展につなげていくことも可能となる。

ソーシャル・キャピタルでは，点（人）と点（人），線（集団）と線（集団），面（地域）と面（地域）が結びつく際に，地縁・血縁・同じ課題を抱える者といった同質者同士が結びつくことを「ボンディング・ネットワーク（Bonding Network：結束型ネットワーク）」といい，さまざまな立場の人（点）・グループ（線）・地域（面）が，枠や制約を超えて課題を解決したり利益を共有したりするために結びつくことを「ブリッジング・ネットワーク（Bridging Network：橋渡し型ネットワーク）」という。つまり，ソーシャル・キャピタルとは，「点（人）と点（人），線（集団）と線（集団），面（地域）と面（地域）による自発的かつ主体的な結びつき」といえる。

しかし，単に点と点が結びつき，線と線が結びつき，面と面が結びつけばよいというわけではない。規則や法則に従って，点と点が結びつかなければ線と

はならないし，線と線が結びつかなければ面にはならないし，面と面が結びつかなければ立体にはならない。その有効な規則や法則のカギを握るのがソーシャルワークであり，効果的な法則性（適切な法則が働くように）を支援するのがソーシャルワーカーの仕事である。つまり，ソーシャルワークとは，「点（人）と点（人），線（集団）と線（集団），面（地域）と面（地域）を有機的かつ有効的に結びつける方法（技術）」といえる。人と人，人と集団，人と環境を有機的に結びつけていく役割を担うのがソーシャルワークであり，その役割における重要なキーパーソンとなるのがソーシャルワーカーである。

第2節　地域社会の発展とソーシャル・キャピタル

(1) 地域社会の内発的発展とソーシャル・キャピタル

　日本において，高度経済成長を支えたものの，公害，地域の不均等発展をもたらした戦後の「外発型（地域住民外の主導＝政治主導，企業主導など）」の地域開発に対する反省として，公害問題の多発，地域間の不均等発展，過密・過疎問題といった深刻化する問題群への対策とともに，パラダイム自体の転換を促す動きである「地域主義」が現れた（松宮朝，2001：46）。「地域主義」とは，「地域住民が，その地域の風土的個性を背景に，その地域の共同体に対して一体感をもち，地域の行政的・経済的自立と文化的独立性を追求する理念である」と定義されている（玉野井芳郎，1977：7）。つまり，自律的，環境調和的かつ地域住民主体の地域形成を主張するものである。「内発的発展」という概念は，1970年代半ば以降，鶴見和子（1980；1983；1989）や宮本憲一（1982；1989）らを中心に提唱されたものである。宮本（1989：284-285）は，地域形成のプロセスを，「地域の企業・組合などの団体や個人が自発的な学習により計画をたて，自主的な技術開発をもとにして，地域の環境を保全しつつ資源を合理的に利用し，その文化に根ざした経済発展をしながら，地方自治体の手で住民福祉を向上させていくような地域開発を『内発的発展』」と「それぞれの国の土着の文化に根ざす技術や産業構造などの経済構造を無視して，先進工業国

の最新の技術を導入し,その経済構造に追いつき追いこそうとする『外来型開発』」の2つに分類している。しかし,松宮(2001:47)は,戦後の日本における地域形成の矛盾(都市─農村の不均等発展,公害の発生など)を,「外来型」の「開発」に求め,逆に,その矛盾を解消するもの(過疎地域の地域振興,環境保全型の地域形成など)を「内発的」な「発展」に求めるという安易な図式(あるいは,過剰な意味付与)を生じさせてしまったことを指摘している。

つまり,自発的結びつきである地域における主体的な住民の結びつき(=ソーシャル・キャピタル)が,「社会全体の公利をめざすのではなく,限定された地域や住民の既得権を拡大する」等といった社会的矛盾を助長してしまったことを意味しており,ソーシャル・キャピタルが常に利益やプラスの働きを生み出すとは限らず,矛盾を孕んだり社会にとってマイナスの働きを行ったりする可能性も示唆しているのである。このことは,地域共同体社会を基盤として,その枠内で生活していく場合,「ボンディング・ネットワーク」だけで十分であるが,そこに他地域や多文化との交流が必要となり外部経済化やグローバル化といった状況が加わった際に,「ボンディング・ネットワーク」だけでは,ソーシャル・キャピタル機能を果たすことができず,「ブリッジング・ネットワーク」も必要であることを示唆している。

(2) 内発的発展と外来型開発的発展と社会福祉の関係

2001年の「国際ボランティア年」は,日本が提唱し,1995年の第52回国連総会で制定された。1995年1月に発生した阪神・淡路大震災は未曾有の大災害として多くの犠牲者を生み出したが,同時に多くの人々にソーシャル・キャピタルを実感させた出来事でもある。全国から被災地域に多くのボランティアが手伝いに駆けつけた。被災者のニーズに応じたボランティア活動は「おせったい」であり,心地いい関係といえる。一方で,被災者の気持ちや状況を考えない押し売りのボランティアは「おせっかい」であり,行き過ぎた関係となってしまう(表17-1)。

例えば,大規模災害が発生した際,当初の数日間は命をつなぐために,「自

第17章　ソーシャル・キャピタルとソーシャルワークの共生

表17-1　ボランティアにおける関係性と心の距離

関係性	つめたい （関心ない）	⇔	おせったい （節度ある）	⇔	おせっかい （節度を超えた）
心の距離	無関係		心地いい関係		行き過ぎた関係

出所：筆者作成。

助」のみならず，「共助」という地域内での助け合い（ボンディング・ネットワーク）が中心となる。地域内で内発的発展が進んでいる地域ほど助け合いが有機的に機能する可能性が高い。しかし，その後に必要な生活復興や環境整備においては，マンパワーや財政力上の問題から，地域内の助け合いだけでは難しい。そこで，「公助」はもちろんのこと，地域外からの助け合い（ブリッジング・ネットワーク）も必要となってくる。その際に，地域で住民のニーズを掘り起こして，外部のボランティアや援助物資と各地域社会（地区）の住民ニーズをコーディネートするのが，ソーシャルワーカー（ボランティア・コーディネーターなど）である。つまり，地域社会を基盤とした「ボンディング・ネットワーク」を「ブリッジング・ネットワーク」も含めたより効果的で有機的なネットワークや相互援助に昇華させていくのが，ソーシャルワークの役割であるといえるのではないだろうか。

しかし一方で，国や地方自治体が，財政や人材の不足問題解消に，政策的にボランティアを活用したり，ソーシャル・キャピタルを利用したりしてしまえば，ボランティアやソーシャル・キャピタルはさまざまなしがらみに縛られ，自発的かつ主体的な部分を侵害された状態となってしまう。

日本は第2次世界大戦後の急速な高度経済成長による産業化のため，農・漁・山村地域から大都市部に人口が流入したことによる核家族や地縁の崩壊等によって，「ボンディング・ネットワーク」が急速に薄れ，「ブリッジング・ネットワーク」が数え切れないほどに構築されてきた。ただし，行き過ぎた「ブリッジング・ネットワーク」への傾倒は，「外来型開発」を推進させ，地縁だけでなく血縁や友縁などの人間が古来より重視してきた価値観を欠落させていったため，介護・子育て・教育・互助などといった社会保障や生活機能の基

盤を弱体化させていった。

　そこで、諸研究者が、内発的発展を「外来型開発」に対する対抗概念軸として示し、日本政府が方針を転換したため、2000年5月に制定された社会福祉法では、一度崩壊した全国各地の地縁や相互扶助を見直し復興させることを目的として、「地域福祉の推進」をその柱に位置付けている。日本国内において地域福祉の推進を重視し、地域再生を具現化する大きな契機となった。これは「内発的発展（ボンディング型ソーシャル・キャピタル）」が「外来型開発的発展（ブリッジング型ソーシャル・キャピタル）」とともに福祉（ソーシャルワーク）の中で、法的に位置付けられた瞬間でもあった。

第3節　地域社会におけるソーシャルワークの役割

(1) ユークリッドから現代への伝言

　『ユークリッド原論』における数学の理論は、建築学やまちづくりに応用され、ギリシアやローマの建築物や都市整備（まちづくり）に活用された。ギリシアやローマの建築物や都市（まち）は、現代でも歴史的重要遺物として、世界の人々に認知されている。確かに、建築物や町はハードであるが、そこに文化・風習・環境、絆や縁などといった地域特性であるソフトがなければ、栄枯盛衰の時の流れにおいて、町は発展せず都市として存続していくことが難しい。建築物や都市（まち）を、地域特性であるソフトとして、よりよく機能させ活性化させていくのが地域住民（人）である。

　エジプトのヘレニズム国家プトレマイオス朝の初代ファラオ（王）であったプトレマイオス1世（紀元前367年―紀元前282年）が、ユークリッドに「幾何学を学ぶのに『原論』よりも近道はないのか」と尋ねた際、ユークリッドは「幾何学に王道なし」と答えたという逸話が語り継がれている。もし、「人と人のつながりや地域の絆の構築に近道はあるのか」と尋ねられれば、「信頼関係や絆の構築に王道なし」と答えるだろう。しかし、「近道はなくても、効果的で持続的な方法はある……」とも答えるだろう。その方法とは、ソーシャル・

キャピタルとソーシャルワークの共生であり融合である。しかし，その方法はひとつではない。実際に，文化や歴史や地域性，価値観など，集団や地域によってさまざまな相違がある。それぞれの集団や地域にあったアプローチ法やシステムがあるはずである。それを模索し実践するのがソーシャルワーカーの務めであり役割である。

　現在の日本は少産多死社会に突入しており，国が20年以上取り組んでいる少子化対策も大きな効果を上げていない。そのため，農村・山村・漁村等の郡部では，人口が急激に減少しており，「限界集落」「崩壊集落」など，その地域に必要な生活機能を維持していくことが難しくなっているエリアもある。やがて，「消滅集落」となる可能性が高い。これは集落だけの話ではなく，やがて町や村の行政機能や地域機能を維持することが難しい「限界村」「限界町」「崩壊村」「崩壊町」も出現してくるだろう。現在，地域機能をいかに維持していくかが，大きな課題となっている。もし，このままの経済規模や社会機能を維持していくならば，北アメリカやヨーロッパ諸国と同様に，アジアやアフリカ，南アメリカ諸国から海外移民を受け入れるしかないという経済学者や政治学者も少なくない。海外移民を受け入れるということは，これまで日本で根付いてきた文化や風習，習慣等と異なるものを寛容に受け入れて，柔軟に対応する覚悟が必要である。そのための住民啓発を行うのは，政治家や経済学者だけの役割ではない。葛藤や摩擦，差別や偏見が解消され，海外移民を含めた国民の一人ひとりの命や人権，そして尊厳が守られるように，ソーシャルワーカーが人と人の間で，または人と地域の間で，もしくは地域と地域の間で，潤滑剤としての機能を果たしていかなければならないのである。つまり，これからのソーシャルワーク機能にはグローバルな視点が求められているのである。

　しかし，いくら崇高な使命や目標をもったとしても，自己満足なもので終わったり，途中で私利私欲にまみれたり，知識や技術が未熟であったりして，高い壁を前に頓挫することもあるかもしれない。そのような状況を防ぐために，世界中の多くの専門職は「倫理綱領」を策定している。

(2) 専門職と倫理綱領

　倫理綱領とは，専門職にとっての「選手宣誓」のようなものである。さまざまなスポーツ競技でよく見かける選手宣誓には，競技における「ルールに則るという誓約（フェアプレイ）」「全身全霊を尽くす誓約（全力プレイ）」「自己研鑽の誓約」「感謝」等が内容項目として含まれ，それを「自分」「チームメート」「支援してくれる人々」「社会」等に対して誓っているのである。選手宣誓は非常に純粋で清々しく，社会から好意をもって受け入れられている。これは専門職者においても同様なのであり，専門職集団が策定した倫理綱領とは，普遍的な価値観として，社会から広く認知され受け入れられた「専門職者としての選手宣誓」でなくてはならないのであり，いわば「専門職実践において遵守すべきさまざまな誓い（＝社会に対する誓い）」ということができる。

　世界でもっとも古い倫理綱領としては，紀元前400年に古代ギリシアにおける医者の倫理・任務などについての神への宣誓である「ヒポクラテスの誓い」が有名である。

　時折，ソーシャルワーカーに対して「ソーシャルワーカーは人の不幸を踏み台にして，報酬を得ている」と批判されたり，揶揄されたりすることがある。確かにソーシャルワーカーは，貧困・虐待・いじめ・差別・疾病・孤立といった状態にある社会的弱者を援助し自律（自己決定）を支援するために，「人々がその環境と相互に影響し合う接点に介入する」ことが，職務の本質（醍醐味）である。しかし，その際に一流のソーシャルワーカーは，批判や揶揄をいつも心に留め，「被援助者の不幸が自らの報酬の隣り合わせにあること」「被援助者の幸せあふれる未来を思い描くこと」を常に忘れずにいるのである。だからこそ，国際ソーシャルワーカー連盟（IFSW：International Federation of Social Workers）が，2000年７月27日にモントリオール大会で採択した「ソーシャルワークの定義」に「人権と社会正義の原理は，ソーシャルワークの拠り所とする基盤である」とソーシャルワークの実践命題が明記され（日本社会福祉士会，2001），2014年７月10日にメルボルンで採択した「ソーシャルワーク専門職のグローバル定義」に「不利な立場にある人々と連帯しつつ，この専門職は，貧

困を軽減し，脆弱で抑圧された人々を解放し，社会的包摂と社会的結束を促進すべく努力する」ことがソーシャルワーカーに課せられた使命として明記されている（社会福祉専門職団体協議会，2015）のである。

　元来，近代革命によりイギリスやアメリカで勃興し，資本主義の拡大とともにヨーロッパ諸国やアジア諸国などに広がっていったソーシャルワークは，社会構造の中で下層に位置付けられた児童・高齢者・障害者・疾病者・貧困者等と家族・地域住民をつなぎ，その生活環境の改善をめざして権利擁護を行い，不条理の改善や新たな支援システムや援助サービス開発のために社会に働きかけてきた。これらの役割は，「ボンディング・ネットワーク」と「ブリッジング・ネットワーク」に対して有効に働きかけなければ，実現しない成果であった。そのために，西洋文化と近代化が産出したソーシャルワークは，固有の文化や風習，宗教を重視する発展途上国やローカルな地域では十分に浸透することができないという課題を抱えていた。そこで，IFSWは，グローバルな視野を重視し，「ソーシャルワークの理論，社会科学，人文学，および地域・民族固有の知（世界各地に根ざし，人々が集団レベルで長期間受け継いできた知を指している）を基盤として，ソーシャルワークは，生活課題に取り組みウェルビーイングを高めるよう，人々やさまざまな構造に働きかける」と定義した（社会福祉専門職団体協議会，2015）。

　このことは，開発途上国やローカルな地域で，ボンディング型ソーシャル・キャピタルを重視しつつも，ブリッジング型ソーシャル・キャピタルの側面をも紡いでいくことをソーシャルワークが担うということを宣言した意味が含まれている。つまり，多様性と固有の文化が尊重されたうえで，ソーシャルワークによって，人と人の関係性を構築し，地域社会と地域社会をつなぎ，「ボンディング・ネットワーク」と「ブリッジング・ネットワーク」のバランスを重視しながらも，社会関係資本が豊かになっていくことが求められるのみならず，全てのソーシャルワーカーが個人と社会の発展的循環を援助する役割を果たすことを意識しての定義でもあると考えられる。

第4節　ソーシャル・キャピタルとソーシャルワークの共生をめざして

　人間はひとりぼっちでは生きていくことが難しい。また，人間は個人的な人間関係だけでなく，生活エリアである地域社会からはもちろん，国家等のより広い社会全体からも影響を受けて生きている。つまり人間は，周囲のあらゆる環境から影響を受けて生活しているのである。また，一人の人間であっても，周囲の人々や地域・社会に影響を与えて生きている。

　だから「孤立」は単に個人の問題だけに終わらない。例えば，児童虐待では，親の精神的問題・貧困・家庭不和などさまざまな背景があるが，それら多くのケースに共通していえるのは，親が社会的に孤立し「相談相手がいない」という事実である。このような「親の社会的孤立」を解消しない限り，児童虐待は防ぐことができない。また，生活保護世帯の子どもが成人して再び生活保護受給者となり孤立する事例も多く報告されており，「孤立」には世代間継承の側面もみられる。「孤立」に潜むこうした固定化，継続化，再生産化に切り込んでいく視点が何よりも必要とされるのではないだろうか。この孤立の相談相手となり支援者となりうるのが，ソーシャルワーカーである。

　ソーシャル・キャピタルは「社会関係資本」と日本語で翻訳されているが，社会関係資本は「人々が他人に対して抱く『信頼』，それに『情けは人の為ならず』『お互い様』『持ちつ持たれつ』といった言葉に象徴される『互酬性の規範』，人や組織の『ネットワーク（絆）』ということ」と定義されており，市場経済では評価できない価値とされている（稲葉陽二，2011：1）。これは，ソーシャルワークの分野でいう「ラポール（信頼関係の構築）」と捉えることができる。ラポールとは，フランス語で「橋渡し」という意味であり，「自分自身と相手の心に橋を架ける（相互に信頼し合い，安心して感情交流を行う関係が構築できている）状態」といえる。ソーシャルワーカーは利用者（クライエント）に行った援助を，別の利用者の援助に活かすために，現在援助している利用者・家族から「一定のかたちがなく，市場経済では価値のつかない『経験や情報』」

という報酬を得ている。その情報や経験を基に，ソーシャルワーカーは専門性（知識・技術・価値）を高めることが可能となる。つまり，ソーシャルワーカーと利用者の関係は「互酬性の関係」といえる。

　現在，わが国は「社会保障費の削減」という命題によって，地域社会を政策的に利用し，マスコミは孤立のマイナスの側面に光を当て，社会問題として大きく取り上げ，その悲惨な現状や課題を煽っている。しかし，専門職は，政治やマスコミの動向を見極めながらも，ある時点の効果や結果だけではなく，未来における結果を俯瞰しながら最善の道を模索することが重要な使命として課せられている。

　ソーシャル・キャピタルの視点から捉えれば，地域社会においては，「点（人）と点（人），線（集団）と線（集団），面（地域）と面（地域）による自発的かつ主体的な結びつき」が行われている。しかし，その主体的な結びつきから漏れ落ちている人々も存在している。権利擁護やアウトリーチの視点を踏まえて，それらの人々に対する働きかけやその人々をも含んだ結びつきを検討するのがソーシャルワークの役割である。「点（人）と点（人），線（集団）と線（集団），面（地域）と面（地域）による結びつき」が実践される際に，その集団や社会資源に関する適切な情報提供やコーディネートが必要となってくる。「内発的発展（ボンディング型ソーシャル・キャピタル）」並びに「外部開発的発展（ブリッジング型ソーシャル・キャピタル）」の適切な情報提供やコーディネートを担うのが，ソーシャルワークの役割であり，ソーシャルワーカーの使命である。

　本書では「社会的孤立」にどのように向き合い，支援し，社会的包摂に結び付けていくことができるのであろうかという問を立て，ソーシャル・キャピタルとソーシャルワークという視座から社会福祉課題を考えていこうとする試みを行ってきた。ソーシャル・キャピタルは周知のように人間関係性を説明する概念であるが，キャピタルということばが示すように，人間のつながり方がさまざまな「財産」として機能することを多くの事象をもとに明らかにしてきた。こうした視点に立てば，これまで気づかれなかったさまざまな恩恵，善意

の行為などが説明されることになる。さらに,「社会的孤立」を社会適応における問題と捉えるのであれば,人間関係の構築や生活環境を調整することに専門性を発揮できるソーシャルワークの技法が必要となる。この2つの関係性はいわば車輪とその潤滑油に当たるといえよう。

　これからソーシャルワークとソーシャル・キャピタルの理論と実践が融合し,地域再生や地域福祉を推進する車の車軸と両輪として共生することができれば,地域社会におけるさまざまな孤立の問題の解消に有効であるのはもちろんのこと,持続可能な地域社会の実現へとつながっていくはずである。

引用・参考文献

ユークリッド著,ハイベア・メンゲ編／中村幸四郎・寺阪英孝・伊東俊太郎・池田美恵訳・解説(1971)『ユークリッド原論』共立出版。
稲葉陽二(2011)『ソーシャル・キャピタル入門——孤立から絆へ』中央公論新社。
松宮朝(2001)「『内発的発展』概念をめぐる諸問題——内発的発展論の展開に向けての試論」『社会福祉研究』3（1），愛知県立大学文字文化財研究所。
宮本憲一(1982)『現代の都市と農村——地域経済の再生を求めて』日本放送出版協会。
宮本憲一(1989)『環境経済学』岩波書店。
内閣府(2011)『平成23年版高齢社会白書』ぎょうせい。
内閣府(2013)「企業の事業継続マネジメントにおける連携訓練の手引き」。
日本社会福祉士会(2001)「国際ソーシャルワーカー連盟(IFSW)のソーシャルワークの定義」(https://www.jacsw.or.jp/01_csw/08_shiryo/teigi.html, 2016. 4. 1)。
社会福祉専門職団体協議会(2015)「ソーシャルワーク専門職のグローバル定義」(http://cdn.ifsw.org/assets/ifsw_64633-3.pdf#search='ifsw+%E3%82%B0%E3%83%AD%E3%83%BC%E3%83%90%E3%83%AB%E5%AE%9A%E7%BE%A9+2015%E5%B9%B4%E6%9C%88', 2016. 4. 1)。
玉野井芳郎(1977)『地域分権の思想』東洋経済新報社。
鶴見和子(1980)「内発的発展に向けて」川田侃・三輪公忠編『現代国際関係論——新しい国際秩序を求めて』東京大学出版会。
鶴見和子(1983)「近代化の再検討から内発的発展論へ」隅谷三喜男・アルセルモ・マタイス編『アジア開発と民衆——日本のかかわりを見直す』日本YMCA同盟出版部。
鶴見和子・川田侃編(1989)『内発的発展論』東京大学出版会。
United Nations(1987)"Report of the World Commission on Environment and Development"(国連総会決議42/187, 1987年12月11日)(http://www.un.org/documents/ga/res/42/ares42-187.htm, 2016. 4. 1)。

おわりに

　近年，ソーシャル・キャピタルに関して，多くの書籍が刊行されてきた。また，経済学者や政治学者，社会学者である諸先達が，「ソーシャル・キャピタル」について，多くの研究内容を発表してきた。それは「ソーシャル・キャピタル」が時代の欲するキーワードであり，人々が待ち望んだキー概念であったからに他ならない。

　世界各国や日本国内において諸先達が，「ソーシャル・キャピタル」というキーワードを取り上げて概念化を試み，「ソーシャル・キャピタル」を世に知らしめてきたことは，脈々と人類の歴史の中で受け継がれてきた「人間（個や集団）と人間（個や集団）の信頼関係」「地域や集団での生活における社会規範」「人と人や，家族と家族との間をつなぐネットワーク」等といった，ごく日常にありふれたものを可視化してきたことに他ならない。本書が，先達の功績の意義を引き継ぎ，さらに社会に対する啓発や可視化を担うのであれば，これ以上の喜びはない。

　しかし一方で，これまで社会福祉学領域の現場実践者や研究者が，「ソーシャル・キャピタル」について上梓した書籍は少なかった。特に「ソーシャルワークとソーシャルキャピタルとの関係性」について著した書籍はほとんど存在しなかった。また，ソーシャル・キャピタルについて論じた多くの先行書では，「ソーシャル・キャピタルの概説」「ソーシャル・キャピタルの援用方法」「ソーシャル・キャピタルから俯瞰した課題の提起」が中心の内容が多く，ソーシャル・キャピタルを日常生活や社会的課題の一つひとつに落とし込み，解決策にまで言及した書籍は少なかった。

　そこで，私たち執筆者一同で，研究会を立ち上げ，2年間にわたり社会福祉の各領域における「孤独」や「孤立」の問題を整理し，ソーシャルワークと

ソーシャル・キャピタルという視点から改善策について検討を重ねてきた。

　本書の特徴は，社会福祉の各領域における「現代社会の孤立問題」を網羅的に取り上げ，具体的な事例をもとに問題点を分析し，解決への方法を提示するという構成をとっている。さらに，そのコア概念として人と人や人と集団をつなぐソーシャル・キャピタルの考え方を取り入れ，地域社会における社会資源と人を媒介とするソーシャルワークの具体的な技法を用いて解決策を提するというプロセスをとっている点である。何よりも結果や成果に結びつく効果的な支援が望まれる現在，本書は各領域における「孤立」や「孤独」の問題に関する改善策を考える上で，大きな手がかりとなる手引書になるのではないかと考えている。

　今改めて読み返してみると，至らぬ点も多く，各方面よりご指摘をいただければ，幸いである。さらに本書で語りきれなかった事項については，今後機会があれば，その内容を深めていきたい。

　発刊にあたり，西尾祐吾先生（大阪地域福祉サービス研究所 所長）には，研究会や編集を通じて，さまざまなご指導・ご鞭撻をいただいた。さらには，各領域で豊富な職務経験や実践経験がある先生方にも執筆者に加わっていただいた。各領域の現状と課題に加え改善策や展望まで執筆をいただいた。編集の観点から，執筆者の先生方にも無理なお願いをすることもあったが，その要望にも快く応えていただき感謝している。

　最後になるが，本書を出版する際に，その意図を理解し意欲的に取り組んでくださった執筆者の皆様方に深く感謝するとともに，企画から出版に至るまで多大なご支援やアドバイスをいただいたミネルヴァ書房の代表取締役社長，杉田啓三様並びに営業部部長の神谷透様にこの場を借りて感謝の意を表したい。

2016年1月吉日

編著者を代表して　　立花直樹

索　引

あ　行

あいりん総合センター　201, 209, 210
あいりん地域高齢者日雇労働者特別清掃事業　206
あいりん地区　24
アウトリーチ　41, 140, 180, 291
アクティブ・シティズンシップ　8
アセスメント　122, 181, 182
アソシエーション　15
アパシー　6
育児不安　37, 38
いじめ　22, 29
　——問題　29
移民労働者　9
医療ソーシャルワーカー　45-47, 117, 118
ウェルビーイング　289
援助拒否　14
おまもりネットカード　264, 265
おまもりネット事業　261, 264, 265, 267
おまもりネット手帳　264

か　行

介護殺人　125, 132
介護支援専門員　114
介護保険制度　126, 139
外部開発的発展　291
外部性　21
外来型開発　283
　——的発展　286
格差　29
学生支援コーディネーター　74, 82
家族イデオロギー　iv, 5
家族介護　131
　——者　129, 142, 277
家族の絆　12
価値観　26
学校・企業・家族の三位一体　88, 89
危機対応管理→クライシスマネジメント
企業内福祉　5
希少性難病　27
絆イデオロギー　iv, 12
キャリアカウンセリング　98, 105
キャリア教育　73
キャンパスソーシャルワーカー　75, 82
休職制度　93
協調行動　21
筋萎縮性側索硬化症（ALS）　169
金融資本　22
クライシスマネジメント（危機対応管理）　278, 279
クラン　23
グローバル・アライアンス　27
軍事保護員　4
ケアマネジメント　41
経済的ニード　6
傾聴　105
結束型→ボンディング
限界集落　287
減量経営　6, 7
公害　28
　——問題　5
更生緊急保護　223
更生保護施設　216, 223
構造変化　6
高等教育機関　69-71, 73, 76, 77, 79-82, 84
高度経済成長　5
高齢化問題　5

295

高齢者虐待　131
高齢者虐待防止法　131
高老老介護　127
行路死亡　201
行路病人　201
国民所得倍増計画　5
互酬性の規範　118, 119, 121, 122
個人情報保護　27, 247
個人情報保護法　246, 252, 258
個族の国　ii, 10
子育てサロン　25
子育て支援　37, 52
孤独死　i, ii, 3, 9, 10, 111
子ども・子育て支援新制度　37
子ども虐待対応の手引き　250
子どもの貧困　39
ゴミ屋敷　3
コミュニケーション力　24, 31
コミュニティ　13, 16
コミュニティ・ソーシャルワーカー　262, 268
雇用戦略対話　95, 99, 100
孤立　107
　——家族　12
　——死　i, ii, 10, 12, 150, 225-232, 234
　——者　3, 4
　——予備軍　152

さ 行

災害関連死　228, 229, 231
災害対策基本法　247
在宅介護支援センター　116
30バーツ政策　26
三大日雇労働市場　198, 199
ジェンダー　24
自治会　112
児童委員　258
児童虐待　38, 48
児童福祉法　4

社会環境適応力　24
社会関係資本　20, 29
社会資源　39, 41, 52, 113, 115
社会的孤立　iv, v, 3-5, 9, 10, 12, 15, 19
社会的弱者層　9
社会的ネットワーク　118, 121, 122
社会的排除　7, 8, 15
社会的包摂　8, 145
社会病理　iii
社会福祉協議会　25, 221, 222, 258
社会福祉士　117, 220, 221
社会福祉事業　4
社会福祉事業法　4
社会福祉法　4
若年無業者（ニート）　88, 97
社交ネットワーク　20
シャドウワーク　22
シャルリー・エブド襲撃事件　8
重症筋無力症　168
終身雇用制　89
重点施策5か年計画（新障害者プラン）　128
修復的司法　23
恤救規則　3
準老老介護　127
障害者　3, 4
障害者基本計画　128
障害者基本法　145
障害者自立支援制度　139
障害者自立支援法　128, 125, 129, 153
障害者手帳　147, 156, 218
障害福祉サービス　156
少年院　23
傷病者　4
情報化社会　20
消滅集落　287
植民地宗主国　8
自立準備ホーム　223
神経性難病　169
人口動態統計　10

索　引

震災関連死　225
震災離婚　12
新障害者プラン→重点施策5か年計画
新卒一括採用　91
身体障害者　126, 145
身体障害者福祉法　4, 128
スクールカースト　75, 76
スクールソーシャルワーカー　50, 55, 56, 58, 59, 61-64, 66
スクリーニング機能　70, 71
スティグマ　4, 84, 157
生活困窮者　3, 9, 104, 249
生活困窮者自立支援法　207, 208
生活支援戦略　15
生活支援相談員　225, 234-239
生活のしづらさなどに関する調査（全国在宅障害児・者等実態調査）　148, 155
生活不活発病　188
生活保護者　24
生活保護法　4
精神障害者　127, 128, 145, 151
精神保健福祉士　221
セーフティネット　84
セルフ・ネグレクト　179, 180, 189, 191, 194, 277
セルフヘルプグループ　141, 142, 156
全国総合開発計画　5
早期離職率　93
相談支援事業　154
ソーシャル・キャピタル　iv, 12, 15, 19, 20, 22, 24-31, 225, 230, 232, 236
ソーシャルサポート・ネットワーク　55, 59, 63, 66, 277
ソーシャルワーカー　v, 31, 219, 220
ソーシャルワーク　122, 215, 220, 221, 223
措置入院　ii
村落共同体　iii

た　行

第三の道　9
多機関連携　113
多職種連携　113
多発性硬化症　165
地域ケア会議　107, 114, 116, 117, 120-122
地域ケアネットワーク連絡会　261, 267-270
地域社会　5, 7
地域主義　283
地域生活定着支援事業　218
地域生活定着支援センター　218, 219, 222
地域政策　26
地域組織　112
地域福祉の時代　263
地域福祉の主流化　263
地域包括ケアシステム　107, 112, 113, 117
地域包括支援センター　107, 113, 115-118, 153
知的障害者　127, 128
中間的労働　84
賃金格差　5
低所得労働者　3, 24
特定疾患治療研究事業　163
特定非営利活動促進法（NPO法）　9
特別調整　219, 222
都市再生機構　10
独居高齢者　3, 111

な　行

内発的発展　283, 286, 291
難病患者　277
難病の患者に対する医療等に関する法律　164
ニート→若年無業者
西成特区有識者座談会　209
日常生活圏　115
日常生活動作（ADL）　183, 186, 187
認知症高齢者の日常生活自立度　109
ネグレクト　48
ネット社会　26

ネットワーク　20, 21
ノーマライゼーション　7

は　行

パーキンソン病　166
パーソナル・サポート型支援　49
橋渡し型→ブリッジング
発達障害　44, 72, 73, 75, 77, 78, 80, 81
発達障害者　146
パットナム　28
バブル崩壊　88, 97
パラサイト・シングル　88
阪神・淡路大震災　i, 9
反福祉国家　6
ピアカウンセリング　74
ピアサポーター支援　82
ピアサポーター制度　99
東日本大震災　ii, 11
ひきこもり　56, 82, 88, 90
非経済的ニード　6
非正規雇用　100
　　──若年労働者　3, 97
　　──労働者　97
ひとり親家庭　3, 39, 40, 48
日雇労働者等技能講習事業　206
病理構造　i, iii
貧困の連鎖　16
福祉国家　6
福祉三法　4
福祉専門官　220, 221
福祉分野における個人情報保護に関するガイドライン　247
福祉六法　5
物質資本　22
不登校　55, 56, 58, 59, 66
ブラック企業　102
　　──対策　102
　　──問題　94
フリーター　97, 100, 101

ブリッジング（橋渡し型）　15, 21, 119, 120
　　──・ネットワーク　140, 282, 284, 285, 289
ブルントラント報告　278
ベーチェット病　167
ヘルス・プロモーション　26
ヘルスセンター　26
保育ソーシャルワーカー　49
崩壊集落　287
包括的・継続的ケアマネジメント支援　114
包括的支援事業　114
ホームヘルプサービス　39, 40, 48
ホームレス　201
ホームレスの自立の支援等に関する特別措置法　197
保護観察　215, 222
保護観察官　222
保護観察所　215, 218, 222, 223
保護司　222, 223
保護者支援　37
ボランティア　25
ボンディング（結束型）　15, 21, 119, 120
　　──・ネットワーク　142, 282, 284, 285, 289

ま　行

水俣病　28
見守りネットワーク　111, 140
宮城県サポートセンター支援事務所　237
民主主義　13, 111, 120, 256, 258
無縁死　i, 3, 10, 12
無縁社会　i
無国の窮民　4
村八分　iv
メンタル不調　44
モニタリング　122

や　行

ユークリッド原論　280, 286
ユークリッドの定義　279, 280
要介護高齢者　125

索　引

養護者　131
要支援者　247
要保護児童　250, 251
要保護児童対策地域協議会　250, 251
予防重視型システム　113
寄り添い型・伴走型支援　49, 277

　　　　　ら　行

ライフサイクル　43, 44
ラポール　140, 290
リーマンショック　91, 197, 200, 201
リスクマネジメント　279
リストラティブ・ジャスティス（RJ）　23
倫理綱領　287, 288
レジリエンス　50, 51

連帯（ソリダリテ）　8
老老介護　125, 127
ロゼトの奇跡　25
ワーキングプア　45
ワーク・フェア　9
若者雇用戦略　102
　──対話　99
若者向けの就労支援機関　88

　　　　　欧　文

ADHD　74
ADL →日常生活動作
BBS運動　213
NPO法→特定非営利活動促進法
QOL（生活の質）　181

《執筆者紹介》（所属，執筆分担，執筆順，＊印は編著者）

＊牧田 満知子（まきた まちこ）（兵庫大学生涯福祉学部教授：はじめに・第1章・第2章）

丸目 満弓（まるめ まゆみ）（子育て支援ソーシャルワーク研究所代表：第3章）

木村 淳也（きむら じゅんや）（会津大学短期大学部幼児教育学科講師：第4章）

田中 秀和（たなか ひでかず）（立正大学社会福祉学部助教：第5章）

菅 加子（すが ますこ）（一般社団法人PENSEE理事・副代表：第6章）

種村 理太郎（たねむら りたろう）（関西福祉科学大学社会福祉学部助教：第7章）

＊立花 直樹（たちばな なおき）（関西福祉科学大学社会福祉学部准教授：第8章・第17章・おわりに）

柿木 志津江（かきぎ しづえ）（関西福祉科学大学社会福祉学部准教授：第9章）

酒井 美和（さかい みわ）（関西福祉科学大学社会福祉学部助教：第10章）

小口 将典（おぐち まさのり）（関西福祉科学大学社会福祉学部講師：第11章）

海老 一郎（えび かずお）（公益財団法人西成労働福祉センター職員：第12章）

吉田 卓司（よしだ たかし）（藍野大学医療保健学部准教授：第13章）

家髙 将明（いえたか まさあき）（関西福祉科学大学社会福祉学部講師：第14章）

今井 慶宗（いまい よしむね）（関西女子短期大学保育学科講師：第15章）

石川 洋志（いしかわ ひろし）（社会福祉法人大阪市東成区社会福祉協議会事務局長：第16章）

《編著者紹介》

牧田満知子（まきた・まちこ）
　　　　大阪大学大学院文学研究科博士後期課程終了。
　現　在　兵庫大学生涯福祉学部教授。
　主　著　『人口減少時代の社会福祉学』（共編著）ミネルヴァ書房，2007年。
　　　　　『災害福祉とは何か』（共著）ミネルヴァ書房，2010年。

立花直樹（たちばな・なおき）
　　　　関西学院大学社会学研究科博士課程前期修了。
　現　在　関西福祉科学大学社会福祉学部准教授。
　主　著　『福祉と教育の接点』（共編著）晃洋書房，2014年。
　　　　　『保育の質を高める相談援助・相談支援』（共編著）晃洋書房，2015年。

　　　　　　現場から福祉の課題を考える
　　ソーシャル・キャピタルを活かした社会的孤立への支援
　　　　　　──ソーシャルワーク実践を通して──

　2017年3月10日　初版第1刷発行　　　　　　〈検印省略〉
　　　　　　　　　　　　　　　　　　　定価はカバーに
　　　　　　　　　　　　　　　　　　　表示しています

　　　　　　編著者　　牧　田　満知子
　　　　　　　　　　　立　花　直　樹
　　　　　　発行者　　杉　田　啓　三
　　　　　　印刷者　　藤　森　英　夫

　　　　　　発行所　　株式会社　ミネルヴァ書房
　　　　　　　　　　607-8494　京都市山科区日ノ岡堤谷町1
　　　　　　　　　　　　　電話代表　(075)581-5191
　　　　　　　　　　　　　振替口座　01020-0-8076

　　　　　　© 牧田・立花ほか，2017　　　　　亜細亜印刷

　　　　　　　ISBN978-4-623-07789-2
　　　　　　　　　Printed in Japan

ソーシャル・キャピタル
――ナン・リン 著／筒井 淳也・ほか訳　A5判・392頁・本体3,600円
● **社会構造と行為の理論**　ネットワークを資源として捉える個人の地位達成から社会構造の創出まで幅広い現象を科学的に分析したナン・リンの代表的著作。

災害復興におけるソーシャル・キャピタルの役割とは何か
――D. P. アルドリッチ 著／石田　祐・ほか訳　A5判・314頁・本体4,000円
● **地域再建とレジリエンスの構築**　コミュニティのソーシャルワークを復興資源として捉え，その影響を考察した一冊。

ソーシャル・キャピタルのフロンティア
――稲葉　陽二・ほか編　A5判・262頁・本体3,500円
● **その到達点と可能性**　主な分野の動向，到達点を網羅し，全体像を把握するのに最適な一冊。

ソーシャルデザインで社会的孤立を防ぐ
――藤本　健太郎 編著　A5判・272頁・本体3,200円
● **政策連携と公私協働**　多くの分野の専門家たちが協働し，様々な政策を連動させ，いかに社会的孤立を防ぐ社会をデザインしていくかを考察。

――― ミネルヴァ書房 ―――
http://www.minervashobo.co.jp/